中国人文社会科学期刊AMI综合评价（集刊）入库集刊

中国学术期刊综合评价数据库来源期刊（中国知网，CNKI）

超星学术期刊『域出版』来源期刊

伦理学术

道德情感主义及其他

邓安庆 主编

2024年秋季号

总第017卷

上海教育出版社

Academia

Ethica

U0601682

本书获评

"复旦大学哲学学院源恺优秀著作奖"

由上海易顺公益基金会资助出版

《伦理学术》*Acadēmia Ethica*

主编

邓安庆：复旦大学哲学学院教授

Editor-in-chief：Deng Anqing, Professor of Philosophy, Fudan University

学术委员会（按照姓氏汉语拼音字母顺序排列）

Academic Board

陈家琪：同济大学哲学系教授

Chen Jiaqi：Professor of Philosophy, Tongji University

陈卫平：华东师范大学哲学系教授

Chen Weiping：Professor of Philosophy, East China Normal University

菲威格：德国耶拿大学教授

Klaus Vieweg：Professor of Philosophy, Friedrich-Schiller-Universität Jena

佛斯特：德国法兰克福大学政治学、哲学教授

Rainer Forst：Professor of Political Theory and Philosophy, Goethe-Universität Frankfurt am Main

郭齐勇：武汉大学哲学学院教授

Guo Qiyong：Professor of Wuhan University

郝兆宽：复旦大学哲学学院教授

Hao Zaokuan：Professor of Philosophy, Fudan University

何艾克：美国犹他大学哲学系副教授、研究生主任

Eric L. Hutton：Associate Professor of Philosophy, University of Utah

黄勇：香港中文大学哲学系教授

Huang Yong：Professor of Philosophy, The Chinese University of Hong Kong

黄裕生：清华大学哲学系教授

Huang Yusheng：Professor of Philosophy, Tsinghua University

姜新艳：美国雷德兰兹大学哲学系教授

Jiang Xinyan：Professor of Philosophy, University of Redlands

克勒梅:德国哈勒大学教授

Heiner F. Klemme：Professor of Martin-Luther-Universität Halle-Wittenberg

理查德·伯克:剑桥大学历史系与政治系教授,英国国家学术院院士,剑桥大学政治思想史研究中心负责人

Richard Bourke：Professor of the History of Political Thought，Fellow of King's College

李文潮:德国柏林勃兰登堡科学院波茨坦《莱布尼茨全集》编辑部主任

Li Weichao：Chief Editor of *Leibnitz Edition Set* by Berlin-Brandenburgische Akademy by Potsdam

廖申白:北京师范大学哲学系教授

Liao Shenbai：Professor of Philosophy，Beijing Normal University

林远泽:台湾政治大学哲学系教授

Lin Yuanze：Professor of Philosophy，National Chengchi University

刘芳:上海教育出版社副社长

Liu Fang：Vice President of Shanghai Educational Publishing House

罗哲海:德国波鸿大学中国历史与哲学荣休教授,曾任德国汉学协会主席

Heiner Roetz：Emeritus Professor at the Department of History and Philosophy of China，Ruhr-Universität Bochum，Former President of the German Association of Chinese Studies

孙向晨:复旦大学哲学学院教授

Sun Xiangchen：Professor of Philosophy，Fudan University

孙小玲:复旦大学哲学学院教授

Sun Xiaoling：Professor of Philosophy，Fudan University

万俊人:清华大学哲学系教授

Wan Junren：Professor of Philosophy，Tsinghua University

王国豫:复旦大学哲学学院教授

Wang Guoyu：Professor of Philosophy，Fudan University

杨国荣:华东师范大学哲学系教授

Yang Guorong：Professor of Philosophy，East China Normal University

约耳·罗宾斯:剑桥大学社会人类学系特聘教授,剑桥马克斯·普朗克伦理、经济与社会变迁研究中心主任,三一学院院士

Joel Robbins：Sigrid Rausing Professor of Social Anthropology；Director of Max Planck Cambridge Centre for Ethics，Economy and Social Change；Fellow of Trinity College

让中国伦理学术话语融入现代世界文明进程

邓安庆

当今世界最严重的危机是世界秩序的日渐瓦解。美国作为西方世界领头羊的地位岌岌可危,而之前把欧盟作为世界平衡力量之崛起的希冀也随着欧盟的自身难保而几近落空。中国作为新兴大国的崛起,却又因其缺乏可以引领世界精神的哲学,非但自身难以被世界接纳,反而世界感受着来自中国的不安和焦虑。因此,今日之世界,说其危机四伏似乎并非危言耸听,文明进步的步履日渐艰难,野蛮化的趋向却显而易见。

所以,当今世界最为迫切的事情莫过于伦理学术,因为伦理学担负的第一使命,是以其爱智的哲思寻求人类的共生之道。哲学曾经许诺其思想即是对存在家园的守护,然而,当它把存在的意义问题当作最高的形而上学问题来把握和理解的时候,却活生生地把存在论与伦理学分离开来了,伦理学作为道德哲学,变成了对道德词语的概念分析和道德行为规范性理由的论证,从而使得伦理学最终遗忘了其"存在之家"。哪怕像海德格尔那样致力于存在之思的哲人,却又因不想或不愿涉及作为人生指南意义上的伦理学,而放任了存在论与伦理学的分离。但是,当代世界的危机,却不仅是在呼唤存在论意义上的哲学,而且更为紧迫的是呼唤"存在如何为自己的正当性辩护",即呼唤着"关于存在之正义的伦理学"。"伦理学"于是真正成为被呼唤的"第一哲学"。

不仅欧美与伊斯兰世界的矛盾正在呼唤着对存在之正当性的辩护,中国在世界上作为新兴大国的崛起,中国民众对于现代政治伦理的合理诉求,都在呼唤着一种为其存在的正当性作出辩护的伦理学!

然而,当今的伦理学却无力回应这一强烈的世界性呼声。西方伦理学之无能,是因为在近一个世纪的反形而上学声浪中,伦理学早已遗忘和远离了存在本身,它或者变成了对道德词语的语义分析和逻辑论证,或者变成了对道德规范的价值奠基以明了该做什么的义务,或者变成了对该成为什么样的人的美德的阐明,总而言之,被分门别类地碎片化为语言、行为和品德的互不相关的分类说明,岂能担负得起为存在的正当性辩护的第一哲学之使命?!

中国伦理学之无力担负这一使命,不仅仅表现在我们的伦理学较为缺乏哲学的学术性,更表现在我们的伦理学背负过于强烈的教化功能,在一定程度上损伤了学术的批判品格和原创性动力。但是,为存在的正当性辩护而重构有意义的生活世界之伦理秩序,发自中国的呼声甚至比世界上任何地方都更为强烈地表达出来了。

如果当今的伦理学不能回应这一呼声,那么哲学就不仅只是甘于自身的"终结",而且也只能听凭科学家对其"已经死亡"的嘲笑。

我们的《伦理学术》正是为了回应时代的这一呼声而诞生! 我们期望通过搭建这一世界性的哲学平台,不仅为中国伦理学术融入世界而作准备,而且也为世上的"仁心仁闻"纳入中国伦理话语之中而不懈努力。

正如为了呼应这一呼声,德国法兰克福大学为来自不同学术领域的科学家联盟成立了国际性的"规范秩序研究中心"一样,我们也期待着《伦理学术》为世界各地的学者探究当今世界的伦理秩序之重建而提供一个自由对话和学术切磋的公共空间。中国古代先哲独立地创立了轴心时代的世界性伦理思想,随着我们一百多年来对西学的引进和吸纳,当今的中国伦理学也应该通过思想上的会通与创新,而为未来的"天下"贡献中国文明应有的智慧。

所以,现在有意义的哲学探讨,绝非要在意气上分出东西之高下,古今之文野,而是在于知己知彼,心意上相互理解,思想上相互激荡,以他山之石,攻乎异端,融通出"执两用中"的人类新型文明的伦理大道。唯如此,我们主张返本开新,通古今之巨变、融中西之道义,把适时性、特殊性的道德扎根于人类文明一以贯之的伦常大德之中,中国伦理学的学术话语才能真正融入世界历史潮流之中,生生不息。中国文化也只有超越其地方性的个殊特色,通过自身的世界化,方能"在-世界-中"实现其本有的"天下关怀"之大任。

Let the Academic Expressions of Chinese Ethics Be Integrated into the On-Going Process of the World Civilizations

By the Chief-In-Editor Prof. Deng Anqing

To us the most serious crisis in the present world is the gradually collapse of the world order. The position of America as the leading sheep of the western world is in great peril, meanwhile the hope that the rising European Union can act as the balancing power of the world is almost foiled by the fact that EU is busy enough with its own affairs. It is true that China is a rising power, but due to the lack of a philosophy to lead the world spirit, it is not only difficult for the world to embrace her, but also makes the world feel uneasy and anxious instead.

Thus, the most urgent matter of the present world is nothing more than ethical academic (acadēmia ethica), since the prime mission taken on by ethics is to seek the way of coexistence of the human beings through wisdom-loving philosophication. Philosophy once promised that its thought was to guard the home of existence, but when it took the meaning of existence as the highest metaphysical issue to be grasped and comprehended, ontology and ethics were separated abruptly from each other, resulting in such a fact that ethics as moral philosophy has being becoming a conceptual analysis of moral terms and an argument for the normal rationale of moral acts, thus making ethics finally forget its "home of existence". Even in the case of the philosopher Martin Heidegger who devoted himself to the philosophical thinking of existence, because of his indisposition or unwillingness to touch on ethics in the sense as a life guide, he allowed for the separation of ontology from ethics. However, the crisis of the present world is not merely a call for a philosophy in the sense of ontology, but a more urgent call for "a self-justification of existence", that is, call for "an ethics concerning the justification of existence." Consequently "ethics" truly becomes the called-for "prime philosophy".

Not only does the conflict between Europe and America on one part and Islamic World on the other call for the justification of their existence, but also China as a new rising great power, whose people cherishing a rational appeal to a modern political ethic, calls for a kind of ethics which can justify her existence.

Alas! The present ethics is unable to respond to the groundswell of such a call voice of the world. The reason of western ethics' inability in this regard is because ethics has already forgotten and distanced itself from existence itself with the clamor of anti-metaphysics in the past nearly a century, thus having become a kind of semantic analysis and logic argumentation, or a kind of foundation-laying of moral norms in order to clarify the duty of what should be done, even or a kind of enunciation of virtues with which one should become a man; in a word, ethics is fragmented under categories with classification of language, act and character which are not connected with each other; as such, how can it successfully take on the mission of the prime philosophy to justify existence?!

The disability of Chinese ethics to take on this mission not only show in the lack of philosophical academic in a sense, but also in our ethics has on its shoulder comparatively too much stronger functions of cultivation, thus injuring the critical character of academic and the dynamics of originality. However, it is much stronger the call sounded by China than that sound by the world to justify existence in order to reconstruct the ethical order of the meaning world.

If the present ethics fails to respond to such a calling voice, then philosophy not only allows herself to be close to "the end" happily, but also let scientists to laugh at her "already-dead" willingly.

Our *Acadēmia Ethica* is just born in time to respond to such a call of the times. Through building such a worldwide platform, we are wishfully to prepare for the Chinese ethical academic to be integrated into that of the world, and try unremittingly to incorporate the "mercy mind and kind exemplar" in the world into Chinese ethical terminology and expression.

To responded to such a call, just as Frankfurt University of Germany has established an international Center for Studies of Norm and Order for the federation of scientists and scholars from all kinds of academic fields, we hope the brand new *Acadēmia Ethica* to facilitate a common room for those scholars who investigate the issue of reconstructing the ethical order of the present world to dialogue freely and exchange academically.

Ancient Chinese sages originated independently a kind of world ethical system in the Axial Age; with the introduction and absorption of the western academic in the past more than a hundred years, the present Chinese ethics should play a role in contributing the wisdom of Chinese civilization to the future "world under the heaven" by thoughtful accommodation and innovation.

Thus, at present time the meaningful philosophical investigations are definitely not to act on impulse to decide whether the west or the east is the winner, whether the ancient time or the present time is civilized or barbarous, but to know oneself and know each other, understand each other in mind, inspire each other in thought, with each other's advice to overcome heretic ideas, thus making an accommodation of a great ethical way of new human civilization, "impartially listening to both sides and following the middle course". Only out of this, we advocate that the root should be returned to and thus starting anew, the great changes of ancient and modern times should be comprehended, the moral principles of west and east should be integrated into each other, any temporary and particular moral should be based on great permanent ethical virtues of human civilizations, so and so making the academic expressions of Chinese ethics with an everlasting life integrated into historical trends of world history. Only through overcoming the provincial particulars of Chinese culture by her own universalization can she "in the world" undertake her great responsibility — "concern for the world under heaven".

目　　录

— 1 —

Contents

【原典首发】

黑格尔对怀疑论之扬弃①

［德］克劳斯·菲威格②（著）

仲　威③（译）　郭冠宇④（校）

【摘要】 黑格尔以塞克斯都·恩披里柯为阐发点,将古代怀疑论思想整合为一种内在于思辨哲学的真正的怀疑方法。经由黑格尔的这一扬弃,怀疑论摆脱了片面性,成为能够对抗任何独断论的典范武器,理论与实践的二元论由此得以克服,而哲学亦达到真正自由的、现代式的形态。

【关键词】 黑格尔,怀疑论,独断论,思辨,实践

如果想要令人信服地阐明黑格尔扬弃怀疑论的创造性方案,这种方案的形式是内含真正的怀疑论⑤或对真正怀疑性要素的融合——"思辨哲学将怀疑论作为一种本质性要素包含于自身之中"⑥——那么,人们就必须证明,理论的-认识论的和实践的-伦理维度的统一性与不可分割性,并论证"二律悖反"(*isostheneia*)和"悬搁判断"(*epoche*)的扬弃,后者即"不动心"(*ataraxia*)和"道德中值"(*adiaphoria*)。

为了对这一问题作出进一步的分析,我现在必须把重点放在以下两方面:首先,黑格

---

① 原文出处:本文译自克劳斯·菲威格教授未发表文稿,英文版标题为"Hegel' Sublation of Scepticism"。

② 作者简介:克劳斯·菲威格(Klaus Vieweg),德国当代哲学家,国际著名黑格尔研究专家,德国耶拿大学哲学系教授,主要研究方向为德国古典哲学、怀疑论思潮、哲学史原理等。

③ 译者简介:仲威,德国耶拿大学哲学系博士,主要研究方向为黑格尔法哲学。

④ 校者简介:郭冠宇,东南大学人文学院副教授,主要研究方向为德国古典哲学(以黑格尔为主)、形而上学、西方实践哲学。

⑤ 关于这个观点,另请参见: Klaus Vieweg, *Philosophie des Remis. Der junge Hegel und das*, *Gespenst des Skepticismus*', Munich, 1999, Der Anfang der Philosophie — Hegels Aufhebung des Pyrrhonismus, in: Das Interesse des Denkens. Hegel aus heutiger Sicht. Wolfgang Welsch, Klaus Vieweg hrsg., Wilhelm Fink Verlag, 2007.

⑥ Georg Wilhelm Friedrich Hegel, *Vorlesungen über die Geschichte der Philosophie* (*Lectures on the History of Philosophy*), TWA 19, S.371.

尔区分"真正的"怀疑论与作为独立原则出现的怀疑思想的不同形式;其次,他对怀疑论和"怀疑方法"作出了区分。"这样一些怀疑论的观念仅仅让我们以如此一种特定的形式去感知它,即它将自身显现为纯粹的、无杂质的怀疑论。显然,当哲学要求怀疑论成为真正的怀疑论时,上述观念就烟消云散了",而真正的怀疑论将会在所有实体性的、真正的哲学中被发现。(SkepA,227)

这种真实的、可靠的、真正的怀疑论——康德称之为本质上只内在于先验哲学之中的"怀疑方法",它"隐含于每一个哲学体系之中"。

一、皮浪主义——性格自由与思想自由

在其调整改造中,黑格尔从塞克斯都·恩披里柯(Sextus Empiricus)对皮浪主义的规定有特定的含混性和歧义性出发,创立了怀疑论的一种"标准"。古代哲学家塞克斯都将怀疑论理解为一种技艺,即一种创造"二律悖反",并由此对判断作出悬搁的能力。但与此同时,他又将其理解为这样一种"生活或行为方式的选择",它沉浸在内心平静("不动心")形态的幸福之中。它的推动原则是希望"心如止水",而证明的主要原则是"二律悖反":每个论点都会遭到一个对等论点的反驳。① 鉴于这种"模棱两可"以及他对古代怀疑论传统的熟悉,黑格尔将皮浪主义的两个面向区分为如下两种形式:原型的皮浪主义是"性格(Character)的主观性"②,而"思维着的"皮浪主义是"知识的主观性"。后一种形式是前一种形式的结果。③

在《精神现象学》和《哲学全书》对"主观精神"的反思中,世界同理论-实践理性之间的相互关联得到了进一步的阐释。在《精神现象学》开篇,我们发现感性确定性是一种直接的、纯粹的、理论性的参与,是一种纯然"接纳"的自然意识——即纯粹客观性(objectivity)形态的第一阶段。由于"意识自身的颠倒",感性确定性转变为自身确定性,纯粹客观性转变为纯粹主观性,"直接的""自然的""个体的"意识转变为"直接的""自然的""个体的"自我意识;因此,这些纯粹理论的东西(直接的确定性)转变为纯粹实践的东西,转变为在其直接性和个体性之中(即在"性格的自由"之中)的那种纯然的生活方式。皮浪本人就是这一类型的完美化身:他的哲学无非是他的生活方式,他述而不著,"理论

---

① Sextus Empiricus, *Grundriss der pyrrhonischen Skepsis* (*Outlines of Pyrrhonic Scepticism*), Frankfurt a. M., Suhrkamp Verlag, 1985, S.94 - 96.
② "Character"一词有性格、品格、人格等多重含义,应根据语境酌情翻译和理解。——译者注
③ 黑格尔提到了"最高结果的极端"(SkepA,249)。

的"东西似乎在这种自内存在的沉默中消失了。

在他的《哲学全书》中,黑格尔也把自我意识的第一阶段描述为一种纯粹实践的行为,即一种由个体性和欲望塑造的"欲求着的自我意识"。所有的客体都只是"显得"似乎具有独立性,它们没有真正的实在性。它们已被转化为一些纯然的表象,因而对于主体而言是空疏无据的。所有有限事物都不是"自为"地存在着,而是"无我的"或"奴隶"般存在着的。作为主观东西之"主宰"的一个结果,即欲望是"破坏性的和自私的"①,主观东西被改变并且被消灭了。通过这种实践的绝对否定性,客体被"吞噬"或消耗,并且"被表象为虚构(imaginary)的东西"。在这种纯粹实践的关系之中,蕴含着这样一种"自然的理念论"(natural idealism),它的首要基础方法是把有限性当作某种必须被扬弃的东西。这种形式的理念论表现在动物的非理论的(un-theoretical)或无理论的行动之中,即它们毫无顾虑地吞噬有限的东西。即便在"最低级的智者学派"之中,即在厄琉息斯秘仪之中,原始的怀疑论和理念论也在有限事物的无足轻重的确定性形态之中表现它们自身。(PhdG,91)典型的经验怀疑论者和"经验理念论者"②(empirical idealist)关注需要、欲望和嗜好。黑格尔描述了皮浪主义之意识的实践方面,其纯粹形式是真正未受理论"玷污"的为自身的存在(being-for-oneself)。由此全部客观性都遭到抹杀,客体都被转化为我的现象(I-phcnomena),都存在于我的表象之中。原本以偶然观察为形式的纯粹客观性被颠覆:现在,我们面对的是"我的"发现和"我的"偶然观察。但是,消除客观性的尝试彻底失败了,因为否定性本身即规定性。内容仍然存在,只是形式发生了改变,即是说,它从存在的语言转译为现象(appearance)的语言。它不再说,"一个特定的东西在此时此地存在(是什么)",而是说,"这个特定的东西是如何向我显现为在此时此地存在的(是如何)"。

皮浪主义者或许更喜欢纯粹的生活方式,将其视为一种"无声或沉默的确定性",但这种沉默也是一种表述,并且他个人的生活方式不可避免地意味着一种行动,即一种在倾向(inclinations)或欲望之间的选择。人们错误地认为,任其自然就是什么也不做,但事实上,不作为就是一种"确定的行动"。即使这位怀疑论者宣称(无论他是否使用语言)他"毫无意志",即他排除了一切建立在他的自我决定的基础之上的道德评价,他不想拥有自由,他始终想要"置身事外",但是,这首先意味着他必须对"他自己的自由决定"或"置身事内"的含义有一个明确的概念。其次,他无法摆脱对各种内容和倾向的选择,无法摆脱对规定性的选择(即使这种规定性被转化为作为表象的现象),也无法摆脱意愿和行动

① Hegel, *Enzyklopädie der philosophischen Wissenschaften.* (*Encyclopaedia of the Philosophical Sciences*) TWA 10, S.218.
② Hegel, *Vorlesungen über die Philosophie der Natur.* (*Lectures on Philosophy of Nature*) Man. S.5.

的必然性。皮浪主义者"欲求"他的"无欲","选择"他的"不选择",放弃他的独立的道德评价。在他们的孤立之中,漠不关心、任其自然或中立总是一种错觉、一种谬论。人们仍然不可避免地要"挑出"一个人的明确意愿,并据此作出决定和采取行动。① 个体设定了一个目的,但是,这个目的却不应来源于他自己的决定,这就是皮浪主义者的困境:没有目的就应该算作一种目的。在《哲学全书》第 478 节至 480 节中,皮浪主义与世界的纯粹实践关系的不一贯本性得到了进一步阐述:纯粹的、片面的主观性作为任意性与纯粹的、片面的客观性(作为偶然性)形成了对比。

因此,意志被视为一种纯粹的、纯然的主观性,一种任意性(而主观性的不可回避的规定仍然是偶然的),"降临到主体身上的某物",一种"经验"或一种"非自愿的刺激"。自由意志的本质要素——无规定性和规定性,有意选择和无意愿性——是不统一的,只是任意性和偶然性的混合,而非两者的综合。只要这个"我"是主动地放弃它自己,它就对它自己作出了规定。"一种现实化的特殊真理即普遍真理,思维会将其设定为它的目的,设定为幸福。"②皮浪式的任意性将其自身表现为"普遍性中的必然性"。幸福以一种表象("仿佛")的形式被设定为目的,但同时又否认了目的的设定。伴随着皮浪主义中假定的纯粹主观性,我们进入了"表象着的"和"欲求着的"自我意识阶段。③

就事物的差异性而言,怀疑论者"应该避免说某件事在本性上是好的或者在实践方面是善的"。然而他却这样评价:其他人的这种假设或行为是邪恶的,因为它会导致灵魂的创痛。④ 一方面,他自信地作出独立或"自由"的评价,即不受所有"客观性"的、所有假定的"客观价值"和"义务"之影响。另一方面,幸福具有一种客观和绝对的价值。根据皮浪主义者的立场,他认为幸福具有一种绝对有效性。⑤ 然而,节欲或控制(with-holding)并不能避免价值(判断),它们本身就是通过"我"而具有一种固定的价值。

意识"在认识它的自由方面是绝对自由的",它有它的自由,就好像这个自由是"被它自己赋予的",是自我建构出来的(PhdG,442)。所有的规定,即全部差别的本质都源于

---

① 在仅仅适用于人类的抽象的、形式的主观自由的极端形式中,即在自杀中对一个人的自我所作出的"绝对取消"中,我们面对的不是一种"生活"方式,而是一种"死亡"方式。

② Hegel, *Enzyklopädie der philosophischen Wissenschaften* (*Encyclopaedia of the Philosophical Sciences*), § 478.

③ 另请参见 Klaus Vieweg, Selbstbewußtsein, Skeptizismus und Solipsismus in Hegels Jenaer Systementwürfen I bis III (Self-consciousness, Scepticism and Solipsism in Hegel's Jena System Outlines I to III). In: *Die Eigenbedeutung der Jenaer Systemkonzeptionen Hegels*, Heinz Kimmerle ed., Berlin, Walter de Gruyter, 2004。

④ Sextus Empiricus, *Grundriss der pyrrhonischen Skepsis* (*Outlines of Pyrrhonic Scepticism*), Frankfurt a. M., Suhrkamp Verlag, 1985, S.235. 如果其他人把他周围的环境视为邪恶,他就会认为自己遭遇了复仇女神;如果他得到了他认为有价值的东西,他会因为黑暗或害怕失去它们而遭受灵魂的创痛。

⑤ 然而,这仅仅是对于他自己,就此时此地而言的。

这种与自身同一的自我意识的无差别/冷漠(indifference),在这种与自己的纯粹同一性之中,作为不动心,作为平静,作为对自己的不可改变的、真正的确定性而存在着(PhdG,161)。从皮浪式的观点来看,幸福存在于此种不动心、不受干扰、不变性以及自由的平静之中。这就是为什么黑格尔在他的《精神现象学》中,在皮浪主义的实践哲学的本质方面谈到了自由,即"幸福意识"的真正经验。

不动心的本质并非真理,而是"自我的确定性"、心灵的平静和确定、"不悲不戚"和一种关于幸福的意识,又或一种放空有限性中的所有波动的意识,这绝不是假装出的、纯粹实践的、非理论的立场,而是一种对世界,对源自"思想"的必然性的冷漠。①

二、思维着的皮浪主义——"知识的主观性"

作为第一个版本的一种逻辑延续,在第二个版本之中,黑格尔清楚地阐明了皮浪主义者的问题——处理了一种导致"知识的主观性"的思维着的怀疑主义。为了攀登这一崇高的位置(怀疑论立场),人们需要高等教育、学习、锻炼和心灵的苦修。② 在个体性的普遍性中存在着这样一种统一性,它只是通过显现为某种"抽象"的否定行为而与自身达成统一,因此它包含融入自身内部的所有规定性。③ 怀疑主义最初意味着不带偏见地观察和探索,这种探究维度已经存在于皮浪本人的"原始版本"之中。就皮浪主义者超越必然性而言,他"承认"它是非实体性的,同时也"认可"它的普遍性。皮浪主义最初就是关于"如何正确生活"和"正确思考"的指南:这是实践与理论的一种有趣的混合,在黑格尔的扬弃策略中,尤其是在他的包容(inclusion)策略中,得到了应有的尊重。

"思维着的怀疑主义"后来的这种变体,发展到纯粹知识主观性的极端,一方面它被迫采取反对其他不动心概念(伊壁鸠鲁主义、斯多亚主义)的立场,并声称它想通过"论证"来纠正独断主义者(dogmatists)的鲁莽行为。但另一方面,根据最初的冲动(impulses),由于自我包容的问题,应当避免某种断言式的、争论性的态度和话语。每个命题都应该加上"此时此地,在我看来"的命题,这就剥夺了它所宣称的有效性。这样一来,皮浪主义者的论断仍然只是主观的,永远不能在思维和判断之中被赋予客观性地位。因此,这种对纯粹否定性和主观性的"过度的"怀疑主义离开了哲学领域,并且仍然是一种

---

① Hegel, VGPh, TWA Bd. 19, S.362.
② Hegel, *Die Philosophie der Geschichte*. Vorlesungsmitschrift Heimann 1830/1831, Klaus Vieweghrsg., München, Wilhelm Fink Verlag, 2005, S.157 – 158; SkepA, 238/239.
③ Hegel, *Wissenschaft der Logik* (*Science of Logic*), a.a.O., TWA 6, S.253.

特定的、个体的生活方式的故事。① 然而,如果怀疑论者强调其论证要被理解为"温和的怀疑论",那么他就抵消了纯粹主观性的理论原点,并成为一名独断主义者。

那种持续困扰着皮浪主义的困境体现在他对自己的基本思想,即阿格里帕的五个比喻(Agrippa's five tropes)的自我理解中。作为比喻,它们同时也代表论证和非论证,这使得它们成为哲学论证和文学描述之间的混合物。皮浪主义的陈述(假设、比喻)是介于论证和叙述之间的中间形式,它们是介于感知和概念之间的表象(幻想)形式。黑格尔接纳他们的论证形式,并将其理解为"探究""自由思想",以及成功反对任何独断论的典范武器。只有通过思辨思想的扬弃,哲学才能获得抵御反对意见的免疫力。

阿格里帕的五个论证或比喻是反对教条/独断(dogma)的最强武器。这五个比喻是它们自己的知性领域,也是反思最可能的结果。立场的多样性(diaphonia),无穷倒退和无限累进,相对性原则,未经证实的预设,恶性循环,这些思想抓住了教条的有限性,将教条自身的抽象概念与教条对立起来。知性的一方与另一方相对立,二元性和多样性反对空洞的统一,纯粹的差别对抗纯粹的无差别,相对性对抗非相对性。皮浪主义者有言,对于知性的每一原则来说,相反的原理都能够基于等价或二律悖反的原则(*principium contradictionis*)得到同等效力的陈述。当二律悖反在有限东西中确立其自身时,皮浪主义者就会看到"纯粹有限的非真理"。② 这些比喻精彩地处理了有限东西以及对有限东西的知性认识。由于否定性或有限性的自我毁灭,知性本身就注定会死亡。有限的知识会陷入无限倒退或无限累进的陷阱,并且无法使自身合法化。相对性(信条:全部知识都是相对的)、差别和非同一性找到了它们的"最高抽象和最真实之形式"(GW 4, 223)。如果知性的某个原则被认为是无条件有效的,那么怀疑论者就会出现,以确保、启发式地判断、引入至少一种替代方案的可能性。

在费希特早期"知识学"之中,怀疑性的检验表明,知性只要也是反思,就不能免受皮浪主义的检验和皮浪主义的反对。由于费希特努力逃离无尽辩护的"兔子洞",逃离无限倒退或前进,他的纯粹的、形式的理念论因而就会陷入激进的教条或独断之中。终极的原则就像地球在乌龟背上,而乌龟又在大象背上如此等等。所以,必须存在"一种绝对的第

---

① 哲学对这种冷漠采取同样冷漠的立场:它与哲学无关。从某种意义上说,这些形式是"坚不可摧的",因为它们不处于论证的层面。皮浪总是可以保持沉默、大笑或"转身",然后对黑格尔这样的哲学家保持不感兴趣的态度。一个调用他的"内在神谕"(inner oracle)的人"已经与一个不同意的人告吹了"(PhdG, S.64)。黑格尔将这种典型的"转身"描述为"意识倒置"到"纯粹主观性的顶点"。另请参见 Klaus Vieweg, Die Umkehrung des Bewußtseins selbst [In: *Hegels Einleitung in die Phänomenologie des Geistes*, J. Karasek, J. Kunes u. I. Landa hrsg., Würzburg, 2006.]。

② 参见 Kant, AA XII, 257 f.

一"(GW 4, 218)。如果独断论"陷入无限倒退,他们就会从他们无法证明的东西开始,而这只是要求你在没有看到证据的情况下让步"。① 因此,怀疑论者也在没有证明的情况下提出完全相反的假设,但要求同等的权利。对"我"的有限性、规定性和特殊性的完全排除,使得任何公设(postulation)都变异为某种仅仅肯定的、不完整的东西,从而发展出一种横亘在无限者与有限者之间的不可克服的二元论。独断论的不完整的、片面的绝对仍然只是对未经证实的公设或预设所作的一种纯粹抽象普遍化,并落入到阿格里帕的第四个比喻的"不可逃遁"的陷阱之中:纯粹假设的公理(ex hypotheseos)。

在耶拿期间,寻找哲学开端的证据(Beweis)迫使黑格尔彻底改变了他的思维策略,他与"五个比喻"的辩论在这方面帮助了他。他为自己作辩护,反对相对性的"病毒",因为相对性只提供对判断的悬搁(epoché),即对所有知识主张作出限制。哲学需要免疫力来对抗怀疑论的反对意见。只有当怀疑论本身遭到怀疑,即通过将比喻中的理性内容融入到"绝对"之中,将否定性框定为绝对者的一个内在环节,知性逻辑向理性逻辑的转变才能成功。如果怀疑论只坚持纯粹的差异和相对的东西,那么它就会变得片面。如同"分声部合响"的古老音乐只关注多样性,只有"多"才是其有限性中的"一"。依据黑格尔,第四个比喻模仿了独断论未经证实的预设,第三个比喻(即"全部知识都是相对的")则必须把它自己包含进来,因此是一种表述行为的自相矛盾。黑格尔运用了此种辩证性、颠倒性的方法:论证性的怀疑论成功地对抗了统一性的独断论,但又像回旋镖一样反弹并击中自己,因为这比喻只有一些反思概念,并且只能在有限的模式上建立其自身。

怀疑论的否定性、无规定性存在于个体与自身的简单同一之中,存在于同一性的自我归因的意义上,即迈向承认和确认自身为"我"的首要的和必要的步骤,也存在于自我意识的第一阶段以及自由地下决心和自由思想的确定性之中。黑格尔是这样理解无差别论/冷漠主义(indifferentism)的:在理论方面,二律悖反是理论的无差别;在实践方面,"道德中值"是实践-伦理的冷漠,即"思维本身的不动心"(PhdG, 161)——作为"我"之构造和自由的不可协商的一面,以及自由概念之建构的第一步。在每一种主体间性的思想之前,作为直接的自为存在的唯我论式原则构成主体性思维的第一阶段。

在现代性中,理论和实践的唯我论倾向具体表现为先验哲学的主观理念论,其中,"道德性"的更高形式,即个体意识和纯粹意识的统一取代了品格(Character)。黑格尔将个体性要素,即主观个体性或"我"(同时也是无差别的普遍性)视为必要非充分的要求:这种

---

① 参见 Sextus Empiricus, *Outlines of Pyrrhonic Skepticism*。

思想是"真正的中心",是所有哲学"自由的"面向。

三、幸福意识和哀怨意识

根据黑格尔已经提到的基本思想,皮浪主义意识理论的下一步是意识在其自身内部的一种双重化,即自由的和不自由的、幸福的和哀怨/苦恼的意识;作为一种自我意识,它"在自身之中是分裂的"。在其自我认知之中,它摇摆于自身同一的自由意识与"偶然的、迷失的意识"这两个极端之间。"它并没有把它本身的这两个观念融合在一起:它有时承认它的自由超越了全部的混乱与偶然,有时又认为自己堕入了一种不相关(irrelevance)的境地,并在其中徘徊"(PhdG,162)。存在被转化为似乎(seeming),被转化为表象的主观东西。① 古代怀疑论者远没有将他对日常生活中强加给他的客体意识提高到一种客观断言意义上的知性水平。根据塞克斯都的说法,我们活着,关注"显现着的东西"而不将其与任何断言联系起来。在独断的断言所支持的事情上,人们可以提出异议,让客观性存在。显现着的东西是这样一种标准,借助这个标准,它的显现,即被理解为在我的表象意义上的主观显现,它的显现在主观的意义上被奉为真理(SkepA,224)。意愿的全部规定都是偶然的,它们仅仅发生在个体身上。黑格尔谈及"非自愿的刺激"(SkepA,224),怀疑论者的表象可以有这样或那样的内容,但无论它有什么内容,这都不是由他自己建构的,而是一种由非自愿性所造成的直接内容。塞克斯都谈到被视为显像的"经验"(experiences)。"至于我自己的经验,我是不会弄错的",而显现着的东西是个体的、瞬间的。② 但是,经验的效果是这样还是那样(白的还是甜的)却是不可能被确定下来的。③ 皮浪主义的意识公开明确地承认,它是一种完全"偶然的""个体的""经验主义的"意识,这种意识"被某种没有实在性的东西所引导,服从某种它并不认为是一种存在的东西,它采取行动并将某种对它来说没有真理性的东西带向实在性"。(PhdG,161)这样一种个体的、偶然的意识类似于"动物生命",在这种还原中,它代表着自我和自由的迷失,即一种"迷失"的自我意识。(PhdG,162)

除了个体性的普遍性之外,纯粹的自我意识还包含个体对一切他者的排斥,以及主体

---

① 参见 Hegel, *Wissenschaft der Logik* (*Science of Logic*), a.a.O., TWA 6, S.20。在怀疑论之中,似乎存在的东西被明确表述为"现象"(phenomenon);在理念论之中,被表述为"显像"(appearance)。"怀疑论者不能允许自己去说'它存在';而更为晚近的理念论者则不能允许自己把他的认知考虑为关于事物自身的一种知识。"

② Sextus Empiricus, *Gegen die Dogmatiker* (*Against the Dogmatists*), Translated into German by Hansueli Flückiger. St. Augustin 1998, 1 §§ 193-197. 参见注释7和9。

③ Sextus Empiricus, op.cit. § 191.

性在"它的内在自我的空巢"之中的持续存在。对否定性所作的最高抽象将会在"绝对自我性"之中被发现。就像在康德那里,自爱(*philauta*)与自负(*arrogantia*)是并存的,前者是理性的自爱或对自身的认可,后者是在目空一切的自爱的意义上而言的,即妄自尊大、纯粹的意志自私、"单一东西"的纯粹特殊的主观性,又或最糟糕的任意性、孤寂并且作为"自负"孤独地存在。这种任意行动的规定性仍然是偶然的,它降临在个体身上,被给予他,并不自由地由他自身所建构。片面主观性意义上的任意性与片面客观性意义上的偶然性纠缠在一起,这表明自由与必然之间的二律悖反尚未得到解决。

伴随着这种完满的无差别和无利害性,没有目的就成了意志的目的。总是存在这样一个目的,但它却不应当被视作一个目的(被视作一个真正的决定)。这就造成了如下结果,即以独断式的信念为根据对问题采取一种任意的行为,价值的某种客观性仍未确定。① 个体性的自我设置(self-installed)的普遍性受到挫折,意愿和行动的全部规定都变成了"盲目的必然性"。自由意志的知性的两个环节处于极端的分裂状态。这种分裂或不统一塑造了怀疑的意识:这里是朴素的平静和自由,摆脱了焦虑和混乱、易变性和同一性;那里则是陷入混乱和持续的紊乱,从实在性堕落到"现象"之中,即堕落到多样性、差别性和非同一性之中。在这种不断摇摆的过程中,任何调和两种极端的尝试都会失败。

自愿放弃一切的不顺从与未经尝试的顺从截然相反。前者是自我的建构或自由的规定,后者是不假思索地接受外部的"命令",理论的和实践的自由与"哲学的"和"政治的"距离(无为主义,*apragmosyne*)相对立。永久的宁静和平静(作为主权,它凌驾于一切此时此地或一切"这一个"之上)与冷漠主义(作为"彻底的寂静主义",作为对此时此地所发现的事物的一种屈服,也作为"这一个"的神化)形成鲜明对比。由于怀疑论者无法决定好与坏,因此他在被给定的秩序、现存的习俗和实践面前"不发表意见",并且以它们为根据来调整自己的行动。意识的每一个"安全支柱"、每一种传统习惯都被放弃,却立即又被恢复为行为的一个标准。问题即,在一个对他的自由的一个体的生活方式施加很大限制的世界中,皮浪主义者该如何行事。作为一个墨守成规者和传统主义者,在他将所有规定(无论对衣着的各种规定还是对杀人的规定)扔进一个"碗"里并简单地将其"混合"之后,他不得不去确认现有的秩序。② 例如,在皮浪主义者后期的概念中,他们相信习惯实例(instance)的无差别性与不充分性。

在"公共事务"(res republica)和真正批判政治性的"理性配置"的意义上,承认自由

---

① Sextus Empiricus, PH I, S.25. 皮浪主义者带着"温和的悲伤"去面对那些强加在他身上的日常生活的事物。
② 参见 Friedo Ricken, *Antike Skeptiker (Ancient Scepticism)*, München：Beck, 1994, S.114 – 151。

的个体性和否定真正的公共性(republicanity)两者同时出现。一种"对世界的漠不关心"由此产生,它是史学家爱德华·吉本(Edward Gibbon)所讲的"理智自由"和"冷酷无情"的混合体。在皮浪主义者内心安息的"佛陀"有第二张面孔:他表现为一位浪子,一位迷失方向的游子。黑格尔借用蒙田的典故谈到了"周游"(hanging around)(PhdG, 162)。因此,那个"自律的单子"(autonomous monad)也将自己展示为一位"他律的浪客",又或一只"松鼠的灵魂",如尼采所说的那样不断地从一棵树跳到另一棵树上。黑格尔将幸福、哀怨的堂吉诃德视为令人印象最深刻的主角,他拥有无反思的平静和无边无际的冒险游荡。在黑格尔以诗歌为表现形式的现代幽默小说的概念中,蕴含着"性格自由"的回归,《堂吉诃德》等小说的主人公代表现代诗歌中卓越的皮浪主义者。①

皮浪主义者预见了自由意识和唯我论的原则。他宣称伦理性的实体东西无意义,但又不加批判地把这种无足轻重的东西当作自己行动的权威。任意性作为一种主观的、偶然的意志由此表现为一种自相矛盾——怀疑论者应该尝试在一种特殊性中实现他自身,而这种特殊性对他来说又是微不足道的。抽象的个体性想要将幸福设定为一个目的,同时却又否认它。② 就像他的现代同胞——浪漫派的讽刺者一样,皮浪主义者发现自己处于自我创造和自我毁灭之间的永恒摇摆中。

黑格尔把所有诸如此类的不一致或"不统一"看作怀疑论内在的阿喀琉斯之踵,在面对这些"不统一"和自我欺骗,以及这些内在冲突的时候,必须将其作为一种思维和生活方式加以批判,用冷漠来回应冷漠,用自己的武器与之作斗争。③ 特殊性和普遍性、无规定性和规定性、自由和必然、主观性与客观性、个体性和群体性精神、道德性和伦理实践,都是分裂的、不统一的、两面的、双重的、二意的和可疑的。

黑格尔的目的似乎是要构建一种道德"自我",这个"自我"既不会迷失在虚幻和不谙世事的"德性灵魂"(virtuous soul)中,也不会愚蠢到不得不融入且沉溺于日常的、自然的约束和惯例中。④ 作为德性灵魂的主观性和偶然事实的客观性,以及传统和习惯,这些都是片面的、不充分的立场。黑格尔想要构思出一种兼具理论和实践面向的"第三种"哲学,从而对纯然片面的主观性和狭隘的客观性,怀疑论(否定性)和独断论(肯定性),以及

---

① 参见 Klaus Vieweg, Komik und Humor als literarisch-poetische Skepsis-Hegel und Laurence Sterne., In: *Skepsis und literarische Imagination*, Bernd Hüppauf, Klaus Vieweghrsg., München, 2003。

② Georg Wilhelm Friedrich Hegel, *Enzyklopädie der philosophischen Wissenschaften* (*Encyclopaedia of the Philosophical Sciences*), TWA 10, S.299 – 300.

③ 参见 Klaus Vieweg, Die Umkehrung des Bewußtseins selbst (The Inversion of Consciousness Itself), a.a.O.。

④ Hans Friedrich Fulda, Einleitung (Introduction). In: *Skeptizismus und spekulatives Denken in der Philosophie Hegels*, Hans Friedrich Fulda, Rolf-Peter Horstmannhrsg., Stuttgart 1996, S.24, my italics.

顺从和不顺从、自由和必然的"不统一性"予以扬弃。

四、不动心与良知

黑格尔在《精神现象学》中关于道德性的部分,以及在"法哲学"中著名的"从道德性到伦理生活的过渡"语境中,进一步发挥了自由的自身规定和规定性的议题。这关涉到对怀疑主义的扬弃,因为黑格尔在对道德性的特殊理解中看到了现代的、主观理念论版本的怀疑主义付诸实践,即纯粹的、个体意识的同一性之为"主观理念论的先验唯我论"。

对黑格尔而言,"良知"是以抽象的自身规定和"自身的纯粹确定性"为形式的主观性。他将其理解为"不动心"的一种现代形式——对所有其他规定之无效性的自我意识,以及意志的纯粹内向性。① 纯粹直接的真理是"将自身表象为内容的直接确定性,亦即个体的任意性和他的无意识的自然存在的偶然性"(PhdG, 473)。由于他对自身的确信,"他就拥有绝对自治的威严"。自身规定立即被视为责任或义务(duty),而义务就是知识本身(PhdG, 476)。

皮浪主义的意识是直接的安息点,相对于普遍性而言,它是统一的、无关联的,它在自身中包含着无差别的普遍性;与这种意识相反,"自我"的必然普遍性作为一种对自身的纯粹认识和意愿,它出现在"我=我"之中,它是全部本质和实存。起初,道德意识还处于缄默状态,而良知已经在言语之中得到实现。"言语是行动的真正现实,也是行动的理由",这一个"我"(I)乃是一种"自我"(self),它作为自律的、被承认的自我意识的中心,在言语中是真实的,它"宣称自己是真理,并以此承认每一个自我,同时也被每一个自我所承认"(PhdG, 479, 480)。黑格尔在描述其极端形式,即孤独-善良的灵魂时,将之与皮浪主义的意识联系起来。在这种自我淹没的过程中,意识达到其最抽象、最贫乏的形态。自我的意识是"自我仅有的知识"。"全部生命和全部精神性本质都已经返回到这个自我之中,并已失去同这个我-我自己(I-myself)的差别"。这种看似安静的意识的运动力量是极端抽象的东西,它们不是固定不变的,而是永远处于动荡之中,处于建构与毁灭的交替之中。黑格尔的此类说法可能是在暗指浪漫派反讽的特征,即在自我建构与自我否定之间的持续摇摆。黑格尔谈及"哀怨意识与它自身的一种交替(exchange),但这种交替是为自身的,是在其自身之内进行的",这种交替从没有得到表达,从没有进入现实(在它自己的言语之外),而仅仅是一种激情的渴望。(PhdG, 483)

作为"选择"的一个基础,为了在规定性之上作出决定("全部内容都有其规定性的烙

---

① RPh, § 138, § 139 (259－265).

印"），"法哲学"的相应段落提出了"永远属于我的知识和良知"。继而,在备受瞩目的第140节中,黑格尔处理了主体性的片面性、过度性和反常性(perversion)。最后,他再次提出浪漫派的反讽是现代怀疑论的一种核心形式,这种反讽是从费希特哲学发展而来,而且还吸收了皮浪主义关于基础的相对性、自我建构和自我毁灭的永恒变动的观念,对分裂及其永无止境的累进作出了引人注目的描述。最终的"基础"被视为一种"直接的"东西,它是知识无法触及的,它只能被猜测、信仰或诗意地表现出来。①

上述段落从理论和实践的角度对现当代哲学的主要趋势,即"哲学的堕落"(degradation of philosophy)作出了有说服力的诊断:只要这种以"显现为表象"做标准的怀疑论哲学宣布:"对真理的认识是一种虚无的徒劳,它只对知识领域(这里仅仅有似乎存在的东西)给予了刹那的关注,它就必须立即把似乎存在的东西转化成行动的原则,从而把伦理生活置于个体的特殊世界观和他的特定信念之中。"②一旦"自我"排除掉对真理的认识,如何思考和行动就都无关紧要了。

借助这些思想,黑格尔实践哲学展示出扬弃怀疑论方案中的关键点,以及克服理论与实践二元论的一次尝试(这仍有待深入研究和阐述),并成为对"哲学自由面向"③的一种保护,一种现代哲学。

Hegel's Sublation of Skepticism

Klaus Vieweg

【Abstract】 Hegel, starting from Sextus Empiricus, consolidated the ancient idea of skepticism into a genuine "skeptic method" embedded in the speculative philosophy. Through this synthesis, sublation by Hegel, skepticism became a paradigmatic weapon capable of confronting any dogmatism, the dualism between theory and practice was overcome, and philosophy became a free and modern philosophy.

【Keywords】 Hegel, Skepticism, Dogmatism, Speculation, Practice

---

① 同样,浪漫派的"先验诗"概念摇摆于"概念的普遍性和形式的无差别之间,不伦不类或非鱼非肉(neither fish nor flesh)",既非诗歌也非哲学(GW 20, S.417)。浪漫派的讽刺佯装从它自身内部直接"认知"反作用力的统一性,并诗意地表现这种直接性。一个人自己的生命和自我意识都保持在其自身之内,得到诗意表达是对此人自身生活方式的沉思。"先验诗""哲理诗""诗意哲思"所描述的是"德性灵魂"的浪漫派特征。
② 参见 RPh, §140。
③ 指怀疑主义。——译者注

阴/阳与性别

[美]迈克尔·斯洛特①(著)　韦芳婧②(译)

【摘要】 阴与阳被视为相反者或互补者,将其视为相反者时,与阴对应的女性元素会在直观上低于与阳对应的男性元素,引发性别歧视的困境;如果以互补者的关系理解阴阳,则与其相对应的女性和男性是和谐平等的关系。以互补的方式来理解阴阳,将阴的接受性视作女性,将阳的目的性视作男性,可以完全平等地对待两者,能够摆脱性别歧视的思想。

【关键词】 阴阳,互补,性别

一

中国人所思考的宇宙比西方可能最具影响力的知识权威——《圣经》与柏拉图——所认为的宇宙更为统一与一元。柏拉图认为宇宙由两种完全独立且迥然不同的元素构成,即天上的形式与遍布下层世界的杂乱物质。类似地,西方的《圣经》认为上帝与他的创造物截然不同。但是,正如杜维明于1989年出版的影响深远的著作《〈中庸〉洞见》告诉我们的那样,在中国找不到类似上述的二元论或二元性的东西。可以肯定的是,阴阳作为二元元素来自太极或更为终极的无极,至少新儒家思想的哲学根基,即周敦颐的《太极图》与《太极图说》是如此告诉我们的。重要性在于,阴阳的二元性来自更基本的宇宙元素。西方二元论与中国一元论之间的区别在我此前提到的两种传统中极其明显。

本文希望超越上述对比,具体谈一谈中国思想围绕二元论所产生的两种解释。两者皆涉及阴阳,但其中一种解释认为阴与阳必然是可交替的对立者,另一种解释则认为阴与阳必然是同时的、相互和谐友好的互补者。阴与阳被认为是相反者或对立者时,它们互相排斥,不能完全地共存;而互补观则认为它们可以同时完全地共存且处于友好关系中。因

① 作者简介:迈克尔·斯洛特(Michael Slote),美国当代知名伦理学家,当代情感主义伦理学代表人物,迈阿密大学UST讲席教授。

② 译者简介:韦芳婧,贵州民族大学贵州民族科学研究院讲师,武汉大学宗教学博士,主要研究方向为宗教哲学、宗教伦理等。

此,当阴被视为是暗、湿、冷,而阳相应地被视为是亮、干、暖时,这些相反的元素应是产生世界事物的能量:例如,白天(光)的亮带来或导致了夜晚的暗。其他的阴阳对立者之间也被假定了类似的因果关系,但我们基于现代科学可知自然界并非如此。然而,现代思想家仍然能从这种较早的理解自然与宇宙的方式中汲取经验,我在本文中正是想探索这些。我们还需学习作为彼此必要的互补者的阴和阳在今天能够教给我们什么,但现在先让我聚焦于作为对立者的阴和阳。

二

由于以阴阳对立解释自然现象的方式已过时,阴与阳或阴/阳的对立传统陷入困境。可以肯定的是,白天与夜晚交替,雨季与旱季交替,寒冷与温暖交替。但从科学的角度来看,认为寒冷自身有带来温暖的因果能量的观点是错误的。我们现在发现自然界并非如此运作。阴与阳的对立传统还带来一个额外的难题,它将阴与人类(或更普遍地说是动物)中的女性元素相关联,将阳与男性元素相关联。一旦如此关联,与事物的女性元素关联的阴品质便直观上低于与男性元素关联的阳品质:我们更喜欢干燥而非潮湿,更喜欢光明而非黑暗,更喜欢温暖而非寒冷。这就使得女性元素处于较低的位置,在当今世界,我们当然不愿意接受这样的想法。

也许,只是也许,我们应该把男性/女性的对立与阴和阳对立传统中的其他对立区别开。不将阴与女性联系起来,仅比较诸如黑暗与光明的对立。为什么这还不够?从现代的角度来看,阴阳对立的传统仍不足以处理科学角度上的自然界发生的事情,至少不应与性别歧视关联。当然,这给我们留下一个难题,即该如何处理女性与男性的对立才合适,但我们可以假设(男性与女性)这种对比是互补的而非对立的。

这样一来,男性与女性的关系就会如同古代传统所认为的天与地的关系。天与地从未被视为相反的两面或矛盾的两面,而是被视为宇宙的基础。按照中国古人的主要构想,没有天的地是"盲的"、无引导的,没有地的天是"空的"——没有地,天就无事可为(有康德关于知觉与概念之意)。也许男性与女性的二元性可以被视作类似天与地的二元性。但这个观念仍有一个问题,即事实上中国人认为天高于地,天表现为男性的阳而地表现为女性的阴。这仍然是性别歧视。如果我们想避免性别歧视或重男轻女的思维,我们必须超越这个观念。我们必须以某种方式将天与地视为平等的,这种想法无疑会超出中国传统思想。因此,即使是阴阳互补传统也可能存在性别歧视问题,在我看来,解决这一难题的出路只能以异于寻常的方式,将阳的天与阴的地视为完全平等协作的——毕竟没有地的存在,天将是空且无力的。

一旦我们开始以这种方式思考天与地之间阴/阳和谐互补的关系,那么我们便可以类似的方式思考男性与女性之间的关系。毕竟,没有女性元素,男性元素也就无从谈起。男性的阳与女性的阴将完全平等,但这会导致进一步的问题:如果男性与女性是平等的,那么为什么要将女性与阴关联而将男性与阳关联? 为什么不是男性与阴关联而女性与阳关联? 我认为要找到答案,就要对阴与阳进行更为抽象的思考,然而迄今为止我们还未进行这种思考。

一些传统将阴视为一种接受的形式,而将阳视为主动的指向性目的,但这种假设的对比并不包括认为其中一个元素次于另一个元素。实际上,接受性也包括某种活动与目的:如果我们注意到接受性与被动性之间的区别,我们就会明白这一点。接受的一方相较于她或他(这里要特别注意)所接受的一方而言并不仅仅是被动的。相反,他们乐于接纳并趋向于他们所接受的元素。类似的,尽管我不会详细分析,但我必须指出,主动的目的性是以人已经接受性地接受了世界作为前提与基础的。如此,这种关系就像传统的阴和阳所描绘的那样。阴阳图是两个弯曲的半圆位于一个更大的圆圈内,阴暗的阴的半圆中有明亮的阳元素,明亮的阳的半圆中包含阴暗的阴元素。这至少表明阴和阳是必要的互补,但要使阴阳与令人讨厌的性别歧视元素完全脱离,我认为有必要避免将包含明亮但主要是阴暗的半圆与女性的阴等同,避免将包含阴暗但主要是明亮的半圆与男性的阳等同。更一般地说,对阴阳的传统描绘可以与哪个半圆主要是阳而哪个半圆主要是阴的假设脱钩,或者,也可以与任何关于阳是男性和阴是女性的假设脱钩。

我想提出一种尽可能摆脱性别歧视思想的方法,这种方法与对阴和阳的传统思考一致——阴作为接受性与阳作为目的性并不假定它们中的一方高于另一方。这样,如果我们将阴的接受性视作女性且将阳的目的性视作男性,就可以避免性别歧视。但也许你们会问:这样该怎么看待将事物颠倒过来的可能性呢,例如将男性视为接受性?

我的建议是这样的:在非强制的生育行为中,女性实际上必须接受男性的目的。这并不意味着女性是被动的:如果女性以一种不受胁迫的方式行事,她们就远非是被动的。如果女性乐于接纳生育,她们就是主动的,因此女性在生育行为中必须既是主动的又是接受的,由此在生育行为之前与之时就体现出一种不可分割的阴和阳。同样的,从另一方面来看,如果该行为不是受到胁迫的,那么男性在行为过程中必须接受女性的意愿,这也体现了不可分割的阴和阳。这里唯一的问题也是文化问题,即我们先前倾向对性交过程中发生的事情具有非常不同的看法,此外,我们倾向于认为这一过程中男性角色比女性角色更重要。但是,是这样吗? 可以说不是这样,在这种情况下,我们可以将女性视作阴的接受性,且将男性视作阳的主动性,而不会得出任何有关女性的地位或价值的负面结论。

三

从上述推理中,我们可以在哲学上推断出什么? 阴和阳被认为是黑暗与光明、寒冷与温暖、潮湿与干燥等相互对立的事物,似乎没有理由将这些对立两者中的阴的元素和女性联系起来。如果不将两方联系起来,那么阴阳对立论在对自然现象的解释上就无法与现代科学相抗衡,但至少这样不会因将我们不太看重的品质与事物的女性方面联系起来而招致性别歧视的罪名。如此,男性与女性都必须摈弃作为阴/阳相对的元素,仅留下阴和阳对比中的自然品质。但正如我们看到的,这就给我们留下了一个问题,那就是如何将男性与女性纳入阴/阳思维中而不必冒性别歧视的风险。我的回答是将阴和阳作为接受性与主动的目的这对互补的双方,从而将阴视为更容易与女性元素联系起来的方面,但最重要的是,要认识到阴的女性的接受性丝毫不亚于阳的男性的目的性。

在生育行为中,女性元素与任何表征男性元素的事物一样丰富,一样体现互补的阴和阳。我们已经看到或是论证了这么多,但这一观点可以进一步扩展,且我希望这一观点能为本文的读者所接受。哲学家和学者更普遍地强调去接受和理解存在于内部与外部的宇宙,而不是主动尝试改变世界上的事物。那么,我们为什么要假设,世界上的认知的接受行为在任何方面都不如主动实践的追求? 我们不应当如此假设,我们有充分的理由将接受性和主动的目的性视为人类生活中具有同样有效性与价值的元素,这意味着如果我们将阴的接受性与女性等同起来,那么我们并不是在恶意贬低女性地位和女性现实,而是完全平等地对待男人/男孩和女人/女孩。能够运用阴和阳的互补性别来实现这样一个受欢迎的哲学结论是令人欣慰的。这可能是第一次这样做,但现在是到了应该这样做的时候了。

Yin, Yang and Gender

Michael Slote

【Abstract】 Yin and yang are regarded as contraries or complements. When they are regarded as opposites, the yin with the female element in humans will be in an inferior position to the yang with male element intuitively, which cause the difficulty of gender discrimination. If yin and yang are regarded as complements, identifying yin receptivity with the female and yang activity with the male can treat both completely equally, which can get rid of the idea of gender discrimination.

【**Keywords**】 Yin and Yang, Complements, Gender

功利主义、完整性与偏爱①

［英］伊丽莎白·阿西福德②（著）

毛兴贵③（译）

【摘要】 伯纳德·威廉斯认为功利主义侵犯了个人的完整性。我们不能把威廉斯的完整性概念解释为个人当下的自我观念,也即主观的完整性,而应该解释为客观的完整性。但即便对完整性做出这种更合理的解释,也不能基于此来指责功利主义过于苛刻。功利主义道德承诺与偏爱性承诺之间也许有一种不可解决的冲突,这将使得客观的完整性成为不可能。然而,无论是威廉斯的义务观,还是斯坎伦的契约主义义务观,都会面临同样的问题。功利主义可以认真对待个人的根本计划与道德承诺,并将它们整合在一起。功利主义之所以对个人客观完整性造成威胁,原因不在于功利主义的理论结构本身,而在于我们时刻处于一个有大量苦难需要消除的社会这一残酷现实。

【关键词】 威廉斯,功利主义,契约主义,主观的完整性,客观的完整性

伯纳德·威廉斯（Bernard Williams）④基于完整性对功利主义的驳斥有力地促成了一个观点:功利主义是如此之苛刻,不可能是一种值得认真对待的选择。而功利主义者已经在总体上否认了一种比较精致的功利主义与行动者的完整性不相容。我要在这里论证的是,如果我们审视一种有价值的完整性观念究竟是什么样的,我们就可以发现,在世界的当前状态下,它实际上会使得我们承诺极其苛刻的道德义务,根据任何对道德义务的合理解释(包括威廉斯自己的解释)来看都是如此。然而接下来我要论证,对这些义务所作的任何合理解释都很难提供一条根据来说明,如何才能避免这些义务与行动者对其个人计

---

① 原文出处:Elizabeth Ashford, "Utilitarianism, Integrity, and Partiality", *Journal of Philosophy*, 2000, Vol. 97, No. 8, pp.421－439。本文的翻译受到"西南大学创新研究 2035 先导计划"(项目批准号:SWUPilotPlan018)和国家留学基金资助。感谢作者的授权。

② 作者简介:伊丽莎白·阿西福德(Elizabeth Ashford),英国圣安德鲁斯大学哲学系高级讲师,主要研究方向为道德哲学。

③ 译者简介:毛兴贵,西南大学逻辑与智能研究中心研究员,西南大学哲学系教授,博士生导师,主要研究方向为道德哲学与政治哲学。

④ 我集中于他在《功利主义:赞成与反对》(*Utilitarianism:For and Against*, New York:Cambridge University Press, 1973)一书中提出的驳斥。

本书中译参阅［澳］J. J. C. 斯玛特,［英］伯纳德·威廉斯:《功利主义:赞成与反对》,劳东燕,刘涛译,北京:北京大学出版社,2018 年。——译者注

划的追求之间发生根本的冲突。我得出这样的结论:功利主义承认这种冲突不可解决,并阐明了在何种意义上我们的完整性当前受到了威胁,这实际上是功利主义的一个优点。最后我指出,我们可以实现世界的这样一种状态,在这种状态下,功利主义的道德义务不会与行动者追求其个人计划发生严重的冲突。

一、威廉斯基于完整性的驳斥概述

威廉斯基于完整性的驳斥指向的是行为功利主义,根据这种理论,正确的行为是那种将总体福利最大化的行为。他声称,一旦行动者放弃他的计划能够促进最大的总体福利,功利主义就要求他这样做,而且功利主义还要求行动者把他的计划仅仅看作"他在自己所处情境下能够帮助实现的诸多满足系列当中的一个系列"[①]。因此威廉斯主张,道德要求行动者放弃某些计划或许是可以接受的,但是如果它要求个人放弃这样一些计划就不合理了,"这些计划是他更深且更广泛地卷入和认同的计划",而且,他也许"在内心最深处非常严肃地把这些计划看作他生命意义之所系"[②]。它们是这样的计划:行动者认为,坚持这些计划对于他是谁具有构成意义。威廉斯称之为"根本计划"(ground projects)。它们也许共同构成了行动者的叙事同一性(narrative identity),并为他提供了一种超越时间的一致感(a sense of coherence)。

威廉斯主张,如果要求行动者时刻准备将这种根本计划搁置一旁以便促进更大的总体功利,那么"这就是对其完整性的一种最不折不扣的侵犯"[③]。就字面意义而言,所谓"完整性",我认为威廉斯指的是其古典意义"整全性"(wholeness),而且用它来指称行动者统一的自我感。放弃了行动者所认同的根本计划将导致一定程度的心理分裂。

道德承诺(commitments)属于赋予人以同一性的承诺之列。威廉斯指出,功利主义者可能会要求行动者违背其道德情感而行动,即便这些情感对他的道德自我观念(moral self-conception)至关重要。因此,威廉斯主张,把这些情感看作"一个人道德自我之外的东西,就会失去一个人的道德同一感(sense of moral identity),也就会以最不折不扣的方式失去一个人的完整性"[④]。这一论证同样依赖于完整性的重要性,完整性被理解为行动者的

---

① J. J. C. Smart, Bernard Williams, *Utilitarianism*: *For and Against*, New York: Cambridge University Press, 1973, p.115.
中译参阅[澳]J. J. C. 斯玛特,[英]伯纳德·威廉斯:《功利主义:赞成与反对》,劳东燕,刘涛译,北京:北京大学出版社,2018年,第209页。——译者注
② Ibid., p.116.(中译参阅第211-212页)
③ Ibid., p.117.(中译参阅第213页)
④ Ibid., p.104.(中译参阅第188页)

自我感,尽管在这里它特别关系到行动者的道德自我观念。

威廉斯举了两个事例来说明功利主义的要求是如何使行动者疏离其道德自我观念的。一个化学家乔治尽管反对化学战争,却被要求接受一份化学战争工厂里的工作,以便阻止一个更聪明却更少是非观念的化学家得到这份工作,并以更大的热情来从事这份工作;吉姆被要求枪毙一个印第安人以使其他 19 个人被赦免于死。

威廉斯似乎假定乔治和吉姆不是功利主义者。他主张,他们去做功利主义认为正确的事情就要求违背良心而行动,结果,他们的道德同一性就会受到威胁。不过,对这类事例以及对乔治和吉姆,功利主义者可以回应说,他们应该改变他们当下的道德自我观念背后的道德信念;他们应该认为,正确的行为是将伤害和死亡最小化的行为。这样,做功利主义认为正确的事情就不再要求违背良心而行动了。

对于威廉斯基于完整性的驳斥,有一种解释认为,该驳斥包含这样一个主张:对个人当下的道德自我观念至关重要的那些道德情感应该被看作给定的,它们约束着一种道德理论可以合理地要求些什么。这就使得一种道德理论不能声称这些道德情感是错误的。

根据第一种解释,威廉斯的驳斥包括两条主张:第一,一种可接受的道德理论必须满足一个条件,即不要求行动者违背他们当下的自我观念而行动,无论这种自我观念是怎么样的;第二,功利主义破坏了这些道德承诺与个人承诺,行动者认为坚持这些承诺对于他是谁具有构成意义。我将在接下来的部分讨论这种解释。

二、第一种解释:对行动者当下自我观念的威胁

这样,根据第一种解释,威廉斯的驳斥就是,对行动者完整性——它纯粹被看作他们当下统一的自我观念——的破坏让行动者付出的代价高得不可接受,而功利主义的要求就可能会强加这样一种代价。我将论证,这种完整性观念不可能合理地推翻道德义务,而且,它也并不是个人认为很有价值的那种完整性。我的争辩将集中于下述论断:一种道德要求要想成为可以接受的,就至少不能破坏行动者的道德自我观念。我要论证的是,恰恰相反,道德要求规定了什么样的道德自我观念才是可以接受的。

奴隶制的事例证明,行动者的道德自我观念会与极强的道德义务相冲突,而且这种冲突不一定局限于少数人,而是可以影响到整个社会。当一种不道德行为涉及根据已被接受的社会规范而生活时,如果社会成员没有质疑这些规范的话,那么这种生活方式的道德缺点和自相矛盾对他们来说也许并不明显。他们能够对他们的生活作出一种前后一致的叙述,这种叙述使得他们能够维持一种自我观念,认为自己在道德上是正直的。下述事实

又助长了他们的这种认识:行动者的同一感在很大程度上是通过与他们交往的人看待他们的方式来形成的。比如,奴隶主能够维持他们的自我观念,认为自己在道德上是正派的,尽管自己拥有奴隶,因为他们被灌输以奴隶制在道德上是可证成的这样的观点,而且还因为他们可以在宽恕蓄奴行为的社会中得到积极的承认。此外,如果一个行动者开始质疑蓄奴行为的道德性,那么,即便他试图反对它,他也可能会仅仅因为生活在一个以奴隶制经济为基础的社会中,就觉得自己在道德上有缺陷。

显然,任何对道德义务的合理说明都必须认为,奴隶主原本应该质疑并反对他们的生活方式以及他们所赞同的那些规范,即便他们为此所付出的代价是,疏离他们以前所坚信的承诺和道德自我观念。因此,这个例子就证明,如果把完整性理解为行动者当下统一的自我观念,那么它可能与毋庸置疑具有压倒性的道德要求不相容。因此,要求道德理论与这种完整性相容,就不可能是合理的。

我断定,要想具有说服力,基于完整性的驳斥就不能建基于这样一种完整性——它仅仅被理解为行动者当下统一的自我观念——的价值。它必须借助于我所谓的客观的完整性。行动者要想具有客观的完整性,他的自我观念就必须植根于现实,一定不能建基于他受到了严重欺骗之后所形成的自我观念,无论是在经验事实方面受欺骗,还是在他实际负有的道德义务方面受欺骗。尤其是,他自认为在道德上是正派的这种自我观念必须建基于他过着一种在道德上真正正派的生活这一事实。相反,仅仅拥有一种一致的自我观念,无论是多么错误的自我观念,可以被称为主观的完整性。

基于完整性的驳斥要想有说服力,就应该诉诸客观的完整性。之所以如此,进一步的理由是,行动者看重客观的完整性比看重主观的完整性要合理得多。基于完整性的驳斥诉诸的是完整性的价值,因而它诉诸的也就是这样一个事实:失去完整性对行动者来说是一种巨大的代价。因此,它之所以令人信服,就是因为它诉诸行动者事实上看重的那种完整性。

威廉斯强调,行动者对其核心计划的坚持对于建立他们生活中的意义感具有重要作用。诺齐克(Robert Nozick)的体验机思想实验表明,我们所看重的那种意义感是一种植根于现实的意义感,是因为我们用自己的生命实际上完成了某件事,才形成了这种意义感;它不仅仅在于具有一种主观体验,觉得我们是在过一种我们所看重的有意义的生活。① 行动者要想获得真正的成就,他就一定不能在与他行为有关的经验事实方面受到

---

① Robert Nozick, *Anarchy*, *State*, *and Utopia*, New York: Basic Books, 1974, pp.42 – 45.
　　中译参阅[美]罗伯特·诺齐克:《无政府、国家与乌托邦》,何怀宏等译,北京:中国社会科学出版社,1991 年,第52 – 54 页。——译者注

严重的欺骗。但是另外,由于真正的成就的一个核心组成部分是过一种真正具有道德价值的生活,所以他一定不能在他的道德义务方面受到严重的欺骗。这表明,我们看重的是拥有客观的完整性,而不是仅仅拥有一种自我观念,这种观念让我们觉得自己在过一种有价值的生活。

我们之所以看重客观的完整性,另外一条相关的理由是:它所赋予的自我价值感建立在行动者实际具有的品质基础之上。相反,主观的完整性只不过是建立在行动者相信自己拥有这样的品质这一事实基础之上。如果他的自我观念不符合现实,那么他就需要寻找外在的手段来维持它。这样做的方式之一就是从他人那里获得积极的承认。这就使得行动者必须依赖于他人才能获得自我感。

客观的完整性可能会导致内心的紊乱,因为它要求我们对自我和我们社会的标准作出自主的道德评价,从而坚定不移地关心和追求重要问题(尤其是道德问题)上的真理。然而,建立于其上的同一感却是真实、稳定而自立的。

我的结论是,要想合理,威廉斯的驳斥就应该被解释为这样一种主张:功利主义破坏了行动者的客观完整性。我将考虑这一主张的两个版本:第一,在世界的当前状态下,功利主义破坏了客观的完整性;第二,在世界的任何一种可以实现的状态下,功利主义都会破坏客观的完整性。

三、第二种解释:在世界的当前状态下对客观完整性的威胁

这种驳斥认为,行动者当下负有的功利主义道德义务破坏了他们的客观完整性。为了评价这种驳斥的力度,我将首先讨论,在什么情况下,客观的完整性才是可能的。然后我将论证,在世界的当前状态下,行动者的客观完整性不可避免会受到威胁这种主张是合理而恰当的。

(一) 客观完整性的条件

我已经指出,要想具有客观的完整性,我们的道德自我观念就必须建立在我们实际过着一种道德上正派的生活这一事实基础之上。这就要求我们遵从我们的道德承诺,而且这些承诺还必须源自我们实际负有的道德义务。

但是,无论是主观的完整性还是客观的完整性,都要求行动者坚持他们的个人承诺,因为正如威廉斯所主张的,这些承诺对任何行动者的同一性和生活的意义感都具有至关重要的构成作用。个人承诺包括审慎的计划和对特定个人的承诺。审慎的计划对行动者

的个人实现来说是最重要的,而且正如威廉斯所言,它们使得行动者有兴趣过自己的生活。对特定的人——行动者与他们有深层的个人关系——的承诺真正地关系到他人,因为它们涉及对他人利益的直接关心。但是与不偏不倚的道德承诺不同,它们集中于行动者所认同的那些人,因此也是自我指向的承诺。

不偏不倚的道德义务可以在总体上表明主观的完整性和客观的完整性之间的区别。未能遵守自我指向的道德承诺将影响到每一个行动者在道德上的自我形象,因为行动者的同一性自动地与这些承诺密切相关联。相反,未能遵从不偏不倚的道德义务也许对行动者道德上的自我形象没有任何影响,因而可以和主观的完整性相容。(主要原因在于心理距离对行动者道德反应的影响,正如奴隶主的例子所表明的那样。比如,19世纪的奴隶主由于不把奴隶看作人,所以对他们的痛苦毫不在乎。我们可以认为,他们在道德上的自我价值感完全依赖于他们与家人、朋友和同事的交往。)然而,未能遵从不偏不倚的道德义务与过一种真正在道德上正派的生活是不相容的,因而也与拥有客观的完整性不相容。

由于客观的完整性建基于行动者对不偏不倚的道德承诺的坚持,以及对个人计划与承诺的坚持,所以只有通过和谐一致地实现这两种承诺,才能获得客观的完整性。美好生活概念(这个概念大体上符合柏拉图和亚里士多德的幸福概念)揭示了这两种承诺如何能够结合在一起。美好生活有两个主要的方面:第一,一种美好的生活是真正有意义的生活,因为它是我们在生命中所看重的东西的一部分,因此我们的生活是有目的有实质内容的;第二,就个人来说,它是令人满足的生活。要想实现这两个方面的任何一个方面,都必须既追求不偏不倚的计划,也追求个人计划。正如威廉斯所言,行动者从事个人计划对于他的意义感来说至关重要。但是除此以外,一种真正有意义的生活还是道德上有价值的生活。个人的满足本身是一种审慎的价值,然而,它在很大程度上是通过带来成就感的活动来实现的,而且,正如詹姆斯·格里芬(James Griffin)所主张,成就这种价值主要的内容就是行动者为他人福利作出了贡献。①

美好生活可以看作一种标尺,我们可以根据它来对道德计划与审慎计划作出权衡,并将它们协调地结合在一起。比如,一种很花钱的业余爱好就个人来说也许非常令人满足,但是如果行动者认为它和在道德上充分捐赠援助机构不相容,那么他就会断定这种业余爱好不是总体上美好的生活的一部分。这样,一种更重要的道德承诺就压倒了一种相对而言微不足道的审慎计划。然而,如果美好生活所必需的这两个组成部分在根本上是相

---

① James Griffin, *Value Judgement*: *Improving Our Ethical Beliefs*, Oxford: Clarendon Press, 1996, p.70.

互冲突的,而且这种冲突是不可解决的,因此不可能被整合进一种总体上美好的生活当中,那么棘手的冲突就产生了。正是在这种情况下,行动者的客观完整性受到了威胁。

(二) 功利主义对行动者的客观完整性构成的威胁

在世界的当前状态下,行动者重要的功利主义道德义务也许会与他们追求个人计划发生根本的冲突。而且,与大多数拒斥苛刻性指责的功利主义者①不同,我赞成威廉斯,认为这种冲突威胁到了行动者的完整性。

通过考察罗吉尔·克里斯普(Roger Crisp)所举的安娜的三种生活的例子,我们就可以揭示这种观点的合理性。在第一种生活中,她有一份待遇丰厚的职业,也有良好的人际关系,但是她没有做任何事情去减少遥远的陌生人的苦难。在第二种生活中,她为援助机构捐献了大量的时间和金钱,但是也给自己留下了足够的闲暇时间去发展和维系良好的人际关系,也留下了足够的时间和金钱去追求一系列计划。在第三种生活中,她全身心地投入到援助工作中去,没有给自己留下任何闲暇时间去维系深层的人际关系,而且把所有的收入都用在了帮助他人满足紧急医疗需求上,只留下维持自己的营养和健康所必需的部分。②

根据功利主义,尽管第三种生活会剥夺掉安娜成功的生活的核心要素,但它仍然是所要选择的正确生活,因为她所失去的东西从道德上说没有许多人的极端痛苦那么重要,而第三种生活可以让她去减轻那些痛苦。然而从直觉上说,似乎显而易见的是,她也有一条极强的审慎理由选择第二种生活而不是第三种。类似于第三种生活的生活要求放弃亲密的人际关系和其他个人计划,这种生活在很多方面都会让人觉得是贫乏的。而且,通过指出第三种生活会破坏她的完整性,我们就可以非常明显地揭示出功利主义要求她作出的个人牺牲是何等之大。

有一些个人承诺行动者可以放弃,并代之以新的承诺,而不会引起心理紊乱。然而还有一些承诺,包括某些深层的人际关系,可能与人终身相伴,而且可能永远都是我们的同一性和生活意义的一部分。如果安娜有特蕾莎修女那样的圣徒的人格和使命感,她也许就会发现第三种生活比第二种更让人满足也更丰富。然而,如果第三种生活要求她放弃婚姻和其他亲密的个人关系,她可能就会觉得这种生活是一种自我分裂的生活。

---

① 比如,谢利·卡根(Shelly Kagan)就主张,那些完全遵从不偏不倚道德义务去实施具有最佳总体后果的行为的行动者是唯一具有真正完整性的行动者。Shelly Kagan, *The Limits of Morality*, New York: Oxford University Press, 1989, pp.390–392.

② Roger Crisper, "The Dualism of Practical Reason," *Proceedings of the Aristotelian Society* 96, 1966, p.62.

因此,我赞成威廉斯,认为功利主义道德承诺与偏爱性承诺之间也许有一种不可解决的冲突,这将使得客观的完整性成为不可能。然而,现在我要指出,这个问题不是功利主义所特有的。首先,根据威廉斯自己对我们当下道德义务的解释,这种义务与行动者追求个人计划之间也存在着一种不可解决的冲突。

（三） 一个反对威廉斯的内部论证

根据威廉斯对道德义务的解释,我们有严格的道德义务放弃我们所关心的事务去帮助其他处于紧急情况下的人。他主张,义务概念（义务规定我们必须做或不要做某种行为,无论我们想做还是不想做）只在两种情况下适用:第一,从消极的角度说,义务存在于反对杀人以及类似的命令当中,在这种情况下,这种命令服务于特别重要的利益;第二,从积极的角度说,义务存在于要对紧急情况作出反应这一命令当中,在这种情况下,我们关心人类重大利益这种一般倾向聚焦于特定个人的当下困境。①

有一些道德主义说道,"如果我们认为迫在眉睫（immediacy）或物理空间上的远近是相关的,那么我们的理性或想象一定有缺陷",在回应这些人时,他争辩道:

> ……这些道德主义者错了,至少,当他们试图将质疑建立在义务的结构上时,他们错了。当然,我这个说法并没有处理这一质疑本身。我们确实应该对其他地方的人的苦难多一点关心。但是正确地理解了什么是义务,就可以更清楚地看到应该如何着手思考这一质疑。我们不应该摒弃迫在眉睫这一范畴,但是我们必须考虑:在现代世界,对我们来说,什么情况可以恰当地被看作迫在眉睫的情况。②

在我看来,这段话的意思是说,这种驳斥并没有威胁到他对积极义务的解释,根据这种解释,只有在迫在眉睫的情况下,才能从行动者根本的一般性关怀当中产生一种义务。更准确地说,正是我们的迫在眉睫概念应该加以仔细审视（也许要根据我们现代的媒体报道来审视,以及根据我们帮助遥远国家的人们实现重大利益的能力来审视）。这意味着,根据他的解释,那些身处遥远国家的人们的苦难也可以看作迫在眉睫的苦难。如果是这样,那么我认为威廉斯所谓的"迫在眉睫",指的不是地理上接近,而是指我们能够帮助的

---

① Bernard Williams, *Ethics and the Limits of Philosophy*, Cambridge：Harvard Universtity Press, 1985, pp.185 – 186. 中译参阅［英］B. 威廉斯:《伦理学与哲学的限度》,陈嘉映译,北京:商务印书馆,2018 年,第 244 – 246 页。——译者注

② Bernard Williams, *Ethics and the Limits of Philosophy*, Cambridge：Harvard University Press, 1985, p.186.

特定个人即将面临危险。

另外，如果他的确坚持认为迫在眉睫要求在物理空间上接近，那么，除非他能够表明重大利益面临的威胁所在的地理位置也与道德有关，否则，行动者遵从这些义务的行为就只能确立起他们的主观完整性而非客观完整性。在物理空间上接近显然会在很大程度上影响到我们的道德反应，而且也会在很大程度上影响到我们未能给予帮助这一事实对我们的道德自我观念所造成的冲击。但是之所以如此，也许是由于与道德无关的心理距离的缘故。而且，威廉斯在解释对紧急情况作出反应的积极义务（以及不杀人的消极义务）的最终基础时，借助了一种不受地理位置影响的考虑，即处于危险中的利益的紧迫性（urgency）：

> 这些义务……最终都基于一种观念：每个人都有自己的生活要过。人们需要帮助但是并非始终需要帮助（除非他们很小、很老或严重残疾）。他们始终需要的是不遭杀害、攻击或任意干涉。①

因此，关于对紧急情况作出反应的义务，威廉斯的解释似乎与迫在眉睫要求物理空间上接近这一看法不相容。

然而，如果迫在眉睫并不要求物理空间上接近，那么威廉斯显然严重低估了行动者在紧急情况下提供帮助的积极义务的范围。在我刚才引用的那段话中，威廉斯以为，消极义务持续地在发挥作用，相反，积极义务只是偶尔出现。这就意味着，行动者的根本计划只会在最小程度上受到帮助人们实现重大利益这种积极义务的威胁。他的看法基于这样一种主张：人们的重大利益很少处于危险之中，只有少数例外情况，比如很小、很老以及严重残疾的人。但是在全世界，很多人长期处于贫困状态，这严重削弱了他们实现最基本利益的能力。如果我们把这些人都包括进来，我们就可以看到，威廉斯所谓对人们重大利益的威胁只是偶尔出现这种看法是错误的。如果是否负有紧急情况下提供帮助的积极义务，要看人们的重大利益是否受到了威胁，那么就没有理由将这种义务的范围限定于小孩、老人和严重残疾的人。鉴于有大量的人的重大利益受到营养不良和疾病的威胁，帮助他们的义务经常会与行动者投入金钱和精力去追求自己的根本计划不相容。

这表明，道德之所以极端苛刻，其根源就在于，世界的当前状态是一种持续不断的紧急情况；不断有人的重大利益受到威胁，而且鉴于现代的通信设施，相对富足的人总是能

---

① Bernard Williams, *Ethics and the Limits of Philosophy*, Cambridge: Harvard University Press, 1985, p.186.

够不断地帮助他们。由于紧急情况的规模很大,帮助他人实现重大利益的道德要求是如此的苛刻,以至于威胁到了行动者的个人计划。这样来表述问题威廉斯应该会接受的。"紧急情况"这一术语强调的是人们重大利益面临的威胁迫在眉睫,这会使得我们关心他人重大利益的一般倾向变得聚焦(这也就是为什么这种表述具有修辞上的力量的原因)。威廉斯建议我们认真地重新思考一下,在现代世界,什么情况是我们可以恰当地看作迫在眉睫的情况。由此我们就可以把"紧急情况"一词运用于世界的当前状态。

威廉斯所阐释的义务之所以威胁到行动者的完整性是因为,鉴于他对紧急情况下提供帮助的义务的理由给出的解释,他为这种关心所确定的终点是任意的;任何一种对道德的合理解释都必须面对这样一个问题:如何避免为道德关心的范围设置任意的界限。比如,常识道德坚持认为,在紧急情况下,行动者有积极义务防止他人死亡。它认为,积极避免伤害他人的道德义务并不限定于那些即将在场的人。在这种情况下,空间位置被看作与道德无关的。在决定要把紧急情况下提供帮助的积极义务运用于谁的时候,突然又把空间距离当作一个与道德有关的因素引入进来,这似乎很武断。

像契约主义(contractualism)这样的新康德主义观点似乎可以提供一种合理的方法来维持一种观念,即道德的视角(point of view)是完全不偏不倚的,这就可以避免为关心的范围设置任意的界限,同时又避免功利主义的极端苛刻性。由于行动者在每一种场合下应该做什么,并不取决于什么行为不偏不倚地看所带来的幸福最大或痛苦最小,而是取决于每一个人都可以合理赞成的一般性道德原则允许什么不允许什么,这就意味着,如果每个人都有理由拒绝极端苛刻的原则,那么行动者的道德义务就会避免具有极端苛刻性。而且,对拒绝苛刻的原则所作的证成是不偏不倚的,因为这不是基于任何一个人对自己利益的偏袒,而是基于每个人作为行动者都会有的理由。然而现在我要论证,在世界的当前状态下,合理的契约主义所具有的苛刻性事实上并不亚于功利主义。

(四) 帮助危难者的契约主义义务的苛刻性

我将集中于斯坎伦(T. M. Scanlon)在《我们彼此亏欠什么》①一书中提出的那种对契约主义的解释,因为我认为,对于作为一种关于个人道德义务的契约主义理论,他的表述是最成熟也是最有说服力的。但是我的论证结构也适用于契约主义的任何合理版本。根据斯坎伦的契约主义公式,如果任何人都不能合理拒绝的行为原则不允许一种行为,那么

---

① T. M. Scanlon, *What We Owe to Each Other*, Cambridge: Harvard University Press, 1998.
中译参阅[美]托马斯·斯坎伦:《我们彼此负有什么义务》,陈代东,杨伟清,杨选译,北京:人民出版社,2008年。——译者注

这种行为就是错的。他对合理拒绝的说明有两个最重要的方面。第一,在赞成和反对一条原则的各种理由中,只有某些理由可以用来判定该原则是否可以遭到合理拒绝,那些理由便是"不同的个人反对那条原则和反对其替代原则的理由"①;第二,什么是合理拒绝取决于诸多个人赞成一条原则的理由和反对一条原则的理由哪一种更有分量。

设定帮助危难者义务的契约主义原则是否苛刻,主要取决于原则的表述是否把部分服从(partial compliance)的情况考虑了进去。在表述原则时忽视部分服从的情况是有问题的,这个问题就在于,这将牺牲契约主义特别有说服力的要素,即这种观念:可接受的道德原则必须是可以向每一个受该原则约束的人证成的原则。忽视了部分服从的情况,就必然会忽视某些人所面对的、由部分服从所导致的负担。

为了表明这一点,我们可以考虑对斯坎伦的例子所做的一种修改。斯坎伦举了两个游泳者争相获得一件剩下的救生衣的例子。我们假设这时水里有若干个游泳者即将淹死。尽管救生船不够,但是救生船上有多余的救生衣,它们可以维持水里的人的生命,直到更多的救生船到达。如果每一艘救生船发放 20 件救生衣,那么水里的所有人都将得到一件。有一条公平的原则谁也不能合理拒绝,即每一艘救生船都应该发放 20 件救生衣。然而,假设某些救生船一件救生衣都没有发放就离开了现场。如果剩下的救生船每一艘都只发放 20 件救生衣,尽管它们还有剩余,那么我们很难发现,怎么能够向那些任由被淹死的人证成这种做法。因此,对斯坎伦契约主义最合理的理解是:它主张,在评判哪一条原则是可以向他人证成的时,需要把部分服从的情况考虑进去。

斯坎伦拒斥一种观点,那种观点认为,有一个关于代价的临界值,"如果一条原则导致一个人遭受的代价达到了那个临界值,拒绝这条原则就是合理的"②。这是由于这样一条规定:合理的拒绝取决于诸多个人赞成一条原则的理由和反对一条原则的理由哪一种更有分量。就设定帮助危难者义务的原则而言,拒绝这条原则是否合理取决于,行动者对一条严格的帮助原则的反对和其他任何人对一条不那么严格的原则的反对哪一种更有分量。

在世界的当前状态下,不断有人处于危难之中,一个相对富足的人能够帮助他们。这意味着,如果行动者服从的不是最严苛的帮助原则,那么只要他作出的牺牲再大一点,他

---

① T. M. Scanlon, *What We Owe to Each Other*, Cambridge:Harvard University Press, 1998, p.229.(中译参阅第 251 页)

② T. M. Scanlon, *What We Owe to Each Other*, Cambridge:Harvard University Press, 1998, p.196.(中译参阅第 213 页)

就可以再多帮助一些人。斯坎伦把危难者描述为"处于极其严重的困境之中：比如，他们的生命立刻就会受到威胁，或者他们快要饿死了，或者处于极大的痛苦当中，或者只过着勉强糊口的生活"①。显然，帮助原则要求行动者为危难者作出的牺牲，在抵消掉危难者还没有得到帮助时所承受的代价之前，一定非常大。这样，如果考虑不同个体谁承受的负担更重，就会把我们带向一种帮助原则，这种帮助原则无法被合理拒绝，但向行动者提出的要求却恰恰和功利主义一样广泛。

然而，与功利主义不同，契约主义会把一个相对富足的行动者针对一条极为严苛的帮助原则的另一种驳斥考虑进去，这种驳斥最初在直觉上也具有相当的说服力。他抱怨说，由于其他人根本没有给予任何帮助，所以由他来承受帮助所涉及的巨大负担不公平。有了这种抱怨，是否就可以合理地拒绝一条极为严苛的帮助原则呢？这取决于这种抱怨在分量上是不是可以压倒处于极其严重困境者对一条不那么严格的原则的反对，如果行动者提供的帮助比那条不那么严格的原则所要求的更多，这些人的重大利益就可以得到挽救。

我之前修改过救生衣的例子。在那个例子中，还没开走的救生船上的人也许会反对要求他们提供多于20件救生衣的原则。他们的理由是，别人因未能履行其责任而留下了烂摊子，却要他们来收拾，这不公平。然而，他们的反对显然不如水里的人的抱怨更有道理，如果还没开走的救生船上的人只发放了20件救生衣就离开了，这些人将会被淹死。这表明，当其他人的重大利益处在危急关头时，如果行动者抱怨说，一条要求他们提供帮助的原则不公平，那么这种抱怨在分量上可能不能压倒那些没有行动者的帮助就会死去的人的抱怨。

在这个例子中，帮助义务的额外代价是因他人的疏忽而强加给行动者的，但这种额外代价微不足道。因此，让我们修改一下这个例子，假设天气情况正在变坏，因而仍然留在现场发放额外救生衣的有良知的行动者面临着翻船的严重危险，而且又不确定救生船是否能及时赶来援救所有还在水中的人。

在这种情况下，他人的疏忽为有良知的行动者强加了一种负担，这种负担太大了，以至于要冒生命的危险。行动者可能会反对一条要求他们发放额外救生衣的原则，但得不到救生衣就会淹死的那些人也会反对一条不那么苛刻的帮助原则。即便在这种情况下，行动者的反对也会在分量上被等待救援的人的反对所压倒。这是因为，没有发放任何救

---

① T. M. Scanlon, *What We Owe to Each Other*, Cambridge：Harvard University Press, 1998, p.244.（作者此处标记的英文版页码有误，应为第224页，中译参阅第244页）

生衣就离开现场的人的行为对那些留在水里的人来说是不公平的,正如他们的行为对那些背负非常艰巨的义务去帮助危难者的有良知的行动者来说是不公平的一样;水里的人的处境甚至比还没开走的救生船上的人更糟糕,而且同样对这种情况不负有任何责任。由于水里的人至少可以和还没开走的救生船上的人一样,就他们所处困境的不公平性提出一条很强的抱怨,所以双方每一个成员所提出的不公平的抱怨彼此抵消了。这样,要想确定哪一条原则是可以接受的,最重要的就是要看,根据那条原则,还没开走的救生船上的行动者的代价和水里那些得不到帮助就会淹死的人的代价哪一种更大;水里的人的代价是必死无疑,而那些还没离开的人的代价则是要冒生命危险,前者超过了后者。

同样,在世界的当前状态下,许多处于危难中的人都处于一种绝望境地,而他们对此又没有责任。他们的困境是由他人的疏忽所造成的,他们抱怨说自己的困境是不公平的。提供帮助的有良知的行动者也抱怨说,其他人的疏忽使得提供帮助的义务极为艰巨,这也是不公平的。前者的抱怨和后者的抱怨分量相当。正如我们已经看到的那样,考虑了危难者所面临的负担和提供帮助者所面临的负担哪一种更重后,就可以确立起帮助原则,这种原则不可能被合理地拒绝,而且恰恰与功利主义的帮助危难者义务同样苛刻。

我的结论是,在世界的当前状态下,任何合理的道德理论都很难表明,行动者不偏不倚的道德承诺与他们的个人承诺如何能够被协调地结合在一起。现在我要论证的是,明确地承认自己当前对行动者的客观完整性有威胁,这是功利主义的一个优点而非缺点。

(五) 功利主义承认我们的客观完整性当前受到了威胁,这是恰当的

正是在紧急情况下,行动者的个人承诺才和道德承诺发生根本的冲突。之所以如此,是因为在这种情况下,不同的人在实现其基本计划时会发生冲突。行动者如果要去实现重要的个人计划,就会与帮助他人实现更为紧急的计划(比如活下去,不看到自己的孩子死亡)相冲突。这就使得,他要实现其个人计划,就会与他帮助他人的道德承诺发生根本的也是不可解决的冲突。

这种极端情形的一个例子就是纳粹德国。很多人都面临这种情形:如果他们遵从强道德义务去救助犹太人,甚至避免与纳粹政权合作,就会危及他们自己和家人。不遵从道德义务必定常常会导致他们觉得自己在道德上有缺陷,而且会对他们的道德价值感有一种非常消极的影响。但是,如果他们的行为导致他们的家人受到伤害,他们的同一性和生活意义感也会受到严重的损害。这种情况一定会造成严重的心理冲突。

我们可以把个人客观完整性受到威胁的这些极端情形视为道德噩运的例子。在世界

的当前状态下,对完整性的威胁可以看作源于下述事实:生活在一个经常出现紧急情况的世界,这是我们的道德噩运,这导致了根本的道德承诺和根本的个人承诺之间不可解决的冲突。

功利主义强调,不作为(omission)在道德上是很严重的,这就使得这种冲突显而易见。根据功利主义,如果一个行动者为了实现自己不那么重要的利益,而不去帮助另外一个人实现其很紧急的利益,那么这就应该被看作在对他自己的利益和他人的利益进行一种权衡取舍(尽管是被动的)。在当前的紧急情况下,相对富足的人可以不断去挽救他人的重大利益,因此功利主义认为,要悲剧性地在人们幸福的核心要素之间进行权衡取舍,这种事情经常发生。行动者的个人承诺和道德承诺之间不可解决的冲突正是由这些权衡取舍造成的。

功利主义承认,在世界的当前状态下,行动者的客观完整性不可避免地要受到威胁。我认为这种承认是完全恰当的。如果实现自己的根本计划与挽救他人的重大利益相冲突,这就为行动者过一种完整的美好生活造成了一个问题,不应该认为这个问题是可以解决的。极端贫困的人有权要求自己不可忽视的重大利益应该得到满足。这种持续的危机向相对富足因而能够提供帮助的行动者施加了经常性的、非常强的道德要求。然而,相对富足的行动者也有一条相反的理由不作出太大的牺牲以至于破坏了他们个人的根本计划。行动者仅仅能够实现两种承诺之间的妥协。只有那些非常利他的人才会选择安娜的第三种生活。然而,我们其余没有做这样选择的人应该觉得,在某种程度上,我们在道德上是有缺陷的,因为我们意识到,我们在追求我们的个人计划时所付出的代价是,我们不能尽我们所能去帮助他人实现其重大利益;而且我们也意识到,从道德的观点看,每个人的利益都同等重要。解决这种冲突的唯一办法就是消除极端贫困(鉴于它所造成的痛苦的严重性和规模),这也是功利主义最迫切的目标。

我的结论是,根据第二种解释,威廉斯基于完整性的驳斥也不能证明功利主义过于苛刻。

四、第三种解释:在世界的任何一种可实现的状态下对客观完整性的威胁

根据我的第三种解释,威廉斯基于完整性的驳斥就是,功利主义对行动者客观完整性的威胁是更深层次的,远远不只在世界的当前状态下极其苛刻这么简单。根据这种解释,这种驳斥是说,功利主义理论的结构与行动者的完整性不相容。因此,不仅仅是由于当前

处于紧急情况,功利主义才威胁到行动者的完整性。这种解释由威廉斯的某些段落暗示出来,在那些段落中,威廉斯主张,行动者一方面要承认并遵从不偏不倚的功利主义道德理由,另一方面又要在情感上充分地投入到他们自己的生活中去,以便他们的根本计划(尤其是深层的人际关系)成为可能,而这两个方面是不相容的。

要想充分评价这种指责,就必须通过描述一种最合理的功利主义版本来讨论它,而这超出了本文的范围。在最后这一部分,我将仅仅提供一些想法,这些想法涉及,如果世界的状态有所不同的话,为什么一种合理的功利主义就不会威胁到行动者的客观完整性。

威廉斯主张,行动者对其个人计划与承诺充满情感的追求将被他们不偏不倚的功利主义反思所破坏,这是由二者之间的分离(dissociation)造成的。他声称,这将在实际上使得他们不能拥有这种个人计划。但是,尽管正如我在前一部分所论证的那样,实现行动者的个人计划和实现其功利主义的道德承诺之间会令人遗憾地相互冲突,但二者却并不是分离的。

我将首先考虑行动者审慎的个人计划。行动者之所以特别关心这些计划,是由于他们的个人视角(personal point of view),从这种视角来看,行动者对自己的生活过得怎么样具有深层次的关心。不偏不倚的道德视角与个人视角的不同之处仅仅在于,它附带了一条主张:每个行动者的利益具有同等的重要性。功利主义的不偏不倚观点并没有超越和抛弃行动者的生活对他们自己所具有的价值;毋宁说,它是要将视角放宽,从而把每一个行动者的生活的价值都包括进来,并且不赋予任何人的生活的价值以优先性。所有在行动者个人观点看来有价值的东西都被不偏不倚的观点抓住了。当行动者采取不偏不倚的观点时,他的生活与根本计划所具有的价值和从个人观点来看是同样重大的,但是他敏锐地意识到,其他每个人的生活也具有同等的价值。因此,当他采取不偏不倚的道德视角时,他并没有与对自己个人计划的关心相分离。

现在我要考虑行动者对他与之存在亲密个人关系的特定个人的承诺。我认为,这些承诺根本不是与行动者不偏不倚的道德承诺相分离的,相反,它们实际上反映了后者。唯有在一种充满爱的个人关系中,我们对一个人的关心才能足够深切,以至于能反映出另外一个人过得怎么样在道德上很重要。① 不偏不倚的道德视角只不过主张,其他每个人的生活都具有同样的重要性。由于在心理上我们不可能对全人类都具有如此深切的关心,所以采取道德的视角就意味着,我们要从对所爱之人生活的关心(以及对我们自己生活的

---

① 那种在我看来是最合理的功利主义认为,对他人幸福的关心源于对自己的关心。

关心)出发推己及人。这也并不意味着要把我们对特定个人的爱加以扩展,因为由此所产生的关心是非常微弱的,不足以充分地反映他人生活的实际重要性。因此,我们所感觉到的对特定个人的深切的爱并不是一种认知错误,相反,它构成了理解不偏不倚的道德视角的基础。

而且,行动者对特定个人的关心在认知上的作用也不局限于反映行动者对道德视角的理解;它还使得那些被关心的个人能够充分地意识到他们自己生活的重要性。这一点在父母对子女的爱当中最为突出。正是通过父母的爱,子女才对他们自己的幸福的价值有了一种相应的理解和关心。①

最后,只有在充满深切的爱的关系中,克里斯普所谓的"错综复杂的幸福"②(intricacies of well-being)才能得到促进。概括地说,正是通过深层次的个人关系,个人幸福的价值才既得到了充分理解又得到了促进。这意味着功利主义的道德视角会认为小孩被剥夺了那种深切的爱是一种悲剧性的损失,因为这意味着他们不能充分理解其幸福在道德上的重要性,也无法将之作为一种具有重要道德价值的东西去实现。

因此,功利主义将赋予行动者个人的计划和关系很大的分量。它们只会被他人非常重大的利益所压倒。威廉斯驳斥说,功利主义行动者必须认为他的根本计划只是"诸多满足系列当中的一个系列"。但它们在功利主义的计算中是得到了认真的对待的,而威廉斯的驳斥贬低了这一点。功利主义的计算赋予它们比"满足"一词所暗示的短期快乐更重要的道德优先性地位。

另外,"满足系列"这一短语还暗示出一种功利观,即认为功利是一种非个人的(impersonal)、冷冰冰的数学概念,超越于个人的目的之上。这就忽视了一个事实:功利主义道德要求也是为了特定个人的利益和根本计划。这些要求在当前的形势下之所以很严苛,是因为极端贫困威胁着很多人最基本的利益和根本计划,比如,不愿意看到自己的孩子死于可预防的疾病。

在某些情况下,我们要在不同人的核心利益之间权衡取舍。这时,功利主义也许会规定,行动者应该尽力从他们的偏爱关系中超脱出来,以便能够帮助他人实现紧急的利益。在当前的紧急情况下,功利主义认为,父母去实现对其子女的承诺可能会与他们的一种道德义务相冲突,这种义务要求他们去减少会因缺乏营养和基本医疗而死去的小孩的数量。然而,如果一个世界不存在广泛的、可以轻易防止的痛苦,也就很少会出现行动者能帮助

---

① 无数的经验研究已经表明,被剥夺了这种爱的小孩倾向于发展出低自尊、自暴自弃和压抑的性情。
② Roger Crisp, "Utilitarianism and the Life of Virtue," *Philosophical Quarterly*, Vol. 42, No. 167, 1992, p.158.

他人实现基本物质利益的情况。托马斯·内格尔在《平等与偏倚性》①一书中提倡的那种改革就会产生这样一个世界。这些改革将意味着，人们的物质需要将在政治层面上得到总体的照顾，而这将会消除个体行动者帮助实现这种利益的持续责任。

在这种情况下，紧急情况以及相应的帮助义务只会偶尔出现；但是它们不会大规模出现，以至于严重影响到行动者的亲密关系。帮助他人实现不那么紧急的利益这种不偏不倚的义务不会如此严苛，以至于和行动者追求其亲密的个人关系与其他根本计划发生严重冲突，因为从功利主义的道德视角来看，这些个人承诺是很重要的。因此，行动者总体上就不会一定要在实现其根本计划和遵从其不偏不倚的道德义务之间做出选择，而是可以将这两种选择都整合进一种令人满足的、道德上良善的生活之中。他们对不偏不倚的道德义务的反思和遵从将提升他们的生活意义感，并为之提供一个坚实而真正的基础。

在当前这种紧急情况下，我们往往具有彼得·昂格尔（Peter Unger）所谓的"徒劳思维"（futility thinking）。② 很多人的重大利益都是我们无法帮助实现的，让我们感到无力应付的正是这样的人太多了，而不是我们无法集中精力去做我们一定能完成的事情（比如救池塘里的一个溺水儿童）。这导致了一种无能感和失败感。而且，我们往往发现，问题的规模让人在心理上无法承受，我们也往往会求助于心理疏远机制（psychologically distancing mechanism）。这往往会让我们少去想提供帮助的道德理由的说服力。要获得客观完整性，就必须理解我们道德义务的实际情况，也必须有一种真正有根据的成就感，所以心理疏远和徒劳思维都威胁到它。如果紧急情况只是偶尔且小规模地出现，那么这两种心理反应将少见得多，而且一旦出现了紧急情况，我们也能够提供帮助。

在当前的形势下，如果我们只致力于紧迫的危机，并履行我们的某些帮助义务，我们就会在某种程度上觉得自己在道德上有缺陷。因为我们意识到，由于没有去过一种类似安娜第三种生活的生活，有很多紧迫的道德义务我们没有遵从。然而，通过真诚地评价我们的义务并履行其中的某些义务，我们就能够获得一定程度的客观完整性。相反，如果我们不去面对我们某些义务急需履行的现实，就会彻底地阻止我们拥有客观的完整性。

---

① Thomas Nagel, *Equality and Partiality*, New York：Oxford University Press, 1991.
中译参阅［美］托马斯·内格尔：《平等与偏倚性》，谭安奎译，北京：商务印书馆，2016 年。——译者注
② Peter Unger, *Living High and Letting Die*, New York：Oxford University Press, 1996, pp.75－82.
"徒劳思维"是昂格尔提出的一个短语，指的是在他看来一种错误的道德推理。根据这种推理方式，一方面，我们受到一种与道德无关的考虑的影响：损失或苦难太多太大了，即便我们做出最大努力，也不会有太大作用。另一方面，我们又完全不受一种道德上很有分量的考虑的影响：我们可以减少损失或苦难。因此根据这种思考方式，我们就错误地认为，既然我们只能减少一点点损失或苦难，我们便没有很强的道德理由尽自己所能去这样做，所以我们就算努力也是徒劳的。——译者注

我们应该为之奋斗的最终目标是,消除当前在大大小小程度上威胁着我们客观完整性的各种悲剧性权衡取舍。

Utilitarianism, Integrity, and Partiality

Elizabeth Ashford

【Abstract】 Bernard Williams argues that utilitarianism infringes on individual integrity. However, Williams' concept of integrityshould not be interpreted as the subjective integrity of an individual's present self-conception; rather, it should be understood as objective integrity. Even with this more reasonable interpretation of integrity, we cannot criticize utilitarianism as being overly demanding based on this alone. There may be an irresolvable conflict between utilitarian moral commitments and partial commitments, which would make objective integrity impossible. Nevertheless, both Williams' view of duties and Scanlon's contractualist view of duties face the same issue. Utilitarianism can take an individual's ground projects and moral commitments seriously and integrate them. The reason why utilitarianism threatens objective integrity is not because of the structure of the theory itself, but because we are constantly in a harsh reality where there is widespread suffering that needs to be alleviated.

【Keywords】 Bernard Williams, Utilitarianism, Contractualism, Subjective Integrity, Objective Integrity

【李家莲主持:道德情感主义研究专栏】

导语[①]:

在理性主义为主流的西方道德哲学传统中,道德情感主义哲学属于小众。尽管如此,依然有很多哲学家投身于这项事业并取得了令人瞩目的成就。以沙夫茨伯里、哈奇森、休谟和斯密为代表的 18 世纪英国道德情感主义者们试图围绕道德感官和同情构建起道德情感主义哲学体系。迈克尔·斯洛特(Michael Slote)的《道德情感主义》则试图在当代哲学语境中以移情为基础从元伦理学情感主义和规范道德情感主义入手推动 18 世纪道德情感主义者们的哲学遗产上升到全新的理论高度。《道德情感主义》英文版由牛津大学出版社于 2010 年出版,自此之后,很多西方哲学家从不同角度对该书展开了批评。在汉语版《道德情感主义》即将出版之际,我们精选并翻译了西方学界对该书展开批评的几篇论文,分别是《〈道德情感主义〉中的移情、赞同与不赞同》《道德情感主义:语境与批判》《论赞同与不赞同的对象与机制》以及《道德情感主义与移情的规范性》。其中,《〈道德情感主义〉中的移情、赞同与不赞同》于 2011 年发表于《南方哲学杂志》,后面三篇收录于《道德情感主义》书评论文集《论道德情感主义》一书。《道德情感主义:语境与批判》是对该书评论文集的总介绍与总评价,《论赞同与不赞同的对象与机制》批评了斯洛特的情感主义元伦理学思想,而《道德情感主义与移情的规范性》则批评了斯洛特的规范道德情感主义思想。期待这些文章能推动中国学界关注《道德情感主义》,在该书出版之后,斯洛特老先生在深入研究道德情感主义哲学的过程中明确表示,道德情感主义发展到一定阶段必然会走向中国的阴阳概念,就此而言,我们更希望这些批评性的文章能推动中国学界关注道德情感主义哲学,以此为契机推动中西哲学交流以及中国哲学自身的发展。

[①] 本栏目主持人简介:李家莲,湖北大学哲学学院教授,博士生导师,主要研究方向为情感主义美德伦理学和哲学情感主义。

《道德情感主义》中的移情、赞同与不赞同①

［美］贾斯汀·德阿姆斯②(著)

谢廷玉③(译)　李家莲(校)

【摘要】 本讨论探讨了迈克尔·斯洛特《道德情感主义》中的道德心理学和元伦理学。我认为他对移情的描述有一个重要的缺陷,因为移情者和移情对象感受到的相同感觉需要得到解释,而最有希望的解释却不被斯洛特所接受。其次,我认为斯洛特在书中就道德赞同和不赞同提出的(高度原创性)理论,不管是就现象言之,还是就其赋予移情的角色言之,都缺乏说服力。最后,我认为道德心理学中的这些问题破坏了斯洛特用行动主体在行动中表现出的温暖和冷漠辨识正确与错误的元伦理论证。

【关键词】 移情,赞同,不赞同,温暖,冷漠

迈克尔·斯洛特的《道德情感主义》(*Moral Sentimentalism*)是一部雄心勃勃的著作,充满了有趣且富有原创性的想法。正如斯洛特所说,该书的总主题是:"移情是道德宇宙的黏合剂。"④在150页的篇幅中,他在道德与政治哲学领域的大量核心话题中发展了这一主旨。特别是,他认为移情或我们体验移情的倾向构成了:(1)道德动机的基础;(2)道德赞同与不赞同的心理基础;(3)理解道德概念的前提;(4)固定道德术语之指称的机制;(5)道德评价之可靠标准的来源;以及(6)道德和政治哲学中各种重要的规范性概念——如对人、权利和社会正义的尊重,可被证成的家长制与不可被证成的家长制之间的差异,以及"做"(doing)与"允许"(allowing)之间的区别——的哲学基础。移情为斯洛特的基于行动主体的关怀伦理学提供了元伦理基础,根据这种伦理学,正确或错误行动的道义地位取决于行动主体的行动是出自某种温暖且富有关怀的动机还是冷漠且毫无关怀的动机。

---

① 本文译自:Justin D'Arms, Empathy, Approval, and Disapproval in *Moral Sentimentalism. Southern Journal of Philosophy* 49, 2011(S1), pp.134－141。

② 作者简介:贾斯汀·德阿姆斯(Justin D'Arms),美国俄亥俄州立大学哲学教授,主要研究方向为元伦理学、道德心理学、道德理论和情感哲学。他的文章《移情与评价性探究》(Empathy and Evaluative Inquiry, *Chicago-Kent Law Review*, Vol. 74, Iss. 4, 2000)论证了情绪感染(emotional contagion)在价值认识论中的独特作用。

③ 译者简介:谢廷玉,清华大学人文学院2023级博士研究生,主要研究方向为当代美德伦理学、社会批判理论。

④ Michael Slote, *Moral Sentimentalism*, Oxford:Oxford University Press, 2010, p.13.

它解释且最终协助证成了我们的偏倚倾向，而非无偏的倾向。该倾向将道德重要性赋予同我们在物理和时间上更接近且其福祉会受我们的行动影响的人，它还接受了道德评价中自我和他者的不对称性。这带来了很多可以讨论的内容，也给许多哲学家带来了许多有分歧的东西。同为情感主义者，我与斯洛特同享一些目标和信念。因此，我在下文会通过情感主义这一视角来审视他的观点，主要关注他所发展的道德心理学，并将其与人们熟悉的情感主义其他可选方案进行比较。理解他的研究的独特之处将有助于我们评估该研究的动机及其优劣。

对于情感主义的理念，合理且通用的阐述是，道德或评价性的概念与/或属性依赖于情感。情感主义的不同类型可依照它们如何阐释这一总体理念而得到区分和标示。情感主义者对两个重要问题——讨论的价值依赖的情感究竟是什么，以及价值依赖情感的本质是什么——给出了不同的答案。我在这里主要关注第一个问题，最后回到第二个问题。

斯洛特认为，道德判断所依赖的情感是道德赞同和不赞同。但这些又是什么？为了让情感主义对道德概念或道德属性（如正确与错误）提供有意义的分析或解释，它必须对情感作出不以这些情感所要解释的道德内容为预制前提的解释。因此，道德不赞同必须被理解为在不要求任何思考或判断的情况下就能确定不被赞同的行为是错误的。否则，这种解释就是循环的，虽然一些哲学家坚持认为这不是缺陷，①但斯洛特（在我看来他是正确的）旨在避免这种循环。因此，他对道德赞同和不赞同提出了一种不依赖道德概念的新解释。该解释关键且独特的要素是它在解释这些道德情感时赋予移情的作用。

什么是移情？斯洛特说它"涉及我们自己身上被（不由自主地）唤起的他人的感受，如当我们看到他人身受痛苦时"。② 他区分了移情和同情（sympathy），认为后者指的是某人为（for）他人正在遭受痛苦而感到难过。对于前者，斯洛特说："就好像他人的痛苦侵入进了我们身上。"③他说这种现象由情感感染或模仿的心理机制（psychological mechanisms of emotional contagion or simulation）所支撑，这不同于我们同情或怜悯受苦之人时产生的那种反应。这种区别看似合理，且在关于移情的哲学与心理学文献中颇为常见。但对我

---

① 参见 John McDowell，"Values and Secondary Qualities"，Ted Honderich ed.，*Morality and Objectivity：A Tribute to J. L. Mackie*，London：Routledge，1985；以及 David Wiggins，"A Sensible Subjectivism?"，*Needs，Values，Truth：Essays in the Philosophy of Value*，Oxford：Basil Blackwell，1987。

② Michael Slote，*Moral Sentimentalism*，Oxford：Oxford University Press，p.15.

③ Ibid.

来说,它的含义并非显而易见——特别是,在什么意义上移情者的感受会与移情目标的感受趋于相同(the same)?

对极为饥饿的人产生移情的人也会感到饥饿吗? 或许这种感觉不是"饥饿",因为它并不由食物的匮乏引起。但移情者会不会感受到自己在饥饿时感受到的相同感受? 如果我们说会,那么我认为我们必须说,除非你(似乎)从你的肚子里感受到了这种感受,否则你的反应就不是对饥饿的移情反应。因此,我认为真正对饥饿的移情是很少见的。这不必成为一条反对意见——也许对饥饿和其他肉身苦难的真正移情是很少见的。但是,当我们开始考虑对那些其始因更具意向性(intentional)的状态的移情时——如对某个刚刚丧夫之人的移情时——我发现很难把握以下二者的不同:一者是为她而感到非常伤心,因为她正蒙受失去丈夫的痛苦;另一者是感受到她的痛苦。人们可能会认为不同之处在于状态的对象:在移情时,你对让她感到难过的事感到难过——比如她丈夫约翰的死;而在同情她时,你为她的痛苦感到难过。但这种对移情中的情感相同性的解释似乎不太可能推广到其他案例,[1]即便在目前的案例当中,对对象的更精细划分也会带来问题:当你对那个丧偶的女人移情时,你大概不是为了你的配偶的死而感到悲伤,且可以说,她的悲伤指向的对象不仅仅是约翰,而是某种索引性表征(indexical representation)中的约翰。[2] 无论如何,出于一些单独的原因,斯洛特认为移情者的感受所指的对象可以不同于移情目标的感受所指的对象。[3] 但如果这样,那么,问题仍然在于,在什么意义上移情者的感受与其移情目标的感受相同,而正是因为这种相同,我们才可能产生移情而不是对丧亲之痛的同情。

我认为斯洛特会说,同情和移情之间的区别无需人们的反应在现象上表现出差异,至少以下情况是可能的:某人因他人的丧亲之痛而悲伤,但却不知道这种悲伤究竟是源于移情还是同情。但斯洛特会认为,至少在某些诸如此类的情况下,存在着关于此种反应究竟

---

① 例如,似乎有可能通过情绪感染来捕捉他人的愤怒或欢愉,而无需对其情绪反应指向的对象有任何接触(例如,如果他正因你看不到的东西而发笑)。

② 例如,有关"悲伤"内容的索引性观点,可参见 Martha Nussbaum, *Upheavals of Thought: The Intelligence of Emotions*, Cambridge: Cambridge University Press, 2001. 我想有人可能会说,在这种情况下,你实际上是在为你配偶的去世而悲伤,尽管是以一种虚构或想象的方式。如果移情是通过模仿产生的,也许你正在想象失去自己的配偶会是什么样子,并为此感到悲伤。但并非所有移情都是通过模仿产生的。这提出了关于模仿和移情的进一步问题,我在这里无法进一步处理。与模仿、感染和移情情绪的对象相关的一些讨论可参见 Justin D'Arms, "Empathy and Evaluative Inquiry", in Heidi Li Feldman ed., *Symposium on Law*, *Psychology and the Emotions*: *Special Issue*, *Chicago-Kent Law Review*, Vol. 74, Iss. 4, 2000, pp.1467–1500.

③ Michael Slote, *Moral Sentimentalism*, Oxford: Oxford University Press, 2010, pp.38–39.

是移情机制还是同情机制之产物的心理事实,即便该事实无法通过内省而被知晓。① 这也许是对的,但它就移情这一道德宇宙的黏合剂究竟是什么这一问题留下了一些悬而未决的问题。这些问题不仅仅是我们希望可被移交给情感科学家的经验性问题,此种经验性问题还关涉到究竟是什么带来了移情机制而非同情机制,以及它们如何在大脑和身体中发挥各自的独特作用。在移交问题之前,我们仍要回答一个概念性问题:究竟是何种功能性的作用构成了移情机制和同情机制的区分? 问题在于,人们很容易回答道,移情机制的作用就是产生趋同(convergence),即让移情的主体感受到与移情目标的感受相同(的东西)。但如果这样,那么除非我们说明了何谓"相同的感受",否则我们便没有解释清楚相关功能性作用。唯其如此,我们才能在概念上区分对丧亲之痛、饥饿之苦或其他任何感受的移情和同情。②

这让我们想到了斯洛特对道德赞同与不赞同的解释,他将其描述为对某一行动主体的行为产生的移情反应。当观察者以移情的方式回应移情性的、充满关怀的行动主体代表被关怀者行动时表现出的温暖时,该观察者的反应就是对行动主体的行动的道德赞同。如斯洛特所说:"我们(作为观察者)会对作为(潜在)行动主体的他们的感受与/或欲求……产生移情,我相信,这种移情是道德赞同和不赞同的核心或基础。"③斯洛特说,赞同是一种温暖的感受,反射了行动主体对被关怀者的温暖,而不赞同则是由观察者从行动主体的冷酷无情、缺乏移情中捕捉到的"冷漠",该行动主体"对他人表现出了令人心寒的冷漠(或更糟)"。④ 斯洛特非常认真地讨论了温暖感和冷酷感,认为其比休谟讨论的苦乐感更好地理解了道德赞同和不赞同现象。因此,他的观点是,道德赞同和不赞同是以特定方式——通过对行动主体受移情激发的关怀性情感或非关怀性情感产生移情的方式——产生的、满载着动机的温暖感或冷酷感。

这种关于道德情感的观点富于原创性且有趣,它似乎满足了前文提到过的期待(desideratum):它以一种不依赖道德概念的方式解释了赞同和不赞同,因此能以非循环的

----

① 斯洛特有时说,移情本身并不是一种感觉,而是一种机制。虽然他没有明确说明移情和同情之间的区别是否内省性的,但我的建议与他对类似问题的探讨是一致的,可参见 Michael Slote, *Moral Sentimentalism*, Oxford: Oxford University Press, 2010, p.64, note 10。

② 否则,我们甚至无法通过描述这种机制及其在既定情况下的运作方式回答下述形而上学问题:什么是移情反应以及什么不是移情反应? 我并不是说只有斯洛特有这些问题——它们是关涉到我们谈论移情(就像我们在谈论某种心理类型一样)时如何理解我们所谈论之内容的一般性问题。但斯洛特的理论需要回答这些问题,因为(正如我们将看到的)对他至关重要的是,他主张赞同和不赞同的反应源于移情,且不允许它们源于某种其他类型的情感反应。

③ Michael Slote, *Moral Sentimentalism*, Oxford: Oxford University Press, 2010, p.34.

④ Ibid., p.35.

方式解释道德概念。尽管如此,我发现该解释在几个方面都令人费解。一大费解之处是现象性的,另一费解之处则关乎它赋予移情的地位。通过对比斯洛特的解释与另一种情感主义道德不赞同观,可以阐明第一个问题。这种可追溯至亚里士多德和约翰·斯图尔特·密尔(John Stuart Mill)且被阿兰·吉伯德(Allan Gibbard)详尽辩护过的观点是,对他人错误行为的基本情感反应是(一种)愤怒。① 我并不知道自己的"内部温度计"有多少证明价值,但当我试图测量自己对道德错误产生的情感反应的"温度"时,我认为它们通常是热的;更像是愤怒而非移情性的寒意。这并不是说我不会对某些不道德的行为产生寒意。对于心理变态者的行径,我感到脊背发凉,对于剽窃的学生为自己行为狡辩的无理行为,我感到一种冷酷的笃定。但在我看来,这些并不是对错误行径作出情感反应的标准情况,且如果我们按照斯洛特提议的方式理解"道德不赞同",那么我认为它在(至少是我的)道德体验中所起的作用远小于情感主义者的合理预期。来自愤怒这一谱系的热的谴责形式(如愤慨、怨恨、暴怒都是常见变体)似乎与斯洛特强调的冷漠感受一样,都可以被称为"道德不赞同",且至少是道德反应的主要类型。

第二个问题关乎移情在斯洛特对道德赞同和不赞同的解释中所扮演的角色。即便我们抛开上述观点,承认道德不赞同可被恰当地描述为一种冷漠的反应,那么,所有甚或大部分这类反应似乎都不会以移情的方式从行动主体身上捕捉到某种冷漠感。许多错误的行为或因为得不到赞同而被看作错误的行为,都是(如人们所说)在激情中作出的。想想老派的父母对未婚女儿的风流韵事所持的批判态度吧。让我们假定这是与冷漠的道德不赞同有关的例子。即便如此,似乎也不能像斯洛特那样坚持认为他们的严厉反应是对女儿身上的某种冷漠产生的移情性反应。什么样的人和事可被看作女儿的冷漠所指的对象? 她的父母? 上帝? 我认为没有理由认为,她一定对他们表现出了冷酷或冷漠,他们才不赞同她的行为。因此,如果坚持认为父母的不赞同是对她的冷漠的回应,那么,那可能就是对他们错认为是她的冷漠的回应。不过,这对我来说仍然很奇怪——无论如何,他们不太可能以这种方式描述困扰他们的事。但即便他们不赞同的理由是(这有些奇怪)女儿的行为反映出她对他们缺乏温暖(比如,在他们为她做了一切后),也不是我能理解的任何意义上的移情反应。他们的冷酷既非对她的反应的镜鉴,似乎亦未合理地产生于产

---

① 吉伯德详细地论证过,在不涉及循环论证的情况下,愤怒也完全独立于道德判断,我认为这些论点是可信的。可参见 Allan Gibbard, *Wise Choices*, *Apt Feelings*: *A Theory of Normative Judgment*, Cambridge, MA: Harvard University Press, 1990。

生趋同反应的机制(如感染或模仿)。①

最后,我将简要说明我对斯洛特的道德心理学提出的质疑为何超出了我希望它们拥有的那种内部兴趣。斯洛特希望捍卫的情感主义是包含元伦理和规范成分的"系统包"。如他所言,这是一个与大多数当代情感主义者的尝试不同且更具雄心的谋划,这也是让他的著作如此独特并引人入胜的部分原因所在。在他的元伦理主张中有这样一个论点:道德术语的指称是通过其与赞同和不赞同的联系而得到固定的。他说:"道德善(或正确)是由移情机制引起的、以主体为指向的任何温暖感,这一点是先天的。"②之所以是先天的,是因为在他看来,仅仅基于对道德术语或概念的掌握就能明白这一点。因此,斯洛特的元伦理情感主义是一种依赖反应的倾向主义理论(dispositionalist response-dependent),根据该理论,正确与错误就意味着引发我们的赞同和不赞同(或者说,我是这样认为的)。③ 对其他概念(如颜色)的倾向主义分析通常将下述问题视为开放的经验性问题:什么(自然)属性(如果有的话)能实现相关倾向? 但斯洛特的想法是,关于正确和错误,这不是经验性问题。它也是我们可以基于对赞同和不赞同的移情性解释先天知晓的东西。基于他的理论对赞同和不赞同之所是的刻画(即对行动主体的温暖或冷漠的移情性回应),唯一可以算作引起它们的因素分别是展现在行动中的主体性温暖和冷漠。

---

① 事实上,按斯洛特的解释,误导性的或不恰当的赞同和不赞同之类的观点并不容易得到理解。斯洛特有时似乎认为,除非(不)赞同由另一行动主体的温暖(冷漠)引起,否则就不会有(不)赞同。据此言之,除非行动主体确实有冷漠的动机,否则就无法不赞同该行动主体,因此,人们不会错误地不赞同(实际上)动机善良的行为。斯洛特曾声称,错误的反应(例如,认为实际上并不冷漠的主体冷漠)仍可以是移情性的——它是对行动主体产生的"自认为如此"的移情反应。可参见 Michael Slote, *Moral Sentimentalism*, Oxford: Oxford University Press, 2010, p.39, note 23。但他没有解释如何将其与他所说的移情的独特之处结合起来。他用愤怒作了一个类比,他正确地指出,愤怒可能是由于我们错误地相信了某物之所是而引起的。但愤怒不是移情:它是对其他人行为的反应,因此它更类似于同情而不是移情。愤怒是一种情感;而移情则是一种机制——或者也可能是一组机制——通过它可以产生各种相对应的情感。因此,在我看来,这组案例在要义上没有可类比性。

② Ibid., p.61.

③ 在斯宾德尔会议(Spindel Conference)上,斯洛特驳斥了我的描述,指出他的书明确坚持赞同和不赞同可以在不涉及道德陈述主体的情况下固定道德术语的指称。当然,他是对的,书上就是这么说的,我明白为什么这会使他反对我把他的理论描述为关于道德概念的学说(我在上文保留了那一描述,以确保批评的要点不会偏移)。但由此产生的观点却让我困惑。我之所以认为斯洛特提供了一种概念性的分析,是因为这让我认为他可以为"'引起我们赞同与不赞同的事物是正确和错误'是先天的"这一观点提供(可被我理解的)论证。我想,这之所以是先天的,是因为只要拥有或掌握"错误"这一概念,就可以使人知道错误的事即为引发不赞同的事。这与斯洛特想要坚持的观点十分一致,因为斯洛特认为,错误本身是行为的"客观"属性,是由行动主体的冷酷激发的属性。但问题是,由于斯洛特现在明确否认"不赞同"和"错误"之间的先天联系由"错误"的概念确保,因而最好能解释一下他所设定的固定指称的事实是什么,以及其如何被呈现给人们,我们才能先天地知晓"错误"所指称的属性。需要明确的是,我的问题并不是如何让有关主体动机的事实变得可供反思,而是如何让关于"错误"所指称的、引起不赞同的东西的语义学事实变得可被理解。如果在斯洛特眼中这并不是一个事实,或并不是一个可被反思的事实,那么,正常的思想家何以能用他对不赞同及其在道德判断中的作用的理解先天地知晓何谓"错误"?

斯洛特的结论是，他可以从他的情感主义元伦理学与道德心理学的结合体中得到实质性的、关于行动之正确与错误的规范判准。特别是，他得出了他在其他著作中发展并捍卫了一段时间的规范观：根据以行动主体为基础的关怀伦理学，正确和错误的判准（大致）是，正确的行为是受移情支配且有关怀心的行动主体表达其温暖的行为，错误的行为则是那种表现出关怀之阙如的行为。① 如果他关于道德概念的理论是正确的，那么他的规范理论也一定是正确的，因为引起赞同和不赞同的唯一因素是表现在行为中的主体性温暖和冷漠。如他所言，"表现在行为中的主体性温暖正是行为的善（或正确）所包含的东西"……也是"先天的"。②

因此，道德心理学之所以重要，不仅因其本身，而且因为用以支持斯洛特对正确与错误的解释的元伦理论证取决于我们一直在检视的、关于赞同和不赞同的解释。正是这种对赞同和不赞同的特定解释，使人可以先天地知道，引发这些情感的是表现在行动中的温暖和冷漠，如果道德不赞同以其他方式被理解，如被简单地理解为一种愤怒，那么是什么引起了我们所有人的不赞同就将是一个悬而未决的问题。没有什么可以保证正确与错误取决于行动是否表现出了温暖的移情性关怀或冷酷的冷漠，因此，对于什么行动引了相关道德反应这一问题来说，就有其他（道义论或后果论）解释的空间。因此，如果我的理解是正确的，那么斯洛特的元伦理学兼规范性情感主义（metaethical-cum-normative sentimentalism）的系统性实质上就取决于我在这里质疑的道德心理学。在回答这些问题时，对斯洛特来说，尤其重要的是要维持他的理论在观察者的道德情感和道德行动主体的动机之间建立起的必然联系。

Empathy, Approval, and Disapproval in *Moral Sentimentalism*

Justin D'Arms

【**Abstract**】 This discussion explores the moral psychology and metaethics of Michael Slote's Moral Sentimentalism. I argue that his account of empathy has an important lacuna, becausethe sense in which an empathizer feels the same feeling that his target feels requires explanation, and the most promising candidates are

---

① 例如 Michael Slote, *Morals from Motives*, Oxford：Oxford University Press, 2003。
② Michael Slote, *Moral Sentimentalism*, Oxford：Oxford University Press, 2010, p.61.

unavailable to Slote. I then argue that the (highly original) theory of moral approval and disapproval that Slote develops in his book is implausible, both phenomenologically and for the role it accords to empathy. Finally, I suggest that these problems in moral psychology undermine Slote's metaethical argument for identifying rightness and wrongness with agential warmth and coldness in action.

【Keywords】 Empathy, Approval, Disapproval, Moral Sentimentalism

道德情感主义:语境与批判①

[德]尼尔·拉夫利 [英]托马斯·施拉姆②(著)

王 可③(译) 李家莲(校)

【摘要】 迈克尔·斯洛特近年来以"情感主义"为名展开了大量研究,其中 2010 年出版的《道德情感主义》是作者在该语境中出版的伦理学代表性著作。杜伊斯堡-埃森大学在 2013 年 3 月围绕该书举办了一场研讨会,研讨会的论文以及作者本人的回应后来被编辑成书并以《论道德情感主义》于 2015 年正式出版。本文作为该书的前言,共包括三个主要组成部分:第一部分简要回顾伦理理论中的情感主义;第二部分介绍斯洛特情感主义的核心思想;第三部分总结了从评论性文章和斯洛特的回应中发展出来的几个主要观点,首先介绍了尼尔·拉夫利、托马斯·施拉姆、卡琳娜·德普曼、马蒂亚斯·戈特沙尔克、赫林德·鲍尔-斯图德对《道德情感主义》中的元伦理学情感主义展开批评时的核心观点,其次介绍了莫妮卡·贝茨勒、克里斯蒂安·布德尼克、和约尔格·洛斯克对《道德情感主义》中的规范情感主义展开时的核心观点,最后呈现了斯洛特对所有这些批评给予回应时的核心观点。

【关键词】 道德情感主义,移情,道德赞同,道德规范

迈克尔·斯洛特(Michael Slote)长期以来一直是道德理论讨论的主要贡献者之一。他对后果主义和美德伦理学的研究都极具影响力。近年来——从《关怀伦理与移情》(*The Ethics of Care and Empathy*,2007)到《情感主义心灵理论》(*Sentimentalist Theory of the Mind*,2014)——他把各种理论工作都放到了"情感主义"的标题下。他在该语境中的主要伦理著述是 2010 年出版的《道德情感主义》(*Moral Sentimentalism*)。

---

① 原文出处:Neil Roughley, Thomas Schramme, "Moral Sentimentalism:Context and Critique," Neil Roughley, Thomas Schramme eds., *On Moral Sentimentalism*,Newcastle:Cambridge Scholars Publishing, 2015, p.1 - 18。

② 作者简介:尼尔·拉夫利(Neil Roughley),杜伊斯堡-埃森大学哲学、人类学和伦理学教授,主要研究方向为伦理学、行动理论、哲学心理学和人性论,主要著作有《欲望与意图:实践思维哲学的要素》(2015)等。托马斯·施拉姆(Thomas Schramme),利物浦大学哲学教授。虽然背景是哲学,但他经常从事跨学科研究,他还研究医学、道德心理学和政治哲学,主要著作有《医学哲学手册》(2017)、《不道德的人:精神变态和道德无能》(2014)等。

③ 译者简介:王可,湖北大学哲学学院 2022 级博士研究生,主要研究方向为伦理学。

本书是对该书进行的拓展讨论。[①] 以斯洛特对该书的概括为起点,接下来是对他的元伦理学和规范或美德情感主义展开的批判性讨论,最后是斯洛特对评论的回应。本介绍性论文共有三个组成部分:第一部分将简要回顾伦理理论中的情感主义,第二部分将介绍斯洛特情感主义的核心思想,第三部分总结了从评论性文章和斯洛特的回应中发展出来的几个主要观点。

一

道德或伦理情感主义者认为情感在合格的道德理论中发挥着重要作用。那种作用或许具有认知性、语义性、形而上学性、价值论性质或规范性。温和的情感主义会赋予情感以其中一种性质,强情感主义理论认为情感会在这些领域中的好几个领域发挥根本性作用,极端情感主义道德理论认为情感在所有五个领域都发挥着重要作用。情感在每个领域中反过来都被认为或多或少发挥着决定性作用,最大的决定性作用在于其充分性。形而上学情感主义、认知情感主义和语义情感主义都认为道德属性、道德判断或道德术语的含义会以某种方式取决于情感。根据价值论或规范情感主义,道德善或道德要求是或者说本质上含有情感或情感机制。

形而上学情感主义者通常会在第二性质和道德属性之间进行某种类比(不管这种类比多么牵强),认为后者要么是狭义的反应—依赖(response-dependent)[②],要么是获得某种反应的属性[③]。情感主义认为构成道德属性的反应含有情感体验或倾向,如颜色的第二性质概念把相关反应视为定性的知觉体验那样。在此,情感主义是通往道德属性内在实在论的路径,据此言之,若具有某倾向的行动主体没有以某方式对某事件作出反应,那么就不存在道德善或道德错误。

认知和语义情感主义在情绪主义(emotivism)中得到了融合,根据情绪主义(被认定为情绪主义的理论),道德判断实际上只是情绪事件,看似在作出道德断言的语句仅只在表达相关情感。[④] 不过,这两种情感主义不会必然结合在一起。对很多认知情感主义者

---

① 2013 年 3 月,在杜伊斯堡-埃森大学举办的一次研讨会上,前四篇文章与斯洛特的回复一起被提交和讨论。编辑们感激卡琳娜·德普曼(Karina Derpmann)对研讨会的协办以及对本卷编辑工作的宝贵支持。

② Jesse Prinz, *The Emotional Construction of Morals*, Oxford: Oxford University Press, 2007, p.100f.

③ John McDowell, "Values and Secondary Qualities," 1985, in *Mind*, *Value*, *and Realiy*, Cambridge, MA: Harvard University Press, 1998, pp.131 - 150; David Wiggins, "A Sensible Subjectivism?" 1987, in *Needs*, *Values*, *Truth*, *Third Edition*, New York: Oxford University Press, 1998, pp.185 - 214; Justin D'Arms, Daniel Jacobson, Sentiment and Value, *Ethics* 110, 2000, pp.722 - 748.

④ Charles L. Stevenson, "The Emotive Meaning of Ethical Terms," *Mind* 46, 1937, pp.14 - 31.

来说,情感在通往道德或其他评价性事实的过程中发挥着传统上由"直觉"发挥的作用,该作用类似于为经验事实提供通道的知觉的角色。① 这不意味着这些事实自身需由情感关系构成(无关形而上学的认知情感主义),也不意味着这些事实的判定需表达或指涉用以识别它们的情感(无关语义的认知情感主义)。当代表达主义者可能承认也可能不承认道德语句表达的非认知态度含有情感。例如,施罗德(Schroeder)就不承认"存在(being for)"的特殊态度需被理解为含有情感。② 在这点上,吉伯德(Gibbard)的"规范接受(norm acceptance)"似乎同样如此,尽管吉伯德是认知情感主义者,认为规范肯定含有内疚和怨恨。③ 布莱克本(Blackburn)声称情感是核心,但却并不会排他性地存在于我们的道德规范判断中。④ 不管表达伦理语句的态度是否含有情感,该学说都没有形而上学含义,甚至通常是形而上学非情感主义者的情感表达主义者也是这样。⑤

最后,根据价值论情感主义或规范情感主义,某些行动、人或事物状态为善或被要求的原因取决于它们与某些情感的关系。这其中有三种引人注目的理论。首先,快乐主义是经典立场,该学说认为,关系在因果上位于被评判的行动的相关情感的下游:使行动为善的是产生某情感状态的倾向。快乐功利主义是经典的道德学说。⑥ 快乐主义至少是这种立场:要么认为评价性或规范性的"快乐"和"痛苦"都有欢乐和悲伤的形式,例如,对身体上的疼痛而不是这些疼痛本身产生的悲伤,要么认为身体痛苦和快乐自身就是情感,但这有点异乎寻常。第二是同情伦理学(ethics of compassion),认为行动的道德价值是由行动主体在他们的行动中表达的同情决定的⑦,该学说是下述观点的另一历史变体:相关情感机制在因果上主导着行动。第三是被认为含有情感主义价值论的美德伦理学。作为有关卓越品质的理论,美德伦理学不仅讨论引发行动的倾向,且还讨论对事件以及由自己和他人作出的行动产生情感反应的倾向。⑧ 尽管规范伦理学的某些变体可能不关心在行动

① Franz Brentano, *The Origin of Our Knowledge of Right and Wrong*, 1889, R. Chisholm, E. H. Schneewind trans., London：Routledge & Kegan Paul, 1969; Christine Tappolet, *Emotions et valeurs*. Paris：Presses universitaires de France, 2000; Sabine Roeser, *Moral Emorions and Intuitions*. Basingstoke：Palgrave Macmillan, 2011.

② Mark Schroeder, *Being For：Evaluating the Semantic Program of Expressivism*, Oxford：Oxford University Press, 2008.

③ Allan Gibbard, *Wise Choices, Apt Feelings：A Theory of Normative Judgment*, Oxford：Clarendon Press, 1990.

④ Simon Blackburn, *Ruling Passions：A Theory of Practical Reasoning*, Oxford：Clarendon Press, 1998, p.8ff.

⑤ Allan Gibbard, *Thinking How to Live*, Cambridge, MA：Harvard University Press, 2003, p.181.

⑥ Francis Hutcheson, 1725 – 38. *An Inquiry into the Original of Our Ideas of Beauty and Virtue*. Indianapolis, Indiana：Liberty Fund, 2004, II. III. VIII; Jeremy Bentham, 1789. *An Introduction to the Principles of Morals and Legislation* (*Collected Works of Jeremy Bentham*), London：Oxford University Press, 1996, I. III – VI.

⑦ 参见 Arthur Schopenhauer, *On the Basis of Morality*, 1840, E. F. J. Payne trans., Indianapolis：Hackett Publishing, 1998, §16。

⑧ Rosalind Hursthouse, *On Virtue Ethics*, Oxford：Oxford University Press, 2001, p.108ff.

中遵守规范的那些人的情感状态,但美德伦理学却难以拒绝将情感作为德性评价的主要对象。尽管各种形式的元伦理情感主义是目前热烈讨论的话题,但当代哲学却不怎么提倡强价值论情感主义或规范情感主义。

二

迈克尔·斯洛特(Michael Slote)是支持后面这种趋势的少数哲学家之一。在《关怀伦理与移情》中,他提出了"正确和错误行动的普遍标准",认为当且仅当"行动反映、表现或展示行动主体没有(或未能)对他人表现出充分移情关心(或关爱)"时,才在道德上不被允许。① 作为对《源自动机的道德》(*Morals from Motives*, 2001)提出的"'仁爱或关怀'被视为十分重要的动机特征"②这一观点的修订,该思想在《道德情感主义》得到了再现。③ 在每个版本中,作出正确行动的机制(right-making mechanism)都是在因果上位于行动上游的主体的情感特征——也就是说,"反映""表现"和"展示"是因果概念。《源自动机的道德》以及《关怀伦理与移情》都是价值论情感主义和规范情感主义专著,其中规范情感主义的判断标准是从价值论情感主义的标准中派生出来的。更准确地说,斯洛特使用"以行动主体为基础"(agent-based)的概念作出了德性评价,也就是说,关于人的价值判断是首要的,道义判断是派生的。④ 两部专著的术语变化对应着作者在以十分严肃的态度强调偏倚性。对各种不同类型的近似性表现出的情感敏感性关联着评价,该论断起初只是"试探性"说法,似乎可用哈奇森(Hutcheson)的"仁爱"一词来表达⑤,但在《关怀伦理与移情》和《道德情感主义》中却变成了核心论断,准休谟式移情概念在这两本书中都占据了核心位置。

斯洛特提出的规范方案融合了当代道德哲学中的小众思想。首先,虽然该方案属于美德伦理学范畴,但它与亚里士多德传统没有主要联系,而与18世纪英国道德传统有主要联系。其次,它大量吸收了最近出现的女性主义关怀伦理学成果。斯洛特用移情或移情性关心解释关怀概念,这种解释用到了休谟"自然美德"的基础,也即18世纪被称为"同情"的特征。这两种思想的共同点不仅强调由针对他人而产生的情感反应的绝对重要性,而且强调"情感机制对特定他者含有相关偏倚情感"这一论断。

---

① Michael Slote, *The Ethics of Care and Empathy*, London: Routledge, 2007, p.31.
② Michael Slote, *Morals from Motives*, New York: Oxford University Press, 2001, p.38.
③ Michael Slote, *Moral Sentimentalism*, Oxford: Oxford University Press, 2010, p.93.
④ Michael Slote, *Morals from Motives*, New York: Oxford University Press, 2001, p.4.
⑤ Ibid., p.137.

相应值得注意的是,斯洛特的规范观认为移情的建构性结构可为道德义务的内容提供蓝图,也就是"较之相对离我们较远的人,我们对那些以一种或另一种方式离我们更近的人有更大义务"这一断言。该观点最重要的特征或许是认为我们情感倾向的相关结构可以解释完整且真实的道德判断。① 这使它不同于关怀伦理在规范道德理论中的其他用法,比如劳伦斯·布鲁姆(Lawrence Blum)的用法,对他来说,道德不是单一的,而是由相对独立的偏倚领域和无偏领域组成。② 与之相对的是,斯洛特认为,评价传统上被视为无偏道德领域的现象包括政治现象也要以移情为基础。《关怀伦理与移情》和《道德情感主义》认为,隶属于这种以移情为基础的规范理论的主题包括承诺、谎言、尊重、自主性、财产权、自由主义、分配正义和全球正义。例如,斯洛特认为,"当且仅当人们展示了适当的移情性关心"③,才会有尊重;自主性从因果上被定义为这种尊重产生的后果,④ "只有法律反映或展示了负责通过它的立法团体对其同胞的移情关怀动机"⑤,才可被视为正义的。

最后,斯洛特不仅论证了以移情为基础的规范判断对象的范围可以全面拓展至标准的关怀伦理,他还宣称,我们许多道德判断的内容完全不同于传统非理性主义道德哲学中的那些内容。从哈奇森到罗尔斯(Rawls)的一系列作家已说过,非理性主义学说必定是后果主义,但斯洛特却认为,以移情为基础的情感主义是理解日常义务直觉的最佳方案。⑥

若迈克尔·斯洛特是当代少数几个强规范情感主义者之一,那么他的元伦理学目标则融入到了庞大且多样的概念景观中,在道德属性、道德判断、道德意义与情感倾向或状态之间建立了重要关系。然而,位于该景观中的斯洛特思想,也即由《道德情感主义》勾勒的思想再次展现出了把它们与该领域其他思想区分开来的独创性。

斯洛特提出的关键元伦理学断言涉及价值论属性和规范道德属性(他并未明确区分二者)的形而上学思想。根据该断言,"道德善(或正确)是指向行动主体且由移情机制传递的温暖感激发起来的任何温暖感",这种感觉构成了道德赞同。⑦ 固定价值论谓词或规

① Michael Slote, *The Ethics of Care and Empathy*, London：Routledge, 2007, p.2；Michael Slote, *Moral Sentimentalism*, Oxford：Oxford University Press, 2010, p.9.
② Lawrence Blum, *Friendship, Altruism and Morality*, London：Routledge & Kegan Paul, 1980, p.9.
③ Michael Slote, *The Ethics of Care and Empathy*, London：Routledge, 2007, p.57；*Moral Sentimentalism*, Oxford：Oxford University Press, 2010, p.111.
④ Michael Slote, *The Ethics of Care and Empathy*, London：Routledge, 2007, p.61；*Moral Sentimentalism*, Oxford：Oxford University Press, 2010, p.107.
⑤ Michael Slote, *The Ethics of Care and Empathy*, London：Routledge, 2007, p.95；*Moral Sentimentalism*, Oxford：Oxford University Press, 2010, p.126.
⑥ Michael Slote, *The Ethics of Care and Empathy*, London：Routledge, 2007, pp.42ff；*Moral Sentimentalism*, Oxford：Oxford University Press, 2010, pp.22ff.
⑦ Michael Slote, *Moral Sentimentalism*, Oxford：Oxford University Press, 2010, p.61.

范道德谓词所指称的机制在因果上隶属于它们挑选出的属性。对斯洛特来说,这种准克里普克式(quasi-kripkean)概念优于情感主义学说中更常见的反应-依赖理论或理想观察者理论。他作出该断言的主要原因在于,这些相互竞争的理论为道德判断的对象提供了一种不够客观的理解,他认为这些理解使道德断言看起来只关乎观察者的反应以及被观察的行动。① 那么,这就让人觉得斯洛特的形而上学思想根本不是情感主义,因为他的定义对情感的指称仅仅只是对挑选出形而上学上的关键属性的机制的指称,而非对属性自身之构成要素的指称。被挑选出的性质也不存在"第二性质"。然而,如果没有斯洛特说的那种移情机制,相关属性就无法作为伦理属性发挥作用,尽管其形而上学仍然具有情感特征。

较之在分析性元伦理学中从事的许多工作,斯洛特明确回避了对道德术语提供语义分析的任务。② 尽管他也没有分析道德判断,但他却说作出道德判断必然需要移情,该主张目前在情感主义元伦理学中带来的批评者③多于拥护者④。⑤ 斯洛特认为,这种必要性源于下述事实:只有行动主体在赞同和不赞同的过程中体验过由移情机制激发的那种感觉,才能充分理解与道德正确或错误有关的断言。其论证中的决定性组成部分是赞同和不赞同含有的那种情感具有他用"温暖"和"冷漠"标识出来的独特现象。⑥ 斯洛特认为心理变态者之所以不道德,是因为他们缺乏作出道德判断和断言的能力,这种无能反过来源于他们无法体验构成赞同和不赞同的那种情感⑦。⑧ 在一种可被视为情感主义解释学螺旋的进一步曲折变化中,斯洛特接着说,正确的道德认知含有对道德判断之经验前提的洞

① Michael Slote, *Moral Sentimentalism*, Oxford: Oxford University Press, 2010, p.67.

② Ibid., pp.51, 70.

③ Jesse Prinz, Against Empathy. *The Southern Journal of Philosophy*, Vol. 49, Iss. S1, 2011, pp.214－233; Jesse Prinz, Is Empathy Necessary for Morality? Amy Coplan, Peter Goldie eds., *Empathy*: *Philosophical and Psychological Perspectives*, Oxford: Oxford University Press, 2011, pp.211－229; Peter Goldie, Anti-Empathy. Amy Coplan, Peter Goldie eds., *Empathy*: *Philosophical and Psychological Perspectives*, Oxford: Oxford University Press, 2011, pp.302－317; Heidi Maibom, Without Fellow Feeling, T. Schramme ed., Being Immoral: Psychopaths and Moral Indifference, Cambrige, MA: MIT Press, 2014, pp.91－114.

④ 参见 Neil Roughley, Moral Normativity from the Outside, Neil Roughley, Kurt Bayertz eds., *The Normnative Animal? On the Anthropological Significance of Social*, *Moral and Linguistic Norms*, Oxford: Oxford University Press, 2019。

⑤ 关于移情与道德之间的各种关系,参见 Heidi Maibom ed., *Empathy and Morality*, Oxford: Oxford University Press, 2014 和即将出版的 Neil Roughley, Thomas Schramme eds., *Forms of Fellow Feeling. Empathy*, *Sympathy*, *Concern and Moral Agency*, Cambridge: Cambridge University Press, 2017。

⑥ Michael Slote, *Moral Sentimentalism*, Oxford: Oxford University Press, 2010, pp.34ff.

⑦ Ibid., pp.54f.

⑧ 托马斯·施拉姆主编的《无道德:心理病态与道德无能》(*Being Amoral*: *Psychopathy and Moral Incapacity*, Cambridge, MA: MIT Press, 2014)中有心理变态者的概念及其与理解道德的相关性的详细论述。

察,它取决于认知者本人已拥有的相关经验。① 没有这种体验,道德认识论者就无法理解道德善或正确等关键概念。这样,斯洛特的认知情感主义就延伸到了道德认识论自身的前提条件中。

斯洛特提出的综合性的情感主义可作如下概述:道德形而上学和规范道德理论之间有着密切的——实际上是先验的——联系。他说,能完成由这种形而上学模型要求的因果任务的唯一选项就是"行动主体的温暖",该说法大体上等同于充分成熟的移情关心的展现。②

三

在总结了由迈克尔·斯洛特在《道德情感主义》中提出的主要论点后,下文的讨论将分为两组:第一组将讨论斯洛特的元伦理学,第二组将讨论他的规范伦理学。前者的贡献主要集中于《道德情感主义》,后者还借鉴了《关怀伦理与移情》。

(一)

在第一篇元伦理学论文中,尼尔·拉夫利讨论了斯洛特的下述主张:从非道德成分尤其是赞同和不赞同概念建立对道德的理解,赞同和不赞同概念本身由受到行动影响的观察者、行动主体和人的情感状态——"温暖"或"冷漠"——的移情互动构成。如斯洛特所言,拉夫利质疑了赞同是否含有二阶移情这一观点。首先,似乎不太清楚为何被赞同之物必然源于移情性的动机。虽然肯定有一种观点认为,当行动主体的行动影响他人时,对他人的关心是我们本质上会认可的一种动机,但似乎无人讨论过为何这种关心必然源于移情。拉夫利想讨论的是这种联系是概念性的还是因果性的,并拒绝了这两种可能性。

拉夫利继续讨论的问题是,如果赞同的内核由移情构成,那么究竟什么才是赞同机制? 他认为,如果赞同本质上是对移情的移情,那么,站在被情感影响的人的立场上,观察者似乎不可能赞同无法激发"温暖"的行动——宽慰或感激。为了解决该问题,斯洛特首先可放弃下述观点:行动主体身上被赞同的动机须含有"温暖"的情感体验。若观察者的内心因观察到该行动而感到温暖,那么当他把行动主体描述为"热心"时,这种描述就只是隐喻,或者说可能只是他自身情感状态的投射。由于该做法与斯洛特的理论明显相背,那么,第二种选择似乎更有可能:移情概念并不要求被移情者和移情者感受到相同的情

---

① Michael Slote, *Moral Sentimentalism*, Oxford: Oxford University Press, 2010, p.76.

② Michael Slote, *Moral Sentimentalism*, Oxford: Oxford University Press, 2010, p.61.

感。后者感受到前者在某些情况下会产生的感受,可能就足以产生移情。然而,这种反事实的概念会带来不确定性。通过规定移情者的感受与被移情者的境遇是相适的,它或许会得到修订,但此举引入了不利于斯洛特自然情感主义的规范标准。

在文章的最后部分,拉夫利认为,斯洛特的不赞同概念可能有更严重的问题,因为尚不清楚如何与二阶移情概念相提并论。他讨论了下述观点:不赞同可能是对偏倚的移情的移情、对寒心的投射、对冷漠的移情或对缺乏移情缺乏移情。他拒绝了所有这些可能性中的任何一种可能性。文章最后以下述建议画上了句号:情感主义者应该关注彼得·斯特劳森(Peter Strawson)的积极态度,将愤慨理解为替代性怨恨也即由移情而获得的怨恨。拉夫利认为,该举措会使人把移情的作用理解为不赞同的一种特定形式,但这种不赞同似乎已存在于我们特有的道义判断中。

托马斯·施拉姆讨论了斯洛特把移情视为"道德宇宙黏合剂"的观点。施拉姆赞同移情为道德之基,然而,他致力于赋予它的作用却不同于斯洛特在形而上学和概念层面赋予的决定性作用。这种替代功能存在于使人成为道德之人的因素中,比如能看到并认可道德规范力量的人。施拉姆首先分析了移情概念,在该概念的认知变量或维度与情感变量或维度之间作了区分,然后介绍了作为技能的移情观。施拉姆声称,能对他人产生移情,带来了关心他人的普遍道德能力。

接着,施拉姆通过讨论不道德的问题来探讨该观点。心理变态者似乎是不道德之人的现实典型,因此,很有趣的是从实证研究中发现心理变态者的独特缺陷实际上在于他们缺乏对他人的移情关切。这就为移情在道德中的奠基性作用提供了例证。然而,允许移情有情感和认知要素,该事实本身无疑破坏了道德情感主义和道德理性主义之间的严格界限。

施拉姆认为,更精确的移情概念会给声称在任何移情意义上都是情感主义的伦理理论带来问题。卡琳娜·德普曼(Karina Derpmann)争论道,有比斯洛特改良后的休谟式思想更好的基于移情的情感主义候选。德普曼认为,斯洛特低估了亚当·斯密的《道德情操论》(*Theory of Moral Sentiments*)的认知来源。她在文章中讨论了斯洛特针对斯密的赞同概念提出的反对意见,致力于证明该反对意见可被驳斥,且斯洛特的理论在相关领域有其自身的问题。在斯洛特看来,由移情激发的观察者和行动主体之间情感一致既非前者对后者产生的道德赞同的必要条件,也非充分条件。同理,因努力获得移情而产生的情感不一致对道德不赞同来说既非必要条件,也非充分条件。由情感一致产生的自我不赞同表明那种一致不足以产生赞同,不一致也不会必然产生不赞同。把另一个行动主体的行动判定为超义务,该判定意味着情感不一致不足以产生不赞同,且一致不会必然产生赞同。斯洛特的意思大致如此。

德普曼的回应首先讨论了以移情为基础的学说如何理解自我赞同和自我不赞同。她认为,斯密的理论对于这种以自我为指向的评价来说没有任何问题,因为它认为所有的赞同和不赞同都须借助无偏的移情观察者视角来进行调节。相比之下,斯洛特的理论在这种自我评价问题上遇到了严重的困难,因为它需要从现象上区分移情温暖和由移情引起的移情温暖,但现象却无法作出该区分。此外,一旦无偏的移情者的调节作用被纳入到斯密的理论,面对未经公正的移情过滤的情感和谐,自我不赞同就不存在问题。在讨论斯洛特的超义务行动的例子时,德普曼首先指出,在这种情况下,尽管赞同者可能出于这种或那种原因不执行他们认定为超义务的行动,但很可能存在情感上的一致性。此外,无偏的移情者的功能在此再次具有决定性,因为经这种视角调整过的态度不同于未被调整过的那些态度。

超义务行动的可能性也是马蒂亚斯·戈特沙尔克(Matthias Gottschalk)的论文讨论的核心问题,他讨论了斯洛特理论中的元伦理学问题和规范问题。戈特沙尔克的担忧来源于移情程度不同这一事实。由于斯洛特明确拒绝理想观察者理论,这就产生了下述问题:这个充满量变的现象何以能被用来确定关键道德术语的指称。戈特沙尔克表示怀疑的是,斯洛特的准克里普克的确定指称的模型要么含有过于苛刻的规范伦理,要么含有具有相对色彩的规范伦理,尽管斯洛特似乎不准备接受二者中的任何一个。

一方面,如果我们认为移情能力较强的人能意识到移情能力较弱的行动主体未能意识到的义务,那么规范性后果就会过于苛刻。如果这是移情的一个特征,那么,斯洛特或许会承认,宽泛的规范性要求,例如,由彼得·辛格(Peter Singer)倡导的那些要求,都出自他自己的道德形而上学。这样看来,斯洛特的理论可能会再次违背自己的明确目标,无法为超义务行动留下空间。后者唯一的可能性如下:特定的移情之人在某些情况下都感受到了某行动的温暖,就算忽略该行动也不会使人感到冷漠。戈特沙尔克质疑这些移情者是否可以理性地表现出这两种行动倾向。

另一方面,如果该理论没有赋予特定的移情者以道德义务认知特权,那么替代方案似乎就是承认特定个体的移情能力具有相对性,或者说,至少特定文化孕育的那些人的移情能力具有相对性。戈特沙尔克认为,可用斯洛特反复使用的"充分发展的移情"这一说法来解决这些问题。他对这一说法产生的五种可能解释作了区分,他挑出的移情案例是统计学上正常的案例、在特定的心理和文化条件下可能实现的案例、对充分成熟的人来说可能实现的案例、由具有正确移情方法的人实现的案例或跨越最小阈值且超过该阈值后差异变得无关紧要的案例。所有这些解释都被排除在外了。最后,戈特沙尔克认为,斯洛特的理论需要更多地关注有助于或被视为移情的不同技能。他提到了联想自我和联想他人的视角之间的差异,以及霍夫曼的联想移情和中介联想移情之间的差异。戈特沙尔克声称,这些模式中的任何一种移情都可以为产生不同物质判断的不同道德判断能力提供模型。如果这是确定我们道德义务的机制,斯洛特则需为我们提供赋予其中一种移情形式或特定互动模式以特权的正当标准。

前四篇文章都围绕"移情在元伦理学中具有重要功能"这一断言展开讨论,与此不同的是,赫林德·鲍尔-斯图德(Herlinde Pauer-Studer)对这一基本断言提出了质疑,她质疑了移情在斯洛特理论中发挥的两个具体作用。第一个质疑讨论了在观察者身上发挥作用的情感传递机制的状态,该观察者会因行动主体的移情而产生移情性"温暖"或"冷漠"。鲍尔-斯图德认为这种机制旨在提供规范性理由和动机性理由。然而,她质疑它能否做到这点,因为斯洛特对观察者的情感的关注使他接受了能产生中立理由的第三人称道德观。她认为,这种理解排除了将"应当"理解为具有规范约束力和动机激发力的可能性,因为它无法解释第一人称审慎视角。在她看来,仅仅只有该视角才能解释道德命令对意志的约束,而第三人称概念则使我们与理由的关系变成了纯认知关系。

在斯洛特理论中,移情所发挥的第二个作用被鲍尔-斯图德所驳斥,这个作用是其充当"道德善"和"道德正确"等术语所具有的确定指称。她认为斯洛特没有证成他的下述核心论断:道德正确是移情机制在人类行为观察者身上激发温暖感的任何事物。斯洛特认为这一论断的可靠性在于全部理论的可靠性,但鲍尔-斯图德则认为这是该理论十分依赖的关键前提。此外,她还说,有出色的规范理由支持此处的谨慎,因为移情可能会激发侵权行动,会无视有正当理由的反驳或者说倾向于巩固传统性别角色。

(二)

《道德情感主义》讨论的规范主题取自人与人之间的道德——例如,对自主性和家长制的尊重——以及社会或政治道德——特别是社会正义和分配正义。本书的三篇评论都集中讨论了人与人之间的道德。

莫妮卡·贝茨勒(Monika Betzler)质疑移情能否为尊重他人的自主性奠定基础。很多例子表明移情视角可能会让我们重点关注他人的福祉,但不一定会关注他们自己的选择。家长制在保护他人福祉时就有这种态度,必要时甚至会违背他人自己的意愿。对自主性的尊重似乎把我们从典型的道德语境中遇到的具体的人带到了作为自主选择之生物标本的广义他人。为了评价斯洛特把规范伦理学建立在移情的基础上——更确切地说，是把尊重建立在移情关切的基础上——的方案，贝茨勒在她的讨论中作了两种区分。首先，她区分了认知性的移情和情感性的移情，随后区分了下述断言：两种移情都在概念上或因果上与尊重相关。

这些断言被斯洛特用来讨论家长制案例，在该案例中，父母因为孩子需要治疗而违背孩子的意愿并带孩子去看医生。斯洛特说，这种家长制可以体现对孩子新生自主性的尊重。贝茨勒反对说，单单情感性的移情无法从概念上解释对自主性的尊重，因为它似乎没有揭示对另一个人有益的东西。显然，人们可能会在他们认为对自己有益的事情上犯错，且情感性的移情可能无法帮助我们发现对他们最有益的东西。认知性的移情，在贝茨勒看来，也不能从概念上为尊重自主性提供基础，因为它本身并不涉及关爱他人。此外，移情在认知和情感上的结合似乎不稳定。

贝茨勒讨论了她所认为的另一种选择：移情与自主性之间可能没有概念联系但却有因果联系，当我们关注近年来强调的自主性的关系时，这种可能性似乎特别恰当。自主性并不是我们脱离了社会关系才有的东西。然而，贝茨勒再次指出，目前还不清楚移情在发展和维持个人自主性时到底作出了什么贡献。事实上，她认为移情在发展过程中既不必要也不充分。最后，她反对说，斯洛特把概念性论断和因果性论断结合起来的做法似乎陷入了循环论证。

在一篇探讨拓展斯洛特情感主义框架之可能性的论文中，克里斯蒂安·布德尼克（Christian Budnik）重点讨论了信任现象，他认为信任是所有道德讨论的重要组成部分。布德尼克首先引证了为什么信任应被理解为情感而非信念现象的原因。有如下两个主要原因：第一，如果信任是一种信念，信任涉及对超出预期的反证的抵制；第二，信任会因为对支持它的理由展开调查而以一种奇特的方式受到破坏，即便调查的结论是它们的确提供了这种支持。

在继续展开对信任的情感主义分析时，布德尼克区分了信任的情感态度类型及其内容的问题。布德尼克声称，二者都涉及移情。他认为信任是一种二阶移情，信任者可以通过移情进入到被信任者对信任者自身感受的移情关怀。这种理解既区分了信任和依赖，也解释了心理变态者像不适合道德一样不适合信任的事实。然而，信任与斯洛特道德赞同的区别在于第三人称和第二人称二阶移情之间的区别。赞同由对第三方作出了移情性行动的行动主体产生的移情组成，信任则由对自己产生了移情的行动主体的移情组成。

此外,布德尼克认为,信任在个体身上发生在道德赞同之前。

在该卷最后一篇文章中,约尔格·洛斯克(Jörg Löschke)重点论述了斯洛特规范观的关键结构特征:偏倚性义务的中心地位,这是一个以移情为基础的道德理论比标准规范理论能更好地解释的特征,或者说,斯洛特是这么认为的。洛斯克着手讨论的正是这一说法。在质疑了斯洛特讨论的无偏的功能后,指出它至多只有启发价值,洛斯克继续把他的研究视为对偏倚的原因的讨论。他认为斯洛特将道德理由理解为在移情充分发展的人身上产生相关移情反应的事实。洛斯克对斯洛特的这一说法解释如下:对斯洛特而言,移情反应"构成"或"奠定"了作为道德理由的相关事实,且相关反应的强度也为相关理由的强度奠定了基础。

然后,该研究以斯洛特讨论的偏倚的理由类型为基础继续展开讨论。洛斯克区分了六种类型:因空间或时间的临近而生的偏倚、因危险迫在眉睫而生的偏倚、因共享的生活而生的偏倚、因家庭关系而生的偏倚、因团结而生的偏倚、因共同的国籍或文化相似性而生的偏倚。然后他认为,在这六种类型的偏倚性义务中,两种在斯洛特基于移情的框架内得到了证成,两种在无偏的理解中似乎同样可以得到证成,两种看起来根本不会得到证成。如果这是对的,斯洛特的情感主义就可能对偏倚性义务作出最佳解释,也可能面临其他一些同样强有力的解释,甚至最终可能会认为实际上并不存在更多偏倚性义务。在最后的关键一步中,洛斯克质疑了以移情为基础理解消极义务——我们更有义务避免伤害与我们有特殊关系的人而不是外人——的合理性。

(三)

本书最后一部分是迈克尔·斯洛特对评论者们作出的详细且有分量的回应。斯洛特反驳了某些批评,采取了一些新举措来应对其他反对意见。斯洛特用他的回应强化并扩展了道德情感主义的地盘。

为了回应拉夫利对移情与利他性动机之关系的疑虑,斯洛特改变了《道德情感主义》的部分观点。他在回应时认为,这种关系应被理解为概念性的,因为接纳另一行动主体的情感就必然要接纳那种情感意图,而不仅仅只是接纳相关情感体验。对这种情感意图的接纳,在斯洛特看来,会伴随着对相应动机的接纳。拉夫利的反对意见认为对行动主体的移情无法有效捕捉到该行动的接受者感受到的温暖,在回应该意见时,斯洛特深入发展了他对行动主体的温暖(agential warmth)的理解。行动主体的温暖现在被描述为具有养育过程中体验到的那种温暖的特点。斯洛特不仅进一步驳斥了拉夫利为了理解以移情为基础的不赞同而提出的各种方案,还驳斥了他关于斯洛特的情感主义不能充分处理道义问题的观点。

斯洛特同意施拉姆的观点,认为对移情概念的各维度的阐释都需要比《道德情感主义》的阐释更明确。他认同区分情感性移情和认知性移情("模仿")的重要性,但与施拉姆不同的是,他坚持认为,对道德具有决定性作用的是前者。有后者但无前者,可能成为心理变态者,而且与施拉姆的论证不同的是,如果没有情感性移情的支持,则无法解释对全体道德人的承诺。斯洛特拒绝施拉姆消解情感主义和理性主义之间的区别的尝试,认为后者无疑是康德的化身,宣称道德规范完全来自实践理性。但斯洛特同意施拉姆的下述观点:情感性的移情对道德具有决定性作用,成熟的移情和同情在概念上密不可分——这是二者面对拉夫利在质疑移情和利他性动机的联系时都同意的一点。

斯洛特同意德普曼的观点,认为斯密情感主义的资源比斯洛特承认的更丰富,也比斯洛特自己的情感主义带着怀疑的态度给予的解读更丰富。他鼓励斯密主义者更系统地阐述他们的理解,而不是只接受德普曼的看法。德普曼的核心思想主张用无偏的移情者调解移情反应,斯洛特认为这是可行的,尽管他怀疑这种思想可能并不真正属于斯密,且还会削弱德普曼所强调的人与人之间的实际联系。斯洛特进一步说,斯密的移情不是情绪性的,而是认知性的或"投射性的"——他倾向于将这些特征作为同义词使用——这可能使该理论难以被称为真正的情感主义。最后,他不同意德普曼认为情感主义需要理解自我赞同和自我不赞同的观点,因为他认为赞同需要与自我保持距离,但这种距离仅只出现在第二或第三方的评价中。

斯洛特不同意戈特沙尔克的下述主要观点:斯洛特很难重建义务行动和超义务行动之间的区别。与戈特沙尔克的想法相反,斯洛特发现,没有理由可以解释移情的人对他人的行动作出情感反应的倾向为什么不应比对受自己的行动潜在影响的那些人产生的移情倾向更弱。与克拉文斯基(Kravinsky)和辛格的假设不同,斯洛特认为,行动主体的移情和二阶移情中的移情倾向在移情水平上各有差异,这在道德上并不存在不一致问题。但斯洛特也承认,他所说的"充分发展的移情"可能具有误导性,因为它含有对他的目的而言不必要的基因暗示。尽管如此,他还是坚持认为,很难确定某些行动是否展现出了充分的移情,该事实不是该理论的缺点,相反是它的优势,因为这可以解释我们在判断某些行动时遇到的真正的问题。

在直面鲍尔-斯图特提出的康德式反对意见时,斯洛特看到了围绕道德行动主体的理解产生的争论的焦点:对于康德主义者来说,道德规范的基础是反思行动主体身上的理性,但斯洛特却坚持认为,可用准休谟式自然美德概念理解我们道德行动主体身上的很多东西,拥有这种美德可以产生道德上许可的或值得做的非反思性行动。在这种情况下,道德判断会对行动主体进行第三人称评估,但与鲍尔-斯图特的观点不同的是,斯洛特不认为这种判断构成了道德的全部内容。此外,根据斯洛特的说法,它们在动机上的内在主义特征源于下述事实:必然为它们提供养分的二阶移情反过来取决于一阶移情,而一阶移情会受到作为判断对象的行动主体的行动的影响。斯洛特还反驳了鲍尔-斯图特对其以移情为基础的情感主义时提出的第二条反对意见。他认为,该反对意见不仅误解了由二阶移情固定的指称对象,而且还误解了他对形而上学核心主张论证中的溯因推理特征。

在与贝茨勒交流时,斯洛特捍卫了自主性在概念和因果上都与移情有关这一观点,认为他的理解与他对各种概念比如意义、知觉和证成的因果分析是一致的。通过诉诸他从霍夫曼那里接受的中介联想移情的概念,他还反驳了贝茨勒提出的情感性移情和认知性移情分别可以独立完成这些作用的观点。他否认贝茨勒的下述观点:母亲带不愿看医生的孩子去看医生的动机一定是出于同情而非移情。相反,促使母亲如此行动的移情动机来源于她对不接受治疗的孩子的未来生活的生动想象。尽管斯洛特声称亲近性会决定移情的强度,但他坚持认为,严峻的福祉问题会占上风。最后,斯洛特回应了贝茨勒的下述困惑:拒绝让不戴头盔的儿子骑摩托车的父母应被视为尊重他的自主性,而不是更关心他的福祉。作为回应,斯洛特似乎坚持认为,从移情的角度来看,对严峻的福祉问题的关注和对自主性的尊重是一致的。

斯洛特感谢布德尼克对他理论进行补充,同意信任含有二阶移情,其结构与布德尼克描绘的结构相似。然而,他至少质疑了布德尼克多种理解中的一种:信任是对被信任者未来产生的移情的移情。相比之下,斯洛特认为信任意味着行动主体"识别出"对方已经移情于她。斯洛特还指出,赞同某人对自己的移情关怀是可能的,但他评论说,在这种情况下,赞同和信任是混杂的,该评论催生了下述问题:这两种态度是否会合一,或者说,是否是一种混合性态度的不同组成部分。在他回应的第二部分,斯洛特引入了更多态度来勾勒受移情调节、对孩子的道德训导具有决定作用且含有爱和感激的情感序列。他将爱和感激描述为孩子通过移情从自己父母或监护者身上识别出的同情或爱。斯洛特总结道,这样理解的感激等同于布德尼克分析的信任。

最后,在回应洛斯克时,斯洛特纠正了洛斯克提出的"道德无偏是从偏倚发展出来的"这一论断。与大多数道德理论家的主张相反,他认为道德判断从来不会绝对无偏。他感谢洛斯克将移情和道德理由联系起来的挑战,认为移情应该被视为理由的管道,为观察者提供了解行动主体自身拥有的理由的通道。然后,斯洛特讨论了洛斯克认为对他的理论来说有问题的四种偏倚。为了回应"共同的生活和团结可能仅为偏倚提供认知理由"这一论断,斯洛特声称,这种说法背后的偏倚表现得强词夺理,而且,一旦面对情感主义的种种优势,它就需要证明其作为整体理论的可信度——斯洛特在回应鲍尔-斯图德时已经采取了这种行动。斯洛特还否定了"血缘关系和相同国籍不能为以移情为基础的偏倚提供理由"这一论断。斯洛讨论了两种情况下可以解释不愿赋予这些联系以规范力量的其他考量:第一种是被孩子需要的爱,比如,收养孩子的成年人的任务,第二种是承诺给移民以新国籍的国家的任务。斯洛特坚持认为,在这两种情况下,仍有一种可用移情加以追溯的规范性联系。

Moral Sentimentalism: Context and Critique

Neil Roughley   Thomas Schramme

【**Abstract**】 In recent years, Michael Slote has conducted extensive research under the name "Sentimentalism", his publication in 2010, Moral Sentimentalism, is a representative work in ethics within this context. The University of Duisburg-Essen organized a workshop around this book in March 2013, The papers from the workshop, along with the author's responses, were later edited into a book and officially published in 2015 as On Moral Sentimentalism. The present volume is an extended discussion of that work and consists of three main parts. The first part provides a brief overview over sentimentalism in ethical theory. The second part provides the central claims of Slote's version of sentimentalism. The third part outlining the main arguments developed in the commentaries and in Slote's replies. The third part first presents the core views of Neil Roughley、Thomas Schramme、Karina Derpmann、Matthias Gottschalk and Herlinde Pauer-Studer in their critique of the metaethical sentimentalism in Moral Sentimentalism. It then introduces the key points made by Monika Betzler、Christian Budnik and Jörg Löschke in their critique of the normative sentimentalism in Moral Sentimentalism. Finally, it presents Michael Slote's core viewpoints in his responses to all these critiques.

【**Keywords**】 Moral Sentimentalism, Empathy, Moral Approval, Moral Normativity

论赞同与不赞同的对象与机制①

[德]尼尔·拉夫利(著)

耿　敬②(译)　李家莲(校)

【摘要】以斯洛特《道德情感主义》中的移情、赞同和不赞同这几个心理学基本概念为考察对象,本文认为斯洛特的"移情"是一种没有明确证成的概念性说法。就道德赞同来说,斯洛特的"移情"不一定会在赞同与被赞同的温暖之间发挥通道作用,无法很好地解释赞同现象,同时,斯洛特的"移情"也无法充分解释不赞同的机制。鉴于此,本文提出了解决该问题的五种方法。

【关键词】道德情感主义,道德赞同,道德不赞同,移情

迈克尔·斯洛特的《道德情感主义》以及杰西·普林兹(Jesse Prinz)的《道德的情感建构》(*The Emtional Construction of Morals*)预示着伦理学建立在自然情感之上这一做法的可喜回归。我全心全意支持该做法。下文要试着澄清该做法中的几个问题,因为它们是由斯洛特的书提出的。像大卫·休谟和亚当·斯密一样,斯洛特以赞同为起点展开讨论,并在概念上将其与移情联系起来。然后,他用自己对赞同的分析回答了休谟和斯密都未曾明确提出过的元伦理学问题。借助"移情"概念,聚焦康德的追随者们通常重点强调的自主性等概念,斯洛特论证了部分情感主义传统至少没有高度关注的规范性断言。与哈奇森和罗尔斯的情感观——聚焦仁爱自然会走向功利主义——不同的是,斯洛特认为,以移情为中心的情感主义可以很好地解释道义直觉。

我觉得对移情的聚焦以及关于情感主义跨越了传统规范伦理学阵营之间的鸿沟的主张的前景都是可观的。下文会重点讨论移情、赞同和不赞同这几个心理学基本概念。我将讨论三个问题:第一,它们在各个方面都极为不确定;第二,它们表现出了对无法兼容情感主义进路的规范概念的隐性依赖;第三,它们在该领域内重构的东西比斯洛特认定的要少。

---

① 原文出处:Neil Roughley, "On the Objects and Mechanisms of Approval and Disapproval", Neil Roughley, Thomas Schramme eds., *On Moral Sentimentalism*, Newcastle: Cambridge Scholars Publishing, 2015, pp.28 - 40.

② 译者简介:耿敬,湖北大学哲学学院博士生,主要研究方向为18世纪英国道德哲学。

一、移情、赞同和关心

斯洛特对赞同的结构和现象作出了原创性解释。根据该解释,赞同是"对移情的移情"①。他告诉我们,这种"与移情有关的二阶移情"也"蕴含"在道德判断中②,但他却没有告诉我们何以如此。我们赞同和判断的对象都是行动主体的动机。只要它们对受其行动影响的那些人"展现"了移情,我们就会赞同它们(为简洁故,我在下文会使用行动的"接受者"一词)。只要我们对行动主体的移情动机产生移情,我们就会赞同那些动机。

后面这种说法是亚当·斯密的理论的核心主张。③ 对斯密来说,行动主体的各种动机都可以成为赞同的对象,但斯洛特并不接受这种观点,他认为只有包含移情的动机才会令人赞同。更确切地说,虽然正文将赞同等同于二阶移情,但第二章的脚注23④却补充说,高阶移情和低阶移情之间是有张力的:赞同是对行动主体的移情的移情。⑤

现在要说的是,这是斯洛特没有明确证成的概念性说法。因此,亟需阐明我们应该接受它的原因。文中有一处模棱两可的表述在一定程度上可以解释他认为该断言显然为真的理由。斯洛特在很多地方不仅谈到了"移情",还谈到了"移情性关心"⑥。就我们重点讨论的关系是行动主体与其他有情众生之间的关系而非其与集体、机构或环境⑦之间的关系而言,的确似乎可以直观地看到,我们赞同的动机包含了对他人福祉的欲求或对他人不幸的避免。现在要说的是,这种欲望就是讨论"关心"时被挑选出来的东西。但是,倘若如此,移情在受到赞同的行动主体层面发挥着什么作用? 似乎有两种可能性。

第一种是概念上的。根据这种选择,斯洛特会说,我们认为赞同只能用于那些含有移情也即某种共感的关心案例。那些关心,如果仅有代表(for)某人而生的情感但却没有受(with)某人影响而生的情感,出于概念上的原因,则不会令人赞同。帮助他人的欲望,如果不具有情感成分,或不由情感产生,则不可能成为赞同的对象。有人可能会认为不存在

① Michael Slote, *Moral Sentimentalism*, Oxford:Oxford University Press, 2010, pp.35,39.
② Ibid., p.91.
③ Smith Adam, *The Theory of Moral Sentiments*, Indianapolis:Liberty Fund, 1976, pp.16ff.
④ Michael Slote, *Moral Sentimentalism*, Oxford:Oxford University Press, 2010, pp.39f.
⑤ 我对这个脚注的重视程度超过了对斯洛特的文本,因为我认为这样做可以使"赞同"概念尽量接近日常概念。然而,"赞同会出错"的日常观念却与斯洛特稍后主张的"我们在移情作用下从道德主体(可能)的行为中产生的温暖的感情都是在移情作用下由令人温暖的关心行为引起的,这是先天且必然的"(参见 Michael Slote, *Moral Sentimentalism*, Oxford:Oxford University Press, 2010, p.64)并不一致。
⑥ Ibid., pp.20f.,39,111.
⑦ 这不仅仅是一个无恶意的术语说法,因为它会对道德结构产生影响。因此,人们会对这样限制赞同讨论的论点感兴趣。这些限制似乎不是我们日常概念中的那些限制。

这种欲望,要么因为他们认为所有的欲望都有情感成分,要么因为他们认为这些情感成分在这种欲望关系到他人福祉时必然会被表现出来。在我看来,这两种说法显然都不对。斯洛特至少肯定会认为,有些案例有代表(for)某人而生的情感,但却没有受(with)某人影响而生的情感。①借助该术语,可以很清楚地知道我们为何不会赞同同情性关心。

理解"移情性关心"中的移情的重要性的第二种是因果关系上的。也许斯洛特认为移情是(真正的?)关心的因果前提。当他说"移情的出现或作用通常对于关怀(或关心)他人来说是必要的"一语时,他可能就在阐述该观点。②他可能会进一步说该观点得到了丹·巴特森(Danial C. Batson)的著作的支持,丹·巴特森深入论证过"移情—利他假说",斯洛特引用过该学说来支持他提出的以移情为基础的情感主义。③"移情性关心"是巴特森研究的核心主题术语,然而他却明确表示,共感意义上的移情对于激发提升他人福祉的动机来说并非必要。事实上,他特意强调说,他的学说中的"移情"和"移情性关心"可以互换,④都指代表某人而生的情感,都不含共感。巴特森的"移情"就是斯洛特的"同情"⑤。巴特森声称,斯洛特的同情是利他性动机的核心决定因素之一,尽管不是唯一决定因素。此外,巴特森还区分了斯洛特所说的移情的两种形式:"想象—他人视角"和"想象—自己视角"。前者指的是某人站在他人立场上想象某处境,后者指的是某人想象自己处于他人处境时会怎样。他认为,前者会引发同情,但后者要借助前者的调节才会引发。然而,如其他作者所言,⑥后者会导致自我沉溺和利他性的缺乏。他说,就我们的处境而言,至关重要的是,没有证据表明共感对利他性动机的积极影响不受同情调节。如果这是对的,那么似乎就没有任何因果理由可以解释为什么赞同须以行动主体的移情为对象。

二、赞同的机制

到目前为止,我一直在用赞同的意向结构描述斯洛特的赞同,而忽略了移情机制与这

① Michael Slote, *Moral Sentimentalism*, Oxford：Oxford University Press, 2010, p.15f.

② Ibid., p.21.

③ Ibid., p.16.

④ 对巴特森来说,"关心"不是一种动机,而是一种在因果关系上有助于利他动机的情感。

⑤ C. Danial Batson, *Altruism in Humans*, New York：Oxford University Press, 2011, p.10f.

⑥ Nancy Eisenberg, Empathy and Sympathy, Michael Lewis, Jeannette M. Haviland-Jones eds., *Handbook of Emotions* (*2nd ed.*), New York and London：The Guilford Press, 2000, pp.677－691；Jesse Prinz, "Is Empathy Necessary for Moraliy?" Amy Coplan, Peter Goldie eds., *Empathy：Philosophical and Psychological Perspectives*, Oxford：Oxford University Press, 2011, p.218ff.

些现象特征之间的联系。我认为重要的是，赞同行动主体的动机时视之为移情的东西不是信念①之物，而是情感性的东西，也就是说，是一种被感觉到的东西。此话的意思是，行动主体的动机中的移情本性无需被理解为这种东西。相反，它有特定的属性范围，对它的感知含有对其作为移情动机的意向对象的建构。② 那一范围的特点被斯洛特描述为"温暖"。

他心中的典型案例似乎如下：在看到或听到某人帮助另一个需要帮助的人时，"我们的内心（深处）会感到温暖"。我们也许会注意到，这种说法的适当性会发生变化。在听到孩童做出这种助人行动时，尤其会感到暖心。就现象言之，这种感情和适当的语言反应似乎类似于看到父母照顾自己的孩子时引发的反应。令我们感到"温暖"是一种移情反应，该断言的合理性可用"母亲对待孩子的态度是适合讨论温暖感的典型案例"一语证明。此话的意思是说，在看到母亲用温暖感对待孩子时，我们的心会因此而感到温暖。同理，对于父母之外的人的帮助，对于我们（在道德上）赞同的所有行为，也是如此。父母的关怀这一现象用两大步实现了拓展：首先被拓展到了各种令人赞同的助人行动，其次被拓展到了所有在道德上令人赞同的行动。如果斯洛特能更详细地解释其动机，则会大有益处。

但我想暂时把这个观点搁置一旁，我要仔细看看充当赞同与赞同的温暖之通道的移情的作用。如果移情观察者感受到的温暖由她"抓住"了移情行动主体身上的温暖所致，那么，似乎就可以说，移情行动主体感受到的温暖感必定反过来由她"锁住"了自身行为的接受者身上的温暖所致。该模型如下页图所示。

该模型提出了一个重要问题。假设 R 没有意识到自己获得了帮助，因此没有对 A 产生任何感情。根据该模型，A 似乎就不会感受到行动主体的温暖。但如果我们用以下两种方法中的任何一种方法加以修订，她就可以产生这种温暖感。

其一，第一种方法是撤回"行动主体的温暖感要求有行动主体的移情"这一说法。行动主体的温暖可能只会在产生提升或防止降低他人福祉的动机的过程中得到激发。该举措会被下述说法支持：如果一个人只是努力减轻他人的痛苦但却并不知道他人在经历何种痛苦，我们就可以将她的行动描述为暖心。然而，该举措似乎会瓦解下述观点："暖心"

---

① 我认为，这符合斯洛特的理论本质，尽管他将"赞同会出错"的案例描述为行动主体"自知"是具有移情的。参见 Michael Slote, *Moral Sentimentalism*, Oxford: Oxford University Press, 2010, p.40。

② 我的描述假设了感情本身具有其意向对象，就像感知中的视觉印象具有其意向对象一样。这似乎也是斯洛特的假设，就像他在谈论"针对"或"指向"其他行动主体（参见 Ibid., p.38）的感情时所表明的。

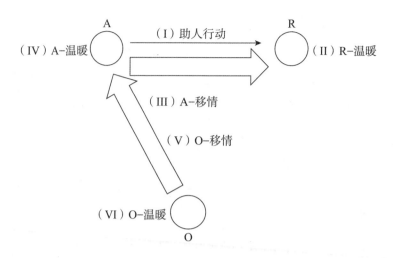

A=行动主体；R=接受者；O=观察者

图 1　罗马数字的顺序与斯洛特用因果术语理解的移情传递过程是一致的

这一谓词会从被它描述的行动主体身上挑选出一种经验特征。在这种情况下，暖心似乎只是温暖旁观者内心的仁爱或善意，与行动主体的感情完全无关。因此，把暖心描述为行动主体的特征或许只是移位修饰或转喻。

当然，暖心似乎可能是相对漠不关心、无知或以自我为中心的接受者而言的。然而，有一种不同的举措可使"温暖"真正成为 A 的主体经验特征并使之产生于移情机制。

其二，该举措会使移情的对象（被感知到的温暖）不是行动的接受者实际感受到的东西，而是他在某些可能已实现的或未实现的情境中感受到的东西。这就是亚当·斯密和马丁·霍夫曼（Martin L. Hoffman）的理解。据斯密言之，移情——他称之为"同情"——"与其说是从激情中产生的，不如说是从激发激情的情境中产生的。我们有时会从另一个人身上感受到他自己似乎无法感受到的激情"①。据霍夫曼言之，移情包含下述过程：较之移情观察者的处境，移情导致的情感后果与接受者的处境"更一致"②。斯密的例子包括在移情的作用下从快乐的痴呆症患者身上感受到的"痛苦"以及母亲面对身患重病但却"只是在当下感受不安"的孩子时产生的"恐慌"。

斯洛特明确表示，我们应该放弃要求心灵的目标状态是真实的。③ 然而，这种做法却预示着不确定性。在描述移情的广泛解释力时，他说，移情的对象可以是：（1）实际感受；

①　Adam Smith, *The Theory of Moral Sentiments*, Indianapolis：Liberty Fund, 1976, p.12.
②　L. Martin Hoffman, *Empathy and Moral Development. Implications for Caring and Justice*, Cambridge：Cambridge University Press, 2000, p.30.
③　如果我们想谈谈对虚构人物的移情，这会有所帮助。

(2)今后会产生的感受;(3)在某些情境中产生的感受;(4)在自身(所处的)情境中产生的感受。① 如果现在用这一系列不同的可能性分析赞同,也即对移情的移情,这种分析就会有问题。或者说,至少"赞同能固定'道德善'的指称"这一说法是有问题的。如果行动主体能以不同的方式衡量自身行为的长期影响,那么就会被接受者感受到的温暖所温暖,但其他行动主体可能会因接受者实际产生的冷漠反应而感到冷漠。观察者反过来会因自己正确想象到的冷漠而感到冷漠,前面这个行动主体听了妻子对此事的看法后会继续产生这种感觉。有人可能会说,赞同是与主体相关的事。人们经常会表达错误的赞同或不赞同。然而,与主体相关的赞同观对固定道德术语的指称来说毫无用处。② 如果如斯洛特所言,"正当的行动就是那些能够从道德主体(可能)的行动中产生移情性感情的行动"③是先天且必然的,那么,他将面临无法确定那些感情表达的是行动主体现在、未来还是反事实的感情这一困境。一方面,他承认行动主体在某些情境下可能会采取多种正确的行动,但由此作出的若干选择及其给接受者带来的相应后果可能是对立的,也就是说,不论做或不做同一行动可能都是正确的。这显然没什么意思。另一方面,他可以把更多的机制嵌入到赞同概念中,从而在特定事例中确定移情的对象。

这种选择似乎被霍夫曼的学说暗示过,该学说认为移情性的情感是与目标人物的情境"一致"的情感。斯洛特带着赞许讨论过霍夫曼学说的这一特征,并用"适当"一词代替了霍夫曼的"一致"。④ 现在要说的是,"适当"概念可以很好地解决不确定性问题。然而,使"适于某情境"成为定义真正的移情的特征,该做法会使移情本身成为一个规范性概念。⑤ 这会让根植于自然情感的情感主义思想付诸东流。也许那种做法不对,但斯洛特可以辩称说移情的规范构成要素不是道德规范,而道德规范产生于前道德心理规范的运作。但正是由于移情对象可能具有多样性,我们在特定情境下才需要充分且非道德的理由赋予某些对象以特权。

我们还要澄清的是,如果引入适当条件能解决不确定性问题,那么它就需要进一步的支持,就是那种本身具有规范色彩的支持。如果我们反思"如何界定适用于移情性感情的情境概念"这一问题,这一点就会变得很清楚。霍夫曼说过,它可能含有目标人物的"相

---

① Michael Slote, *Moral Sentimentalism*. Oxford：Oxford University Press, 2010, p.17.
② 再次参见第 64 页注释①。
③ Michael Slote, *Moral Sentimentalism*, Oxford：Oxford University Press, 2010, p.64.
④ Ibid., p.17.
⑤ 事实上,斯洛特把"适当"加上了双引号,这表明他留意到了这个问题。然而,从文中却看不出他解决这一问题的策略。

关过去和可能未来",实际含有他们的"生活状态"。① 行动主体的行动对接受者造成的情感后果将取决于未被当下处境限制的接受者的生活细节。该观点不仅标示出了潜在的更大不一致,而且,通过要求行动主体的未来特征具有"相关性",它还催生了它们需要与什么相关这一问题。我们在此似乎需要进一步制定一个标准。该做法则是另一种规范举措。

当斯洛特讨论自主性和家长制时,移情心理学层面的问题就变成了规范问题。第八章认为,以移情为基础的情感主义可以使人理解重视自主性的要求。他合理地证明女性中克己的典型可能是她们在成长过程中没有受到充分尊重的结果,不充分尊重的基础是对她们的成长目标缺乏移情。② 然而,一旦女性成为这种克己的女性,怎样才能尊重她们? 移情的目标对象是使她们拥有更多自主权的当下的欲望和渴望还是反事实的欲望和渴望? 这种行为的目的是为了"表现出适当的移情性关心"③,我们对这种行为的识别却难以回答"哪种选择值得尊重"这一问题。然而,这种关心是合适的,该事实会使它受制于某种外在标准。自主性,在斯洛特看来,"我们大多数人会通过直觉视其为一种极其令人期望的状态……所以我认为我们应该说……自主性是一种重要的人类善"④。在此,我们可用一种外在于移情内容的直觉来确定移情的适当目标。但如果这就是证成的结构,那么,移情就无法产生规范,而似乎只能充当独立实现目标的最佳手段。

三、不赞同的机制

人们自然会认为不赞同是赞同的否定形式。但如果赞同是对移情的移情,那么,不赞同否定的东西究竟是什么? 斯洛特的规范理论是围绕"不高尚的行动主体缺乏对接受者的移情"这一观点建立起来的。行动主体的动机状态中的冷漠可用这种缺乏予以解释。但到底是怎么回事? 显然,这与高尚行动主体的移情温暖不是一回事,这种温暖——暂不讨论上一节讨论过的疑虑——的特点在于它产生于接受者对积极感情的移情。由于不高尚的行动主体不会移情,所以她无法在受其行为影响的那些人身上"捕捉到"由她激发的"那种冷漠"。我认为有五种解决该问题的方法。

其一,产生部分但却不充分移情的不高尚行动主体会因自己对他人的行动而感到冷

---

① L. Martin Hoffman, Empathy, Justice, and the Law, Amy Coplan, Peter Goldie eds., *Empathy: Philosophical and Psychological Perspectives*, Oxford: Oxford University Press, 2011, pp.230 – 254.

② Michael Slote, *Moral Sentimentalism*, Oxford: Oxford University Press, 2010, p.116.

③ Ibid., p.111.

④ Ibid., p.117.

漠,原因在于捕捉到了他人的冷漠,但这种冷漠却不足以使其动机中的冷漠低于阻止其不道德行为所必需的水平。因此,移情观察者不会赞同产生部分移情的不高尚行动主体,但在面对完全缺乏移情的行动主体时却无法感受到这种不赞同,因为从这些人身上无法捕捉到冷漠。人们无法对罗伯特·黑尔(Robert D. Hare)描述的心理变态者①那般"没良心"的行动主体表达不赞同,任何一个多助之至合情合理的理论都无法接受这个荒诞的推论。斯洛特显然不会接受该观点。

值得注意的是,除了这个荒诞的推论,还有一个特殊的理由可以解释斯洛特为什么不会接受我刚才的描述,那就是:被移情观察者识别出来的行动主体会受到良心的谴责。斯洛特明确说过,自我不赞同和负罪感是两种截然不同的情感现象。②我稍后会讨论该观点。在此我们只需明白,行动主体身上的负罪感和自我不赞同都不是观察者通过移情表达不赞同的原因。

其二,假设行动主体完全缺乏移情,这会使人认为,她的冷漠源于与受害者缺乏情感交流,我们可以采用类似于我们理解并赞同与接受者的反应无关的行动主体的移情时采用的第一种模型来理解。根据该观点,作为移位修饰的冷漠也即行动主体身上的移情的缺乏可以解释行动主体为何无法体验到冷漠。行动主体的漠不关心就是让移情旁观者感到冷漠的东西的表现,该旁观者反过来会把自己体会到的冷漠投射给行动主体。

其三,然而,斯洛特认为,移情观察者的冷漠必定由行动主体身上真实的冷漠引起。倘若行动主体的冷漠并不来自接受者的冷漠,我不太理解为什么一定会这样。不过,这是斯洛特的模式,因此,让我们继续努力理解它。在试图理解行动主体的温暖时,我建议把父母对极幼小的孩子表现出的父母之情作为典型案例。我认为这种案例中的温暖是直观且明显的。由孩子必定会产生的感情激发的那些感情所产生的温暖则相对不怎么明显。幼童感情的不成熟本性似乎也排除了这点。

回到行动主体的冷漠,我发现非常难找到一个潜在可被普遍化的典型案例。典型事例或许是心理变态者也即"冷血的"工具性暴力犯罪者。然而,要注意的是,这种冷血与其他反社会型人格综合征患者所有的反应性、胆汁质类暴力中的热血形成了自然对比。③因此,这种意义上的冷血帮不上什么忙。此外,根据《心理变态核查表》,心理变态

① Robert D. Hare, *Without Conscience：The Disturbing World of the Psychopaths Among Us*, New York and London：The Guildford Press, 1993.

② Michael Slote, *Moral Sentimentalism*, Oxford：Oxford University Press, 2010, p.37.

③ James Blair, Derek Mitchell, Karina Blair, *The Psychopath：Emotion and the Brain*, Malden, Oxford and Carlton：Blackwell, 2005, pp.12ff.

者的特征不仅包括移情（和悔恨）的缺乏，还包括情感生活中的普遍匮乏（"情感淡漠"）①。如果这样，那么，这些冷血的典型案例无疑根本感觉不到与这种特征对应的东西。斯洛特通过对比（我认为）论证了无移情的人能真正体验到冷漠；不高尚的 A 从 R 感受到的东西"可能是漠不关心或恶意，但这两种感情都与温暖形成了鲜明对比并表现出温暖感的缺乏或缺失。相对言之，那么，这种人对他人的态度或感情是冷漠的……"②。现在要说的是，只有当温暖和冷漠相互排斥且耗尽了所有可能的情感温度时，冷漠才会源于温暖的缺乏。但为何一定会这样？我们有什么理由假设所有的情感状态必定要么是温暖的要么是冷漠的？无论是我自己的反思还是我们的语言惯例都不支持该假设。以移情为基础的情感主义认为这些案例中的道德动机缺少了某种重要因素，这当然是正确的。那种缺乏或许只是没有很好地用经验标示出来。

其四，根据第四种理解，不赞同并不包含对"移情的缺乏"的移情，而是包含对"移情的缺乏"的移情的缺乏。让 O 感到冷漠的东西因为 A 对 R 缺乏移情而无法对 A 产生移情。这种不赞同观接近亚当·斯密的不赞同观。它根植于下述观点：我们能产生移情的动机是有限的。例如，许多人对虐待狂感受到的东西感到完全无法重合，用斯密的话说，无法"一致"。这当然不是不赞同的唯一案例。毋宁说是极端案例，如此极端，以至于不赞同就不合适。对"移情的缺乏"缺乏移情似乎可用于极端道德败坏的可怕罪行。这种案例也许是典型的冷漠案例。然而，这些冷漠的机制无法涵盖我们在道德上不赞同的一切。

其五，当我们回顾斯密的方案时，我认为另一种以移情为基础的情感主义值得关注。如果我们接受斯洛特的观点，就会认为行动主体与接受者之间的移情关系对"观察者是否应赞同行动主体的动机"这一问题很重要，因为给接受者带来的情感后果关系到行动主体的动机是否恰当。因为 A 和 R 之间的移情联系在不赞同的情况下受到了破坏，仅只专注于 A 的观察者会丧失与 R 的情感状态有关的所有信息。纯粹的美德伦理学家可能会认为没关系。但可以肯定的是，如果行动主体行事时不担心其行动后果对间接接受者来说是否重要，只要受影响的人真的认为相关影响并不重要，那就没问题。同理，对"行动主体应该更多地考虑对特定接受者的影响"这一问题的判断至少有时取决于那些接受者作出反应的倾向。当接受者带着愤恨作出反应时，斯密认为，观察者需根据自己是否能成功与

---

① James Blair, Derek Mitchell, Karina Blair, *The Psychopath*: *Emotion and the Brain*, Malden, Oxford and Carlton: Blackwell, 2005, p.7; Robert D. Hare, *Without Conscience*: *The Disturbing World of the Psychopaths Among Us*, New York and London: Guildford Press, 1993, p.52ff.

② Michael Slote, *Moral Sentimentalism*, Oxford: Oxford University Press, 2010, p.37.

移情主体的动机发生移情来决定那是否是一种能使人产生共感的行为。

这种共感性的愤恨似乎会落入日常生活中相当宽泛的不赞同概念中。斯密特意将它们视为道义态度，以区别于狭义上对行动主体的动机表达赞同或不赞同时的价值态度。① 现在要说的是，如斯特劳森所说，愤恨、义愤与负罪感之间存在着"逻辑"和"人际联系"②，每一种情感都从不同的个体视角揭示了道义规范的结构。根据这一（我认为是正确的）观点，回头再看斯洛特根据他理解的感觉现象坚持区分负罪感与自我不赞同是有益的（参见上文第三部分中的第一种方法）。他说："我们不会对他人的行为产生罪恶感，比起我们自己的所作所为，我们更有可能对他人的所作所为感到寒心。"③但我们之所以不会对他人的行为产生罪恶感，那是因为罪恶感是第一人称态度。我们的确会感受到的相应态度是义愤或移情性的愤怒。

拒绝将义愤视为不赞同或许有好处。当然，这种术语上的区分与区分我们伦理生活的道义论特征和价值论特征是一致的。然而，道德情感主义的显著特征是拒绝重视这种区分：第四章提出的指称固定机制讨论的是"道德善（或正确）"④，而斯洛特就如何从"是"推演出"应该"给出的建议实际上是关于如何实现"正确或善"的建议⑤。情感主义者迈克尔·斯洛特将不赞同与负罪感、愤恨感和义愤感区分开来了，但他如何看待这些情感与元伦理学的相关性？我认为，作为一种与纯粹的糟糕处境对立的错误之路，它们关注的是人们对特定行为而非动机结构的反应。

我支持美德伦理学借助移情机制聚焦行动主体的动机的做法。然而，我认为，否定性道德判断的重要性在斯洛特的情感主义思想中没有受到重视。我认为，这是由下述不充分的建议引起的：道德禁令的性质是从缺乏足够的移情性温暖的经验中挑选出来的。⑥ 相反，规范道德体系倾向于优先考虑与肯定性的要求有关的禁令。此外，斯特劳森的三种反应态度使我们理解了区分道义态度和价值态度的典型特征。⑦ 根据这种理解，对某行为的愤恨感、负罪感和义愤感可能会变成对这一行为的禁令，没有对某行为持这些态度可能会变成对这一行为的要求。我建议最好将斯洛特提出的以行动主体为中心的学说解读为关于价值论道德属性的学说。我们要另辟蹊径理解道义属性。

① Adam Smith, *The Theory of Moral Sentiments*, Indianapolis：Liberty Fund, 1976, p.74.
② Peter Frederick Strawson, *Freedom and Resentment and Other Essays*, Oxford：Methuen, 1974, p.16.
③ Michael Slote, *Moral Sentimentalism*, Oxford：Oxford University Press, 2010, p.37.
④ Ibid., pp.61,63,66.
⑤ Ibid., p.75.
⑥ Ibid., p.93.
⑦ 例如（参见第二部分最后一段），尊重之所以必要，不仅仅因为它被视为善的。

On the Objects and Mechanisms of Approval and Disapproval

Neil Roughley

【Abstract】 Taking the basic psychological notions of empathy, approval, and disapproval in Slote's "Moral Emotionalism" as its object, this paper argues that Slote's "empathy" is a conceptual stipulation that he takes no explicit steps to justify. In terms of moral approval, Slote's "empathy" may not necessarily serve as a conduit of the warmth of approval and the warmth being approved, thus failing to explain the phenomenon of approval well. At the same time, Slote's "empathy" cannot fully explain the mechanics of disapproval. In view of this, this paper proposes five methods to solve the issue.

【Keywords】 Moral Sentimentalism, Moral Approval, Moral Disapproval, Empathy

道德情感主义与移情的规范性①

［奥］赫林德·鲍尔-斯图德②(著)

卢俊豪③(译)　李家莲(校)

【摘要】斯洛特的道德情感主义理论通过“道德词项的指称固定解释”深入探索了主体性移情的道德意义。其理论不仅解释了情感在形成道德判断方面的核心作用,还论证了道德判断的先天性和客观性,从而强调移情在规范伦理学和元伦理学中的重要性。尽管斯洛特借助主体性移情及指称固定理论在一定程度上解决了移情的道德规范性难题,但其以移情为基础的道德规范性及道德动机解释仍需解决第一人称视角与第三人称视角的内在张力,并进一步论证主体性移情的道德意义。因此,斯洛特在考虑移情的规范性和动机性时,需要更深入关注道德行动主体的慎思标准及情感感受与规范性理由的内在关系。

【关键词】道德情感主义,主体性移情,二阶移情,道德规范性,道德动机

一、导言

迈克尔·斯洛特的伦理学研究一直以发展“情感是伦理道德的核心”这一 18 世纪英国道德哲学的主要思想为核心目标。这使得斯洛特发展出一种以关怀为基础的规范伦理学,移情概念在其中占据了核心地位。④ 在迈克尔·斯洛特的著作《道德情感主义》中,他进一步发展了对道德的情感主义解释。他现在主张的是,移情既是规范伦理学的关键,也是元伦理学的关键。

① 本文译自 Herlinde Pauer-Studer, “Moral Sentimentalism and the Normativity of Empathy,” Neil Roughley, Thomas Schramme eds., *On Moral Sentimentalism*, Newcastle: Cambridge Scholars Publishing, 2015, pp.73－85。本译文系国家社会科学基金重大项目“中国马克思主义哲学新形态研究”(22&ZD032)、国家社会科学基金青年项目“元伦理学视阈下的马克思主义道德规范性研究”(23CZX047)、江苏省道德发展智库及江苏省公民道德与社会风尚协同创新中心的研究成果,其中摘要、关键词系译者后加。本译文翻译过程中得到了李家莲教授的许多帮助,特此鸣谢。

② 作者简介:赫林德·鲍尔-斯图德(Herlinde Pauer-Studer),维也纳大学哲学系教授,主要研究方向为实践哲学及伦理学中的理性、实践推理和规范性研究。

③ 译者简介:卢俊豪,中山大学哲学系特聘副研究员,主要研究方向为当代伦理学中的道德规范性研究。

④ 参见 Michael Slote, *The Ethics of Care and Empathy*, London: Routledge, 2007。

斯洛特强调,他以移情为基础的道德观仿照的是休谟对自然美德的解释,而非休谟对人为美德的构想。斯洛特对人为美德的摒弃源于下述论点:移情不仅对个人道德至关重要,而且对社会和政治道德具有举足轻重的作用。他认为,在处理诸如社会正义以及公共领域中个人的自主性及其权利等问题时,移情和关怀的概念不可或缺。

本文主要讨论斯洛特道德情感主义理论引发的两个问题。第一个问题是关于移情这一概念是否能在规范伦理学和元伦理学层面上发挥其所赋予的核心作用。第二个问题涉及斯洛特的下述论断:他的那种道德情感主义能证成道德的客观性和道德判断的先天性。

二、移情的规范性力量与动机性力量

斯洛特的道德情感主义理论令人瞩目的地方并不在于移情占据了核心地位,而在于移情被赋予了如此多的不同功能。如我们所知,移情是一种行为动机的驱动力或诱因。移情可以标示道德意义并引导道德感知。不仅如此,移情还是道德判断和道德客观性的构成要素,也是道德赞同和不赞同的基础。总之,移情是斯洛特关怀伦理学的核心美德,这种关怀伦理学(因此)相当于某种形式的美德伦理学。我们可能会问,移情能否扮演所有这些角色?移情能否成为核心的规范伦理标准和最重要的元伦理学概念? 这种论断究竟意味着什么?

让我们首先探讨"移情"的确切含义。斯洛特将"移情"定义为在情感上直接感受到另一人的情感的现象。他认为移情有别于仅仅表达对他人关心的同情态度。尽管移情等同于"感受到别人的痛苦",同情是"为(for)正在经历痛苦的人感到痛苦"的态度。①

斯洛特指出,他的移情概念对应于休谟的同情概念。众所周知,休谟认为,当我们受到他人情感状态的直接影响时,同情便会使我们参与情感的交流,因此,通过"像他人自身感受到的那样关心他人",我们进入到了"并不属于我们自身的种种情感"②。和休谟一样,斯洛特坚持认为我们能分有(share)他人的感受。不过,斯洛特认为"移情"才是描述这种与其他人类同胞的感受和情感互动的恰当术语。

值得注意的是,移情的这种基本形式与斯洛特的伦理学构想只是间接相关。斯洛特主张,道德赞同和不赞同的关键在于我们对于那些对他人表现出移情性关心的行动主体

---

① Michael Slote, *Moral Sentimentalism*, Oxford：Oxford University Press, 2010, p.15. 加点为原文所强调。

② David Hume, *A Treatise of Human Nature*, David Fate Norton, Mary J. Norton eds., Oxford：Oxford University Press, 2000，p.376.

（agent）①的移情，而非如休谟所言，取决于某事是否因其给我们带来了福祉或损害而直接令人感到愉悦或不悦。为何如此？斯洛特论证道，如果单单由痛苦的经验构成道德不赞同的标准，那么我们就无法确定那些不良后果是由人类行为主体还是由非人实体引起的。斯洛特反对休谟的观点，认为那会使我们在道德上责备巨砾、岩石乃至地震、洪水或飓风之类的无生命物，这当然是荒谬的。②

为了避免休谟的问题，斯洛特诉诸了二阶移情解释。关键之处在于我们对行动主体的移情（our agential empahty），也就是说，我们能否对那些对他人表现出温暖情感的行动主体产生移情，或者说，我们能否对那些缺乏移情的主体表现出的冷漠反应感到心寒。由此观之，我们关心的并不是那些被移情性主体（the empathic agents）移情之人的福祉，而是具有移情性关切的主体本身。如斯洛特所陈述的，我们移情的是"他们作为（潜在的）主体正在感受和/或渴望的事物，而这种移情是道德赞同和不赞同的核心或基础"③。因此，一阶移情和二阶移情的来源截然不同。既然斯洛特的道德理论是基于行动主体对另一行动主体之移情感受的移情，而非直接基于愉悦和痛苦的经验，那么道德关切和责备的范围也就仅被限定在人类主体身上。

斯洛特认为道德判断"既具有客观性又具有动机性"④。道德判断固有的动机性力量可作如下解释：主体性移情（agential empathy）⑤，例如因他人的冷漠而感到心寒，或感受到我们所移情的移情性主体的温暖，确实会影响我们自己的行动；主体性移情会驱使我们在行动中避免冷漠待人并使我们感他人之所感。正如斯洛特所言：

> 因此，赞同和不赞同建立在移情的基础上且自身就参与了道德判断的形成过程，我们提出的这一情感主义思想将有助于解释为什么这种道德判断对我们而言具有动机性力量。⑥

---

① 行动主体（agent）亦可被翻译为能动者，即具有能动性（agency）这一行动能力和自主性的、进行道德判断和作出道德行动的行为者本身，主要强调个体作为道德行为者的自主选择和道德责任，一个具备能动性的个体被视为有责任意识和道德判断能力的主体，故这个概念在本文语境下翻译为"行动主体"。——译者注

② Michael Slote, *Moral Sentimentalism*, Oxford：Oxford University Press, 2010, pp.32－35. 斯洛特在这里借鉴了亚当·斯密反驳休谟理论的一个论证。

③ Ibid., p.34. 加点为原文所强调。

④ Ibid., p.51.

⑤ 即一个对具有移情能力的行动主体所展现出的移情心理状态的移情。——译者注

⑥ Michael Slote, *Moral Sentimentalism*, Oxford：Oxford University Press, 2010, p.54. 斯洛特声称，"移情参与了道德断言的形成过程（因此也参与了对道德断言的理解）"，参见 Ibid., p.51。他将此称为"移情—理解假说"，参见 Ibid., p.52。

我们的道德判断建立在移情的基础上,该观点也能解释种种由来已久的道德观念,例如拒绝拯救在我们眼前溺水的孩子,相较于不向援助机构捐款以帮助外国的孩子,前者在道德上更恶劣。① 我们认为该论断是正确的,因为事实上我们对近在眼前之人的移情比对远处之人的移情更强烈。因此,我们对"道德上更好或更糟"的理解是由我们的移情反应塑造的。②

我们应如何评估斯洛特道德观的这种基本设想呢?让我们先仔细地考察斯洛特归于移情的规范性角色和动机性角色。哲学家通常区分了一门伦理理论的规范性要求和促使一个行动主体满足这些要求的动机。进一步明确这一区分的一种方法在于区分规范性理由(normative reasons)和动机性理由(motivating reasons)。如果我们将这一术语应用于斯洛特的解释,我们得出的结论是规范性理由和动机性理由是同一的:移情既为道德行为提供了规范性理由,同时也激发我们作出道德行动。

声称规范性理由和动机性理由是同一的,这是一种站得住脚的可靠立场。③ 但接受这一立场将使人在伦理学上采取第一人称慎思视角(a first-person deliberative perspective)。④ 因为只有行动主体自身才能把某种规范性理由当作是作出 x 行动的动机性理由,所以需要第一人称立场。

在此,斯洛特的理论就产生了一种显而易见的张力。尽管他以移情为基础的规范性和动机解释使他对道德作出了第一人称解释,但斯洛特却声称道德与第三人称立场有关。"赞同和不赞同的观点",斯洛特告诉我们:

> 典型特征是……第三人称,因为,像法官的概念一样,这会使我们能够区分行动

① Michael Slote, *Moral Sentimentalism*, Oxford:Oxford University Press, 2010, p.52.
② Ibid., pp.52 - 53.
③ 还有其他道德理论以这种方式使规范性理由和动机性理由保持一致。一个例子是克里斯·蒂娜·科斯嘉(Christine Korsgaard)对康德的阐释以及她理解的康德式道德观(例如,参见 Christine Korsgaard, *Creating Kingdom of Ends*, Cambridge:Cambridge University Press, 1996, pp.43 - 76,尤其参见 Christine Korsgaard, *The Source of Normativity*, Cambridge:Cambridge University Press, 1996, p.60ff.)。当然,除了这个共同点外,科斯嘉的道德理论在一些关键方面和斯洛特的立场是相对立的。
④ 道德中的第一人称立场和第三人称立场之间的区别常常以内在主义与外在主义为特征。人们认为道德立场的第一人称解释含有内在主义,而第三人称立场则在维持对他人情感、行为和行动的外部观察者视角上等同于外在主义。我同意该观点。但根据伯纳斯·威廉斯(Bernard Williams)对该术语的使用,"内在主义"常常被理解为致力于通过对道德动机给予以欲望为基础的解释而证成一种纯粹以欲望为基础的道德观。这不是我要捍卫的那种内在主义。据我理解,"内在主义"只是指个体对自己的情感、理由、性情倾向或信念采取的反思性立场。对这些情感、理由等给予反思性、规范性认可,这将使一个人产生行动动机。这样解释规范洞察力和动机之间的关系,将使人把"希望做 x"(如果我们想要这么说)理解为一种纯粹心理的机制。但心理机制无法支持或证成一种"基于欲望的道德"的规范性构想。

主体在决定做什么或选择什么时的第一人称立场,以及我们无需(立即或照此)将自身置于必须决定做什么或选择什么的情况下对行动主体及其行动产生赞同或不赞同反应时发生的一切。①

我们在此需小心谨慎。我并不认为斯洛特在对道德作出解释时在第一人称和第三人称之间摇摆不定。毋宁说,我反对斯洛特对移情感受进行批判性评估时把道德的解释与第三人称立场联系得如此紧密,以至于忽视了"行动主体自身如何决定该做何事"这一问题。再次要说的是:斯洛特仔细区分了两类移情:一类是关心他人幸福或痛苦的行动主体感受到的那种移情,另一类是赞同一阶移情的人感受到的那种移情。如斯洛特所言,在回应一阶主体移情时感受到的二阶移情是其移情伦理学的内核。

在该框架中,移情并没有扮演斯洛特赋予它的动机性角色。

从外在主义的第三人称立场出发,我们仅仅只能说这个人应该做 x,并应由此具有去做 x 的动机。对以移情为基础的道德进行第三人称阐释,这并不能将第一人称规范性归因于移情。这样一来,移情就失去了动机性力量。

斯洛特将道德简化为只是对他人的感受和行动作出评估。我们不再是力图弄清楚我们的移情是否恰当以及我们自己应该做什么的道德行动主体,而只是对他人道德表现的评判者。行动主体自身是否有理由认为她那温暖的移情反应是可被证成的,或者,某一情境是否要求她的不赞同,这样的问题被忽视了。

要将"应该"视为具有规范性的约束力,并因此视之为行动 x 的充分理由,而这一理由会使得一个人有动机去做 x,这样的想法预设了第一人称慎思立场。道德会促使个体进行慎思和决定该做什么。道德与第一人称的能动性紧密相连:行动主体自身须把行动的规范性和动机性联系起来。来自道德观点的慎思会要求一个人判断自己做 x 这件事是否能被证成。如果 x 在规范的意义上能被证成,那么此人就具有某种动机性理由(a motivating reason)去做 x。

道德哲学中存在着将道德立场诠释为第三人称立场的悠久传统。这一传统认为中立于行动主体的(agent-neutral)第三人称解释能确保客观且不偏不倚的视角。因此,其论点在于,道德理由不应仅限于第一人称的主观视角,而且应该是客观的,并在规范性的意义上对所有道德主体都有约束力。道德理由应中立于行动主体。

---

① Michael Slote, *Moral Sentimentalism*, Oxford:Oxford University Press, 2010, p.36.加点为原文所强调。

然而,要求道德慎思应是不偏不倚的且不应受个人纯粹主观的个人偏好和兴趣影响,这并不必然预设了对道德立场的第三人称理解。不偏不倚性的条件也可以在对道德观点的第一人称理解中确立。在第一人称的视角中纳入不偏不倚性,这意味着,作为能对我们的移情反应及由此产生的理由进行反思的行动主体,我们应该以一种不偏不倚和无偏见的方式进行这一反思。但这并不意味着我们要承认外在的第三人称立场。

正如一些哲学家所言,第三人称的道德解释会导致一种纯粹认识论的理由关系,而不是一种需要个体意志参与的、具有确切规范性的理由关系。① 作为评判他人情感和行为的人,我们要评估其是否有理由做 x,而这就使我们与他人的移情反应及理由处于一种认识论关系中。在某种程度上,斯洛特在他的论述中同意了这一观点:

> 这一关于赞同和不赞同的因果性情感主义理论(causal-sentimentalist theory),的确会认为不偏不倚性的条件有助于(在认识论的意义上)澄清既有的温暖或冷漠是否真正构成赞同或不赞同。②

但正如我尝试说明的那样,不偏不倚性与认识论评价的结合排除了道德行动主体反思性的规范立场(the reflective normative stance of the moral agent)。

有人可能会反对说,当斯洛特认为主体性的移情会影响我们的动机时,他不正是从第三人称视角出发为我们提供某种道德动机的解释吗? 然而,这一举措要求我们放弃行动主体产生的移情与评判者的第三人称认识论立场紧密相关这一主张。如果产生二阶移情的行动主体以其对他人的移情的移情为动机,那么他或她就必须采取第一人称的反思立场,同时必须追问自己是否有理由以自己在其他行动主体身上看到的冷漠或温暖为动机。只有这样,主体性的移情才具有规范性,并因此具有动机性。如果二阶移情仅仅是因为(被动地)受他人情感影响,那么就会面临"错误类型理由"的难题。

有趣的是,斯洛特似乎几近承认第一人称观点对道德至关重要,下文尤其具有说服力:

> 我们的道德情感主义强调,[心灵]内部或内在之物是所有道德批评的目标或基

---

① 例如,参见 Stephen Darwall, *The Second-Person Standpoint*: *Morality*, *Respect*, *and Accountability*, Cambridge, London: Harvard University Press, 2006, p.102。

② Michael Slote, *Moral Sentimentalism*, Oxford: Oxford University Press, 2010, p.42. 加点为原文所强调。

础,在这方面它——很讽刺地——更类似于康德的观点,而非休谟(在他某些心境下)的观点以及从(那个)休谟那里汲取灵感的功利主义者的观点。①

然而,斯洛特声称的与康德内在主义的相似之处是错误的。当斯洛特说"我们的道德情感主义强调内在之物"时,他的意思是,我们的道德评价是针对他人的情感和情绪态度。它是批判性的观察者对他人行为及其表现出来的内在移情或冷漠状态的觉察。然而,康德的内在主义与第一人称慎思立场的规范性权威紧密相连。行动主体会反思自身对温暖或冷漠的反应,还会反思自己应该做什么。康德至少试图提供一些程序,使行动主体能回答"何种行为在道德上是合适的"这一问题,但斯洛特却未曾从第一人称慎思立场讨论过规范性问题。②

我们可能会问,斯洛特难道不能结合他对一阶和二阶移情的解释来回答"行动主体应该做什么"这一对道德而言至关重要的问题吗? 当他让步说行动主体必须批判地看待自己的情感时,难道不就是在回应上述疑问吗? 我认为斯洛特的立场可以用这样的方式加以修正。

然而,这种扩展后的解释将要求斯洛特放弃下述主张:反映外部观察者视角的二阶移情是其以移情为基础的伦理学的核心,对于一种可行的、以移情为基础的伦理学而言,对我们的情感进行第一人称的批判性反思是不可或缺的。根据我们面临的情境和事实,我们的移情以及我们的冷漠可以是合适的或不合适的,正确的或错误的。

值得注意的是,休谟的道德理论采纳了一种规范性的概念,这一规范性指引着我们不断修正和完善我们的情感。③ 休谟为我们提供了从第一人称视角出发对我们的情感和性情倾向作出反思性认可的指南。休谟认为,在我们的道德反思中,我们需要"确立一些稳定而一般的观点"来纠正"我们每个人只从自己的特定观点来考察人们的性格和人格"时

---

① Michael Slote, *Moral Sentimentalism*, Oxford: Oxford University Press, 2010, pp.8-9.
② 如前文所述,斯洛特聚焦于二阶移情是为了回应下述反对意见:聚焦于一阶移情会使我们因无生命物体可能造成的消极影响而在道德上责备它们。这一反对意见完全混淆了规范性的问题和道德责任的问题,但斯洛特却如此认真地对待它,这实在令人不解。根据任何对移情和关怀伦理学的合理解读,我们在规范性的意义上都要求以移情的方式对待他人的苦难和痛苦,不管它们是由飓风还是由人类的侵犯行为而引起的。不过,在道德上责备一场飓风无疑会显得古怪。道德是与道德能动性紧密相连的,而道德赞同及不赞同也是针对人类行动主体的。因此,还存在着其他应对这一反对意见的方案。
③ 这样的解释并非毫无争议。许多哲学家都认为我们无法在休谟对道德的反思中找到任何类似于规范性的东西。在他们看来,休谟只是描述了使我们产生各种道德感受和道德情感的心理机制。他对一般原则的诉诸,有时仅仅被解读为一种使我们的道德判断更加规律和融贯的手段。我认为这种对休谟的解读是错误的,不过深究其原因的详细讨论超出了本文的范围。我认为我引用的休谟文本清楚地表明他的目的不仅仅是对道德情感机制的纯粹说明。

在我们的道德判断中可能出现的变化和不一致。① 休谟还说,我们需要通过遵循"冷静而一般的原则"来"支配我们的判断和意见"②。他甚至承认存在着某种理性,这种理性的形式是"种种激情基于某种遥远的观点或反思而作出的一般的冷静的决断",这种形式的理性能够对抗我们的激情。③

总之,我试图表明,斯洛特聚焦于二阶主体性移情,这一聚焦相当于某种第三人称视角,这与他声称移情应该具有规范性和动机性力量的主张并不相容。为了消除这种担忧,如我所言,斯洛特也必须将他提出的以移情为基础的道德理论的规范性标准与第一人称慎思视角联系起来。此外,移情本身不能成为评估移情之适当性的规范性标准。特别是,在判断一阶移情或冷漠能否成为恰当的道德反应时,二阶移情似乎不足以充当检验标准。我们需要二阶移情之外的标准和道德范畴,才能对移情的或冷漠的道德反应之正确性有所认可。

三、道德客观性与道德词项的指称固定解释

斯洛特试图反驳一种常见的批评意见,即道德情感主义包含主观主义。他试图通过提供"一种道德词项的指称固定解释"(这一解释类似于克里普克为自然类词项所提供的解释),由此表明以移情为基础的伦理学并不排斥道德客观性。④ 其想法是,一个词项的含义(meaning)是由该词项的指称固定性(the fixation of the reference)所定义的。

斯洛特的例子是颜色词"红色"。"红色"的指称对象是对红色的经验,这也解释了"红色"这个词的含义。一个人只有借助红色的经验才能理解"红色"的含义。斯洛特提出了一种类似的道德词项解释程序,即通过固定其指称来解释其含义。其论点在于,"正确"(right)这个词指的是移情的温暖感,而除非我们经验到移情的温暖感,否则我们将无法理解"正确"一词的含义。

关心和充分移情的行为之所以正确是因为它引起了温暖的感觉,斯洛特充分意识到仅仅声称这一点是不够的。首先,有人可能反对说,这样的说法等同于某种后验陈述(a posteriori statement),其次,道德正当性(moral rightness)实际上会因此以纯粹主观的感受为基础。但是斯洛特想要表明,他提出的以移情为基础的道德体系意味着,道德判断——

① David Hume, *A Treatise of Human Nature*, David Fate Norton, Mary J. Norton eds., Oxford: Oxford University Press, 2000, pp.372, 371.
② Ibid., p.373.
③ Ibid., p.372ff.
④ 斯洛特在《道德情感主义》第四章中提出了道德词项的指称固定解释。

比如"残忍是错误的"之类的陈述——是先天且客观的判断。因此,通过详细阐述"移情如何使人产生心暖和心寒的感受/情感方面",他试图提供"一种更强有力"的解释。① 而指称固定解释的目的便是支持其论证。

据我理解,斯洛特的论证步骤如下:

(1) 一个拥有道德正当性和/或善好(goodness)概念的人能对他人产生移情,并因此能因他人的行为而感到心暖或心寒,这似乎是先天的。

(2) 任何拥有道德概念的人都将理解什么是移情,并"认识到这样一个分析性的真理(analytic truth),即当我们因他人的移情性暖意而感到心暖时,这包含了某种类型的移情"②。

(3) 由于因他人的热心或冷漠而感到心暖或心寒的现象是如此常见,这样的主张似乎是能得到确保的,即,对移情的某种觉察和认识"对于我们的道德理解而言,也是其基本和必要的一部分,或者说,是先天的"③。

(4) 鉴于步骤3,我们还可以主张"道德善好(或正当性)就是任何能激发以行动主体为指向且由移情机制所传递的心暖感的事物,这是先天的"④。

换句话说,结论是:"道德上好的"或"道德上正确的",诸如此类的词项,其指称是通过其与激发心暖感之原因的关系而被固定下来的。因此,"善好(或正当性)是任何使我们被行动主体展示的暖意而感到心暖的事物",这是先天的。⑤ 由于行动主体的暖意导致了我们的温暖感受,因此根据斯洛特的说法,行为在道德方面的好或正确是由这些行为所展示的行动主体的暖意所构成的。

斯洛特意识到理性主义者或许会拒绝接受上述论证的第一个前提。但他认为自己的论证在整体上是有说服力的,因为人们确实承认移情与道德之间存在某种联系。⑥ 其想法在于,仔细考察关于移情以及我们涉及他人行为的心暖感或心寒感之原因的合理假设,这将有助于我们分析道德正当性或道德善好的含义。此外,在斯洛特看来,指称固定解释

---

① Michael Slote, *Moral Sentimentalism*, Oxford: Oxford University Press, 2010, p.60.

② Ibid., pp.60 - 61.

③ Ibid.

④ Ibid.

⑤ Ibid.

⑥ 以下述解释为例:"某事物可以(被正确地视为)是先天的,尽管一些哲学家否认如此。真相将取决于哲学问题如何被论证并被解决。因此,尽管我刚刚提出的关于什么是先天的主张在哲学上存在争议,而且会被道德哲学中反对(我这种)情感主义的理论家所否认,但对于任何认为本书总体论点令人信服的人或仅仅认为这些论点合理的人来说,就更有可能显得如此。"Ibid., p.60.

揭示了我们所持有的诸如"道德上好的"和"正确的"这些概念与相应经验之间的先天关系,这一解释巩固了对道德词项的上述理解。

指称固定解释实际上起到了什么作用? 它是否真的有助于斯洛特证明道德判断是先天的,因而是客观的? 它是否支持他对"道德上好的"和"正确"的定义?

斯洛特承认,将道德词项与颜色词项进行类比的问题在于,"红色与如此这般波长相关"是后验的。然而,我们也可以根据斯洛特的观点而对颜色词项提出先天性的主张。尽管"红色由如此这般波长引起"这一陈述是后验的,斯洛特认为,"如果如此这般波长引起了关于红色的经验,那么,这种经验是红色的经验",这一陈述是必然且先天的。

但如果我们将这一论点应用于道德术语,那么这意味着什么呢? 在我看来,我们在道德案例中得到的结论是,"如果 x 引起了关于正当性(善好)的经验,那么这种经验就是关于正当性(善好)的经验",这是先天的。当然,根据斯洛特提出的以移情为基础的道德理论,我们必须把 x 填为"情感",或更确切地说,(充分移情的)"心暖感"。所以我们的结论是:如果如此这般的情感引起了关于正当性(善好)的经验,那么这种经验就是关于正当性(善好)的经验。或是:如果心暖感受引起了关于正当性的经验,那么这种经验就是关于正当性的经验。或是:如果主体性移情引起了关于正当性的经验,那么这种经验就是关于正当性的经验。但有待证成的关键假设无疑是,温暖的情感或移情本身导致了道德正当性。

如果我们考察一下斯洛特的上述论证就会发现,缺失的恰恰是对后面那种主张的证成。斯洛特论证中最关键但也最成问题的一步在于下述假设:道德的善好或正当性是"任何使我们因行动主体表现出的暖意而感到心暖的事物"[①]。指称固定解释并无法支持这样的主张:行动的善好或正当性就等于"主体性的温暖",即对展示于行动中的移情的移情。斯洛特的论证或多或少地预设了这一前提。即使我们承认斯洛特所说的移情与我们的道德反应有关,也不能在缺乏进一步论证的情况下就认为移情——或更确切地说主体性移情——本身就等同于道德的正当性。

这种主体性的移情能否引导我们走向道德善好或道德正当性,这似乎非常值得质疑。在许多情况下,主体性移情在道德上是可疑且不合适的。那么,如果某人对我和我的朋友产生了积极影响却在其他方面忽视了他人权利,我会对这个人的一阶移情而移情到什么呢? 对一个因为被自己的施虐对象反抗而处于痛苦的人,我会对这样的人移情到什么呢?

---

① Michael Slote, *Moral Sentimentalism*, Oxford: Oxford University Press, 2010, p.61.

我们的主体性移情往往可能是经过他人的精心操纵和手段而产生的,而主体性移情本身并不能为我们指出摆脱这种情况的方法。

一些担心以移情为基础的道德观念可能只会强化传统性别角色的女性主义哲学家们已经做了很多重要的研究工作。这些工作警醒我们注意下述事实:我们需要对移情经验所处的社会背景进行批判性反思,以确保(主体性)移情不会仅仅只是情绪剥削和自我否认。(主体性)移情本质上是指向他人的,并因此支持了道德判断的自我-他人不对称特征,斯洛特的这一观点会使人进一步担忧,以移情为基础的道德可能无助于揭示和打击种种充满不平等、歧视和性别偏见的社会结构。①

四、结论

反对道德情感主义的一种可能立场是,质疑移情之于道德的重要性。这类批评的典型案例是理性直觉主义(rational intuitionism),即主张真实且可行的道德判断必须只取决于理性洞察(rational insight),而非种种感受和情感。这种意见并没有公正地对待斯洛特对道德情感主义的复杂辩护,尤其是因为斯洛特在尽力满足一些理性主义的要求。

道德情感对我们的道德生活很重要,它们提升了我们的道德意识并指明了道德的相关性。移情和关怀会丰富我们与他人的关系,并会改善我们的社会生活。就此而言,斯洛特为道德哲学作出了实质性的贡献。

但是,我们应该牢记休谟的训诫:理性应该指引我们情感中所具有的"冷静决断"。为了满足休谟的要求,正如我试图展示的那样,斯洛特在反思移情的规范性和动机性力量时必须更加关注道德行动主体的慎思标准,以及对温暖情感和/或纯粹冷漠的回应所提供的理由。

Moral Sentimentalism and the Normativity of Empathy

Herlinde Pauer-Studer

【Abstract】 Michael Slote's theory of moral sentimentalism delves into the moral significance of agential

---

① 关于自我-他人不对称性的讨论,请参见 Michael Slote, *Moral Sentimentalism*, Oxford: Oxford University Press, 2010, p.54。

empathy through "the reference-fixing account of moral terms". His theory not only elucidates the central role of sentiments in shaping moral judgments but also argues forthe a priority and objectivity of these judgments, thereby underscoring the importance of empathy in normative ethics and metaethics. While Slote's reliance on agential empathy and the reference-fixing account addresses some of the challenges associated with the normativity of empathy, his empathy-based account of moral normativity and moral motivation still need to reconcile the inherent tension between firstpersonal and third-personal reading of the moral standpoint, as well as further justify the moral significance of agent-relative empathy. Therefore, in considering the normativity and motivational aspects of empathy, Slote must pay closer attention to the deliberative standards of the moral agents and the intrinsic relationship between sentimental feelings and normative reasons.

【Keywords】 Moral Sentimentalism, Agential Empathy, Second-Order Empathy, Moral Normativity, Moral Motivation

【贺腾主持:古代中世纪的生活方式理论(下)】

导语[①]:

法国古代哲学史家皮埃尔·阿多(Pierre Hadot)认为,古代哲学应该被视为一种"生活方式"(Way of Life)。因为古代哲学不仅仅关注纯粹的思考和逻辑的思辨,更关注自我的塑造、自我关怀和生命实践等议题。此外,阿多指出,由于中世纪经院哲学的影响,哲学与神学、生活方式与哲学的专业训练被割裂,导致哲学作为生活方式的内涵丧失。

阿多的这一命题在国际学界产生了广泛而深远的影响。从事古代晚期及中世纪哲学研究的学者,如迪奥·克布什(Theo Kobusch)、克里斯托夫·霍恩(Christoph Horn)、安德烈亚斯·施佩尔(Andreas Speer)、米歇尔·沙斯(Michael Chase)等,都纷纷对这一哲学史方法进行回应和进一步发展。综合来看,阿多所阐述的古代哲学作为生活方式可能受到两个方面的批评:首先,并非整个古代哲学都将哲学视为生活方式,或许阿多的理论只能准确描述希腊化时代的哲学;其次,阿多认为经院哲学区分了哲学和生活方式,但这显然忽略了经院哲学中的实践面向。

本专栏的文章呈现了复旦大学哲学学院 2022 年组织的"中世纪哲学系列讲座"文章的翻译稿。这个系列讲座以阿多的哲学研究方法为框架,呈现了古代哲学、早期教父哲学以及中世纪哲学的生活方式理论,不仅凸显了阿多在西方哲学史研究中的影响,同时也展示了不同学者对阿多理论的修正和补充。

本专栏文章分为三个主要部分。第一部分是生活方式理论的方法论基础。这一部分的首篇文章由法国国家科学研究中心的米歇尔·沙斯研究员撰写。作为阿多著作的英译者,沙斯教授对阿多的理论非常熟悉。在他的报告中,他全面介绍了阿多对古代哲学的关键术语,如精神修炼、向逻各斯看齐以及与宇宙合一等。

第二部分涉及古代哲学及早期基督教的生活方式理论的思想史论述。这一部分的首篇文章由克里斯托夫·霍恩教授撰写,他主要从柏拉图哲学出发,总结了柏拉图主义及奥古斯丁关于生活之艺的讨论。在这篇文章中,我们可以看到柏拉图主义哲学与早期基督

---

① 本栏目主持人简介:贺腾,复旦大学哲学学院青年副研究员,主要研究方向为教父哲学及中世纪哲学。限于篇幅,本期刊出 4 篇,另 4 篇已于《伦理学术》第 16 期刊出。

教哲学之间具有非常重要的融合度。霍恩认为奥古斯丁也追随了新柏拉图主义关于生活技艺的教导。第二篇文章由牛津大学的约翰内斯·扎克胡伯(Johannes Zachhuber)教授撰写,展示了早期基督教神学作为生活方式的一面。然而,他认为阿多的理论不能完全描述早期基督教神学,尤其不能完整刻画其中的哲学实践的公共性维度,即教会的维度。第三篇文章来自明斯特大学的阿尔冯·福尔斯特(Alfons Fürst)教授,他主要展示了奥利金的释经学理论,并将其视作为一种生活方式。第四篇文章是由香港中文大学的任卓贤博士撰写,讨论了大巴西尔关于动物理智的问题,提供了一个早期教父关于人和动物之间区别的思考视角。

第三部分专注于中世纪哲学对生活方式的讨论,着重关注中世纪哲学中的拜占庭传统、拉丁传统以及德国神秘主义传统。这一部分的首篇文章由保加利亚索菲亚大学的乔治·卡普列夫(Georgi Kapriev)教授撰写,探讨了汉语学界相对陌生的"拜占庭哲学",在一定程度上揭示了该领域的基本问题,特别是展示了哲学与神学之间的密切关系。第二篇是由科隆大学的安德烈亚斯·施佩尔教授以案例研究的方式介绍13世纪巴黎大学关于智慧问题的论战,讨论了四位哲学家对知识和智慧的不同定义。第三篇是约翰内斯·布拉赫滕多夫(Johannes Brachtendorf)教授探讨了奥古斯丁与埃克哈特的比较,展示了埃克哈特对奥古斯丁思想的改造和对神秘主义哲学的推进。

通过上述几篇文章,我们了解到哲学作为生活方式的理论视角是如何从古代哲学传统通过早期基督教教父传承至中世纪哲学的。在当今高度学科化、专业化的学术环境下,通过了解和学习这一传统,我们得以进一步探讨哲学的本质是什么。该系列讲座主要在线上举办,正值疫情期间在一定程度上陪伴着复旦学子度过了异乎寻常的艰难时刻。希望该专栏的几篇译文可以将西方哲学的生命关怀进一步推广到汉语学界。

柏拉图主义与奥古斯丁论生活艺术

［德］克里斯托夫·霍恩①(著)

彭昱森②(译)

【摘要】 正如一些学者在过去 30 年中所指出的,古希腊和古罗马哲学首先应被视为"生活方式"或"生活艺术"。如果这种观点是正确的,古代哲学基本上就是关于我们的自我形塑。因此,我们应将其视为某种精神修炼。如果这些学者的观点是正确的,古代的自我管理和自我形塑思想既是基于论证,也是基于修炼。本文简述柏拉图学派历史中关于生活艺术的主题。它包括柏拉图本人(以及在某种程度上,我们认为的作为历史人物的苏格拉底的教导),继而是希腊化时期的学园派以及罗马帝国时代的柏拉图主义,以及古代晚期的异教和基督教思想。

【关键词】 柏拉图主义,奥古斯丁,生活艺术,自我形塑

正如一些学者所指出的,近 30 年来,古希腊和罗马哲学首先应被视作"生活方式"或一种"生活艺术"(τέχνη του βίου/ars vitae)。倘若所言非虚,古代哲学基本上关乎我们的自我形塑(self-transformation),那么,我们应该视其为某种精神修炼。③ 倘若这些学者的观点是正确的,那么,论证与操练是古代的自我管理与自我形塑的共同基础。论证涉及我们对生命的态度,其短暂性、偶然性及脆弱性,以及我们理应追随的善与回避的恶。在该传统中践行的操练是哲学的思想实验、想象与文学惯例,旨在令参与者改变态度。例如,皮埃尔·阿多(Pierre Hadot)划分了哲学生活艺术的四种基本策略,安置于不同的古代学派,归纳为四个"学会",依次是学会生活、学会交谈、学会死亡和学会阅读。这四个

---

① 作者简介:克里斯托夫·霍恩(Christoph Horn),德国波恩大学实践哲学与古代哲学讲席教授,主要研究领域为柏拉图哲学、奥古斯丁哲学、康德哲学等。本文译自作者于 2022 年 5 月 13 日在复旦大学哲学学院所做的讲座。

② 译者简介:彭昱森,南开大学哲学院讲师,主要研究领域为古代晚期圣经解释、古代晚期及中世纪哲学。

③ 参见 Pierre Hadot, *Exercices spirituels et philosophie antique*, Paris：Albin Michel, 1981; *Qu'est-ce que la philosophie antique?* Paris：Gallimard, 1995。André-Jean Voelke, *La philosophie comme thérapie de l'âme. Etudes de philosophie hellénistique*, Paris：Cerf, 1993; Martha C. Nussbaum, *The Therapy of Desire：Theory and Practice in Hellenistic Ethics*, Princeton, NJ：Princeton University Press, 1994; Christoph Horn, *Antike Lebenskunst. Glück und Moral von Sokrates bis zu den Neuplatonikern*, Munich：C. H. Beck, 1998; Alexander Nehamas, *The Art of Living：Socratic Reflections from Plato to Foucault*, Berkeley and Los Angeles：University of California Press, 1998; John Sellars, *The Art of Living. The Stoics on the Nature and Function of Philosophy*, London and New York：Ashgate, 2003。

方面的精神修炼被认为是个人形塑的基础,一旦成功,也是一种好生活的担保。然而,阿多相信,这些操练的具体内容因学派而异,却始终能根据各自对好生活的定义来理解。

在本次演讲中,我将简述柏拉图学派历史中的"生活艺术",包括柏拉图本人(以及在某种程度上,我们所认为的作为历史人物的苏格拉底的教导),然后是希腊化时代学园派的思想、罗马帝国时期以及古代晚期(异教和基督教)的柏拉图主义。

一、柏拉图论生活艺术:几个基本主题

生活艺术范式的实际出现并非希腊化时代的一种现象,而是必须以柏拉图笔下的苏格拉底与柏拉图本人为背景来理解。① 当我们在(柏拉图的)苏格拉底那里发现生活(βίος)、技艺、逻各斯、操练等概念时,从随后的哲学发展回溯其本义十分重要。

在柏拉图早期哲学概念中,可以发现有关自我关心(self-care)和生活艺术概念的不少痕迹。它们似乎部分地溯及苏格拉底,部分地有其非苏格拉底——即使该区分很难被精确断言——渊源。哲学在于理性地省察自己及他人的生活行为,②这一想法可能源于苏格拉底,"对人而言,未经省察的生活是不值得过的"③。因此,哲学意味着"关心灵魂"(ἐπιμέλεια τῆς ψυχῆς)④,即试图形成一种和谐的人格。这种测试方法的例证见于柏拉图的《拉克斯》(Laches)。在这篇对话中,苏格拉底据说引导他的每位对话者"不停地交谈,直到对方不得不向他说明如今以及之前是如何生活的"⑤。柏拉图认为,哲学家只是在通往智慧的途中,真正的智者无须哲学思考,这似乎也与苏格拉底,亦即妇孺皆知的"无知"有关。哲学家以"爱欲者"(eroticist)的姿态显现,⑥自身一无所知,但为了逐渐获得真正的知识而寻求教育、操练与启迪。再者,哲学家的活动被描述为利他的"助产术"(midwifery):他自身依旧不育,只限于"接生"他人的精神之"子",并测试他们是否适合生活。⑦ 此外,历史的苏格拉底形象似乎关涉柏拉图理想的真正的自我知识、适当的自我评估。德尔斐的阿波罗神庙内著名的铭文"认识你自己"(γνῶθι σεαυτόν)在柏拉图作品中以哲学的解释出现。柏拉图在《斐德若》(Phaedrus)中说,只要没有遵循德尔斐的号召去

---

① 参见 Voula Tsouna, "Die stoische Lebenskunst und ihre platonischen Vorläufer," G. Ernst ed., *Philosophie als Lebenskunst. Antike Vorbilder*, *moderne Perspektiven*, Berlin: Suhrkamp Verlag, 2016, pp.161 – 206。
② Plato, *Apology* 28e.
③ Plato, *Apology* 38a.
④ Plato, *Apology* 29e, 30b;类似的"灵魂治疗"(ψυχῆς θεραπεία),参见 Plato, *Laches* 185e。
⑤ Plato, *Laches* 187e.
⑥ Plato, *Lysis* 218a 与 *Symposium* 203e。
⑦ Plato, *Theaetetus* 148e – 152d.

认识自我,就没有必要为其他事物操心;人必须首先知道自己在本质上是野兽,抑或高贵、神圣的生命。① 与德尔斐的主旨相近,"自我指涉的知识"也在《卡尔弥德》(Charmides)中被讨论,其中,关于自己的学问(ἑαυτοῦἐπιστήμην)②与审慎(prudence),即慎重的行为有关③。在哲学的生活艺术意义上,对自我知识这一主题的明确讨论尤见于《阿尔喀比亚德前篇》(Alcibiades I)的"眼喻"(allegory of the eyes)。其中,自我知识等同于柏拉图的"关心自己"(care for oneself)或"关心自己的灵魂"(care for one's own soul)。④

也许这些观点能归于真实的苏格拉底。其他还有许多方面应该作为柏拉图的生活艺术概念的佐证。首先,"练习死亡"是重要的;柏拉图认为,"真哲学家"毕生努力"不为别的,无非求死与承受死亡"⑤。哲学遂被描述为"练习死亡"(μελέτη θανάτου)⑥。于是,哲学获得了一种救赎功能,不仅确保今生的幸福,而且应当带来死后的最佳生活。那么,它在今生赋予哲学家德性之知,使他在拥有德性时就能保证其幸福,这在《高尔吉亚》(Gorgias)及《理想国》(Republic)中均有论述。此外,尽可能"与神相似"(ὁμοίωσις θεῷ)也很重要,柏拉图一再强调这是哲学努力的目标。⑦ 继而,柏拉图构建了一个哲学塑造人格的显著概念:哲学家拥有真知识(ἐπιστήμη),而非单纯的意见(δόξα),因为其知识的对象被认为是不变的,"始终如一"。哲学家与智术士形成对比,后者被描述为不是魔术师就是骗子。根据著名的洞喻,某人必须做出改变或转化(περιαγωγή, περιστροφή)才能成为哲学家。据此而论,哲学代表灵魂的上升(ἐπάνοδος)。⑧ 诚然,在普通人眼中,哲学家因其与日常世界的疏离而显得与生活格格不入。⑨ 哲学之于柏拉图意味着一种决定生活的知识,这与其哲学概念的源头问题,以及所牵涉到的种种迹象能否拼凑成一幅一致的图像无关。

更多的证据见于柏拉图学园,老学园派。托名柏拉图的《定义集》(Definitions)源自柏拉图众弟子,其中,哲学被描绘为:(1)"奋力获取对永恒存在的知识",(2)"对真之为真的静观态度"与(3)"从容地关怀灵魂"。⑩ 这三条结论显然都将哲学家与真正的知识联系

① Plato, *Phaedrus* 229e.
② Plato, *Charmides* 165d.
③ Plato, *Charmides* 166c, 169b.
④ Plato, *Alcibiades I* 129a.
⑤ Plato, *Phaedo* 64a – b.
⑥ Plato, *Phaedo* 81a1.
⑦ Plato, *Theaetetus* 176a.
⑧ Plato, *Republic* 518d 和 521c。
⑨ Plato, *Republic* 487d;Plato, *Theaetetus* 173c 及以下。
⑩ *Definitions* 414b.

在一起。

应该明确指出柏拉图式生活艺术的两个特点:(1)在柏拉图的著作中,生活艺术的概念几乎总与灵性或宗教氛围有关,这是一种超脱世俗的倾向;(2)尽管如此,某人要求自我形塑的修炼几乎尽是理智的(intellectual)操练,我们找不到明确的非认知操练的迹象。

二、罗马帝国时期及古代晚期异教柏拉图主义

关于希腊化时代的"新学园",我可以在此略加说明。其哲学怀疑论似乎遵循生活艺术范式,就此而言,与独断论的理论距离被视为通往幸福之路。远离任何坚定的信念被视为自我解放的方式,这一看法——与皮浪主义的怀疑论者如出一辙——至关重要。

就早期帝国和古代晚期的作者及学派而言,主张他们对哲学的自我理解是生活艺术起初似乎不太合理。原因有二:其一,希腊化时代、帝国时期与古代晚期之间并无不间断的制度连续性,因此,教学上的连续性存在与否不无疑窦。其二,罗马帝国的哲学学派对教授正统、培养传统、评注文本和综合各家立场的兴趣程度令人惊讶。他们似乎主要对古典希腊哲学抱有教育兴趣,这种哲学措辞保守而系统协调。

然而,值得注意的是,希腊化传统始终在延续,公元 3 世纪的伊壁鸠鲁学派①即为一例。帝制时期的斯多亚主义者塞涅卡(Seneca)、马可•奥勒留(Marcus Aurelius)与爱比克泰德(Epictetus)也提供了很好的例子,说明生活艺术模式从未失去吸引力。除了他们,生活艺术与对灵魂的指导的概念也被证明对古代晚期的新柏拉图主义具有决定性的意义。波菲利(Porphyry)撰写的普罗提诺(Plotinus)传记即为一例,普罗提诺在其中被描绘为一位智识、灵性与仁慈的教师,他"对自身的关注"($τήν$ [$γε$] $πρòς ἑαυτòν προσοχὴν οὐ κ···ἐχάλασεν$)②从未懈怠。在罗马的贵族阶层中,无数青年师从普罗提诺。据说他总能对自己广泛的交际圈施以援手。③ 同样重要的是,普罗提诺计划兴建一个名为"柏拉图波利斯"(Platonopolis)的理想社区,他设想与弟子们在那里一同按照柏拉图的原则生活。④

普罗提诺著作中包含一则著名的"神秘"片段,即《九章集》(Ennead IV 8 [6] 1.1 - 10),其中清晰地显现了超脱世俗的柏拉图精神:

---

① 参见 Michael Erler, " Epicureanism in the Roman Empire," James Warren ed., *The Cambridge Companion to Epicureanism*, Cambridge: Cambridge University Press, 2009, pp.46 - 64。

② Porphyry, *Vita Plotini* 8, pp.20 - 21.

③ Porphyry, *Vita Plotini* 9.

④ Porphyry, *Vita Plotini* 12.

一次又一次，当我从身体中醒来，进入自身，把其他留在身后，进入我的自我，我看到一种奇妙的巨大的美，并在这一时刻相信自己实际上属于更高的领域；我实现了最高的生命，与神性合一，并建立在它的基础上。因为我已经达到了更高的实际，并确定我的状况高于除了精神之外的一切；在神性中静止的状态之后，当我从精神中下降到演绎思维时——那时，我必须不断问自己：我现在的这种下降是如何做到的？这个灵魂尽管停留在身体中，仍然向我展示了它的高尚存在，因为它是为自己而存在的，而我的灵魂曾经是如何进入身体的？

普罗提诺提问：鉴于我们所有人的根源在天上，如何理解其灵魂的下降？因此，他想知道灵魂如何上升以返回超验实在。"生活艺术"之于普罗提诺就意味着一种自我简化(ἄφελε πάντα)策略与"从太一向太一的飞跃"(φυγὴ μόνου πρὸς μόνον)。以下文本更加清晰地展现了普罗提诺践行其生活艺术的方式：

因为根据灵魂的本质，它不可能达到纯粹的非存在；但当它下降时，它进入邪恶，从而进入非存在。另一方面，如果它向相反的方向运行，它不会到达别处，而是自身，因此，既然它不在他者中，它就不可能在无中，而只在它自身中。且只在自身中，不在那作为存在的某物中：当一个人与"彼在"打交道时，他就成为自身，不再是存在，而是超在。如果有人在这种状态下看到自己，那么他在自己身上就相似于"彼在"，如果他从作为形象的自我进入原型，那么他就抵达了旅程的目标。如果他消失在视线之外，重新唤醒自身的美德，如果他意识到自己被秩序和形式的美德所影响，他会再次变得光明，他通过美德，提升到理智和智慧；通过智慧，提升到"彼在"。这就是诸神和神圣而至福之人的生活，与这里的其他一切隔绝，一种不渴望尘世的生活，太一对太一的逃避。①

我已经提到，普罗提诺既是哲学教师，也是其弟子的精神向导。类似的关系也见于新柏拉图主义者普罗克洛(Proclus)和他的老师叙利亚努斯(Syrianus)，普罗克洛称其为"灵魂的向导"(ἡγεμών)。对他来说，叙利亚努斯是"一切善与美的向导"②。晚期新柏拉图主义者视毕达哥拉斯(Pythagoras)——前苏格拉底哲学家中的半神话人物——为精神向

---

① Plotinus, *Ennead* VI 9 [9] 11.34 – 50.
② Proclus, *Theologia Platonica* I 1.

导的原型。他被描述为一种生活艺术——基于音乐、素食和苦行的自限的不同技术——的创始人。波菲利的弟子扬布里柯(Iamblichus)写过一段很精彩的话:

> 因此,音乐完成了这种毕达哥拉斯式调整。但是,通过各种研究,对推理的理性以及整个灵魂的另一种净化是(通过苦行)实现的。他有一个总体概念,即训导与研究应该意味着某种形式的劳作。因此,他仿佛立法者,颁布了最不同性质的裁判、惩罚和火与剑的约束,因为先天的放纵,或对占有的顽固欲望,皆是既不能忍受也不能维持的堕落。此外,他的伙伴们被勒令戒除所有肉食,以及任何阻碍理性能力的真正能量的其他食物。他还要求他们禁止说话,恪守静默,让他们长年累月地征服舌头,同时勤奋刻苦地研究和琢磨最困难的定理。因此,他还命令他们戒酒,控制饮食,少睡,培养对名声、财富和类似事物的天然蔑视;毫不掩饰地尊重那些应受尊重者,真正地对他们的同龄人做到民主的同化和诚恳,以礼貌、鼓励、不嫉妒对待后辈。①

另一个层面的生活艺术是所谓的"通神"(theurgy)。通神是晚期新柏拉图主义的一系列神圣操练,理论上由扬布里柯和普罗克洛制定并捍卫,也可以理解为某种精神修炼。我们可以将通神理解为过渡性的崇拜和仪式,参与者可以借此接触诸神。扬布里柯的观点如下:

> 不是思想联结通神者与诸神。因为,能有什么阻止沉思的哲学家与诸神实现神通的合一呢? 但是,情况并非如此。它是不可言喻的、高于一切思维活动的神的适度的圆满,是只有诸神才能理解的无声符号的力量,借此实现神通的合一。因此,它们不是通过我们的思想来实现的;倘若是那样,它们的力量将是精神性的,并取决于我们;但二者都不是真的。因为没有我们的思想,符号本身以其自身的力量工作,而被指向的、诸神不可言喻的那些力量就会以它们自身的图像识别自身,而不被我们的思想唤醒。②

我们在这段引文中发现了一套清晰的非理性的自我形塑策略。晚期新柏拉图主义摒弃了柏拉图和普罗提诺所捍卫的纯理性主义方法,为非认知性的自我神化途径留有余地。

---

① Iamblichus, *Vita Pythagorae* 16,68 - 69.
② Iamblichus, *De mysteriis* II.11 [96, 13 - 97, 11].

三、柏拉图主义与基督教

基督教与古代哲学之间的互动不能被归纳为冲突论或调和论。这要从《新约》本身不含对哲学的拒斥——与表面的印象相反——说起。看似显示出反哲学倾向的保罗作品（即哥2:8与林前1:17－21;3:19）绝非拒斥哲学整体，而是反对个别学说。此外，如果有人想以《登山宝训》(Sermon on the Mount)中的名言"不要为你们的生命[灵魂]忧虑……"（太6:25以下）拒斥哲学的自我关心，那将是一种误解。这里指的只是关心日常物品，只有焦虑和以自我为中心的物品积累被拒斥。反之，如果认为耶稣对醒悟和"准备着"（可13:35以下及平行经文）的呼吁与对精神注意力的哲学训练几近相同，那同样是夸大其词。在《新约》语境中，末世临近的期待构成了这种对醒悟之劝勉的背景。事实证明，《新约》对生活艺术的哲学模式持中立态度。因此，对基督徒来说，赞成和拒斥古代哲学是同样可能的。其实，这两种趋势在相当程度上都存在:希腊教父倾向于积极看待哲学，而依据保罗对"世俗的"或"异教的"智慧的拒斥盛行于拉丁西方世界。

自公元2世纪下半叶以来，许多希腊护教者以积极的态度接受哲学概念与论证手段。一方面是出于对声誉的考虑。放弃哲学的概念资源会使基督教具有庸俗派别的特征;无论如何，在塞尔苏斯(Celsus)和波菲利的反基督教论文中，受过教育的异教公众对基督教的嘲讽清晰可见。因此，基督教作家在创作时对异教哲学进行了鉴赏、工具化、高估和否定，但这主要是基于其理性手段。另外，古代哲学具有实用性这一事实本身似乎也架起了通往基督教的自我理解的桥梁。另一方面，宗教、智慧和救恩的教导可以为自己赢得"哲学"之名，这一现象比基督教更加古老。希腊化时代的犹太教和诺斯替主义已经证明了这一点，尤其是亚历山大里亚的斐洛(Philo of Alexandria)，他综合宗教启示和哲学，令人印象深刻。他将圣经中的论点与理性结合，并使用柏拉图和斯多亚学派的术语来释经，为基督教作者树立了重要典范。

基督教护教者对哲学的有意识形塑始于殉道者犹斯丁(Justin Martyr)，他在皈依前是哲学家，甚至之后也保留了这一自我称谓;他甚至从柏拉图传统中挪用了"真哲学"(vera philosophia)的表述，从而将基督教完全定性为哲学。因此，犹斯丁表达了如下信念:异教哲学在基督教中得以完成。因为基督徒"与逻各斯[即与基督]一同生活"(μετα λόγου βιοῦντες)，他们是犹斯丁心目中"真正的哲学家"①。亚历山大里亚的克莱门(Clement of

———

① Justin, *Apology* 46, PG 6, 397.

Alexandria)尤其在他的《缀锦》(Στρώματα)中深入阐述了"基督教即真哲学"的观点。克莱门言及"医治人类"(περὶ τους ανθρώπους θεραπεία),以道德提升、洞察与得救为旨归。① 我们在《缀锦》II.20中发现如下段落:

> 因此,我们必须自我操练,小心那些属于激情力量的事物,像那些真正的哲学家一样,远离那些引起情欲的食物,以及富丽堂皇之中的放荡;那些趋向于奢侈的感觉,对别人来说是一种实在的回报,对我们来说就不能再如此。因为天主最大的恩赐是自我克制。经上记着说:"我决不离开你,也决不弃舍你。"(希13:5)他已经透过真正的拣选判断你值得如此。因此,当我们试图虔诚地前进时,我们要背起主的柔和的轭,源于信德,而又归于信德,一位驭手带领我们每个人走向拯救,为的是赢得至福之果。按照科斯的希波克拉底的说法,"锻炼不仅指身体的健康,而且是灵魂的健康——勇敢劳动——饥肠辘辘"。

在这里,为了证实哲学所带来的身体健康和灵魂健康之间的相似性,克莱门引人瞩目地援引了异教徒医生希波克拉底(Hippocrates)的话。此外,希腊东方的奥利金(Origen)也是这一时期以实践和苦修的方式构想基督教哲学的主要代表。奥利金对哲学中的生活艺术的理解是具体的,尤其是据称奥利金"践行着最高程度的哲学生活,或是通过禁食的操练,或是通过限制睡眠时间"②。此外,凯撒利亚的巴西略(Basil of Caesarea)在《致青年》(Pros tous neous)中捍卫古代教育对基督徒生活的价值;再者,他的《宗教生活指导》(Ascetica)显著地影响了东方的修道生活。柏拉图式与神相似的母题对早期教父的哲学神秘主义影响甚巨。此外,基督教保留了伊壁鸠鲁学派(Epicureanism)中的"直言"(parrhesiastic)传统、苦修精神的理论与实践、"智慧大师"形象。③ 在拉丁西方世界,安波罗修(Ambrose)、马留斯·维克托利努斯(Marius Victorinus)和奥古斯丁(Augustine)特别积极地借鉴哲学。奥古斯丁仿效西塞罗(Cicero)将"哲学"译为"对智慧的求知欲"(studium sapientiae)或"对智慧的爱"(amor sapientiae),也证明除了基督教之

---

① Clement of Alexandria, *Stromata* VII.1.3.1.

② Eusebius, *Church History* VI.3.9.

③ 参见 *Apophthegmata Patrum*,参见 Pierre Hadot, *La citadelle intérieure. Introduction aux pensées de Marc Aurèle*, Paris: Fayard, 1992, pp.48 - 65。

外,柏拉图主义同样不仅是一种"此世的智慧"①。

基于基督教的苦修精神本质上是哲学的想法,一份极其出色的文本描述了一位圣洁的贞女玛格丽娜[Macrina,尼撒的格里高利(Gregory of Nyssa)和巴西略的妹妹]的一生:

> 她们的生活秩序如斯,高阶的哲学如斯,她们日以继夜的神圣的生活行为如斯,无法用语言形容。因为正如灵魂因死亡而脱离肉身,同时也摆脱了今生的烦恼,她们的存在也远离这些事物,回避生活的一切虚荣,并以和谐的方式效法众天使的生活。愤怒、嫉妒、仇恨、傲慢之类的激情在她们身上无影无踪,对非实体的愚蠢事物的欲求,对荣誉、荣耀、妄自尊大的渴望,对凌驾于他人之上的需求,凡此种种,一概被连根拔起。她们以自我控制为乐,以默默无闻为名,她们的财富是一无所有,并散尽过剩的物品,仿佛身体上的灰尘;她们的劳作与今生无关,除非是次要的任务。她们只关心神圣的实在,不住祈祷、不停吟唱圣诗,日以继夜,在她们看来既是劳作又是休息。②

我们在这段以及许多类似的引文中均能发现古代哲学的生活艺术被基督教化或"净化"(baptized)的形式。

四、奥古斯丁论生活艺术

最后,让我们概览诸教父中最重要的奥古斯丁。他对哲学之为生活艺术的态度独特而影响甚巨。

4世纪,基督教作者中似乎出现了对哲学的实际成就的蔑视。此前,甚至殉道者犹思丁也承认,赫拉克利特(Heraclitus)、苏格拉底等非基督徒过着"依照逻各斯"的生活。相反,多曼斯基(Juliusz Domanski)表明,我们在金口约翰(John Chrysostom)的作品中发现对异教徒的道德实践的恶评,包括对苏格拉底或犬儒派的第欧根尼(Cynic Diogenes)的论战。③ 金口约翰断言,哲学家的道德实践较之基督徒低劣而微不足道。据此,他日益倾向于如下看法:将哲学的价值局限于理论的地盘,并将伦理和宗教实践完全留给基督教。像金口约翰这样对哲学的生活形式的贬低也见于晚期奥古斯丁。奥古斯丁还断言古代的德

---

① 参见 Therese Fuhrer, *Augustin contra Academicos*:(*Vel de Academicis*)*Bücher* 2 *und* 3, Berlin and Boston: de Gruyter, 1997。

② Gregory of Nyssa, *Vita Sanctae Macrinae* 11.13 – 33.

③ Juliusz Domański, *La philosophie, théorie ou manière de vivre? Les controverses de l'Antiquité à la Renaissance*, Paris: Cerf, 1996, p.29.

性概念不足以获得幸福,以及哲学家的道德失败。他认为,哲学家们的德性不以上帝为基础,故不完美,甚至更可能被归为邪恶(邪恶甚于德性,*vitia…potius quam virtutes*①)。奥古斯丁的这一判断并非一概贬低,只是意味着古代的德性实践只有在基督教恩宠概念的背景下才能获得完整的意义。为了证明基督教在理论与实践上俱是对哲学的完善,教父本人仍然在很大程度上受到古代的自我关心模式的影响;哲学之于奥古斯丁也是一种"灵魂修炼"(*exercitatio animi*)②。然而,由于金口约翰与奥古斯丁的负面评断,准备放弃生活艺术模式,转而选择一种排他的虔诚的宗教实践是大势所趋。

倘若我们对比奥古斯丁《忏悔录》(*Confessions*)中两个耐人寻味的片段,就会发现哲学中的论证操练同个人形塑之间的密切联系。一方面,奥古斯丁在《忏悔录》Ⅶ.17.23中将米兰(Milan)的上升描述为受到阅读柏拉图派学者的著作(*Platonicorum libri*)的启发;另一方面,他在《忏悔录》Ⅸ.10.24-25中讲述了母亲莫尼卡(Monnica)临终前与之在奥斯提亚(Ostia)分享的神秘体验。起初,他仍是异教徒,接着,他已经皈依基督教。这两次神秘体验之间有标志性区别吗?他在《忏悔录》Ⅶ.17.23中告诉我们:

> 我研求着将根据什么来衡量天地万物的美好,如何能使我对可变的事物作出标准的评价,确定说:"这应该如此,那不应如此。"我又研究着我是根据什么下这样的断语的,我发现在我变换不定的思想之上,自有永恒不变的真理。这样我逐步上升,从肉体到达凭借肉体而感觉的灵魂,进而是灵魂接受器官传递外来印象的内在力量,也是禽兽所具有的最高感性。更进一步,便是辨别器官所获印象的判断力,但这判断力也自认变换不定。因此即达到理性本身,理性提挈我的思想清除积习的牵缠,摆脱了彼此矛盾的种种想象,找寻到理性,所以能毫不迟疑地肯定不变优于可变,是受那一种光明的照耀——因为除非对于不变有一些认识,否则不会肯定不变优于可变——最后在惊心动魄的一瞥中,得见"存在本体"。这时我才懂得"你形而上的神性,如何能凭所造之物而辨认洞见",但我无力凝眸直视,不能不退回到原来的境界,仅仅保留着向往爱恋的心情,犹如对于无法染指的佳肴,只能歆享而已。

奥古斯丁完全按照新柏拉图主义的精神描述了一个抵达可理解的实在的系统方法。他的上升始于"内在力量"(*interiorem vim*),然后到"推理能力"(*ad ratiocinantem*

---

① Augustine, *De civitate Dei* XIX 25.
② Augustine, *De trinitate* XI - XIII.

potentiam)；通过有条不紊地使自身注意力脱离"矛盾的幻象"（contradictory phantasms），最终抵达"存在本体"（ad id quod est）。

以下是《忏悔录》IX.10.24 的核心段落：

> 我们的谈话得到这样一个结论：我们肉体官感的享受不论若何丰美，所发射的光芒不论若何灿烂，若与那种生活相比，便绝不足道；我们神游物表，凌驾日月星辰丽天耀地的穹苍，冉冉上升，怀着更热烈的情绪，向往"常在本体"。我们印于心，诵于口，目击神工之缔造，一再升腾，达于灵境，又飞越而进抵无尽无极的"膏壤"；在那里，你用真理之粮永远"牧养着以色列"，在那里生命融合于古往今来万有之源，无过去、无现在、无未来的真慧。真慧既是永恒，则其本体自无所始，自无所终，而是常在；若有过去未来，便不名永恒。我们这样谈论着，向慕着，心旷神怡，刹那间悟入于真慧……

奥斯提亚异象也是一次系统的、有条不紊的朝向上帝的上升。此处，奥古斯丁强调，只有通过"神游物表"［erigentes nos（…）in id ipsum］，才能实现"冉冉上升……向往'常在本体'"的过程，以进抵圣智之无误真理。这一对照清楚地表明，奥古斯丁哪怕在其神学的顶点，即认识神，依旧保留了自我管理和自我形塑的哲学传统。

Art of Living in Platonism and in Augustine

Christoph Horn

【**Abstract**】 As several scholars pointed out, during the last three decades, ancient Greek and Roman philosophy should be seen, first and foremost, as 'way of life' or as an 'art of living' (technê to biou, ars vitae). If this is correct, ancient philosophy was basically about our self-transformation. We should see it then as some sort of spiritual exercise. Provided that these scholars are right, the ancient idea of self-management and self-transformation is based on arguments as well as on exercise. In this talk, I will provide a short overview of the motif of the art of living within the history of the Platonic school. It includes Plato himself (and, to some extent, what we believe the historical Socrates taught), then Hellenistic Academic thought and Platonism in the Roman imperial era as well as in late antiquity, both pagan and Christian.

【**Keywords**】 Platonism, Augustine, Art of Living, Self-transformation

拜占庭时期的哲学:生活艺术与第一科学

[保加利亚]乔治·卡普列夫①(著)

尹依璐②(译) 贺 腾③(校)

【摘要】 在拜占庭文化背景下,"哲学"一词并不仅有一种含义。在广泛意义上,"哲学"一词表示文化本身或各种形式的思想表达。这个词的使用体现了大量"实践"因素。在更普遍的意义上,同对死亡的沉思以及艺术的艺术和科学的科学一样,哲学被等同于正当的生活。哲学仍然被理解为通向真理的指路牌,并且以此视角被看作博雅教育——希腊和拜占庭的通用教育课程。

【关键词】 拜占庭哲学,生活艺术,第一科学

在拜占庭文化背景下,"哲学"一词并不仅有一种含义。在广泛意义上,"哲学"一词表示文化本身或各种形式的思想表达。这个词的使用体现了大量"实践"因素。在小说《巴拉姆和约瑟法特》(*Barlaam and Joasaph*)中,大马士革的约翰(John Damascene)将真正的哲学描述为正确的基督教生活方式。④ 将修道院生活与"哲学",即"真正的哲学"等同起来,也是如此。对"哲学"的特殊定义是神性之光的内驻。格里高利·帕拉玛(Gregory Palamas)认为,真正的哲学家(ὁ ἀληθὴς φιλόσοφος)由精神性的经验所教导。⑤ 在更普遍的意义上,同对死亡的沉思(*meditatio mortis*)以及艺术的艺术和科学的科学一样,哲学被等同于正当的生活。⑥ 哲学仍然被理解为通向真理的指路牌,并且以此视角被看作博雅教育(ἐγκύκλιος παιδεία)——希腊和拜占庭的通用教育课程。

---

① 作者简介:乔治·卡普列夫(Georgi Kapriev),保加利亚索菲亚大学教授,主要研究方向为拜占庭哲学、中世纪哲学。

② 译者简介:尹依璐,复旦大学英语系硕士研究生,主要研究方向为中世纪文艺复兴时期文学。

③ 校对者简介:贺腾,复旦大学青年副研究员,主要研究方向为教父哲学及中世纪哲学。

④ Cf. PG 96, 992D, 993A, 993D.

⑤ Gregorios Palamas, Triades, I, 1, 17, Grēgorios tou Palama, *Syngrammata*, Vol. 1, P. Chrēstou et al. eds., Thessaloniki, 1988, pp.380,9.

⑥ 参见 M. Trizio, Byzantine Philosophy as a Contemporary Historiographical Project, in *Recherches de Théologie et Philosophie médiéval*, No. 1, 2007, pp.274－275.

一、作为哲学生活的神秘体验

拜占庭的哲学必须始终在其神学背景下被考虑,在此语境中它们的关系和差异才得以显明。在说希腊语的基督教背景下,神学本身不是人类心灵主导的活动。它不是对启示前提的理性推导,而是赋予人类自我体验的上帝的自我表达——神学是超越性的、绝对不可触及的三位一体的直接自我表达。因此,"神学"是在神的荣耀中对神元(Godhead)的直观(vision)。这种被解释为参与神圣灵性的神秘经历,绝不是通过人类的能力获得的,而且无法用言语表达。对它的认知是作为神学恩典而被赋予给人的。在这种恩典中,有福之人参与了神圣的生活。神学家是认识到上帝话语的人,这是上帝在超—理智的启示中赐予的。这些"话语"并不能以推论的方式被表达出来。

神秘灵性的代表者们声称,只有他们过着真正的哲学生活(ἐμφιλόσοφος ζωῆ)。① 在他们看来,除了"实践哲学",即美德和不动情的实践,真正的哲学生活还包括对上帝的真实看法和对存在的无误认识,从而确保完全正确地掌握教义(ὀρθοδοξία)。② 认识真理通常被理解为一种获得精神性的礼物的行为。与知识有关的所有其他方面都被认为是思想现象和单纯的经验证据,③这些显然被视为次要的东西。关键要点是,完美的哲学家是那些通过伦理的、自然的和神学的哲学实践而形成努斯(νοῦς)的人。④ 然而,仍被强调的是,只有当哲学家通过圣灵(πνεῦμα)统一感官和灵魂的力量时,他才能够真实地认识属神和属人的事物,辨别它们的构成原理(λόγοι),并思考万物的唯一因。⑤ 真正的哲学家以认知的方式(γνωστῶς),直接且简单地获得与上帝的超自然结合。⑥

新神学家西默恩(Symeon)和他的追随者在提到灵性启示时,更喜欢谈论经验(πεῖρα)或实践。但是,他们通常把"神学"和"哲学"所指的东西等同起来。格里高利·帕拉玛没有以矛盾的方式将知识中的灵性和理性对立起来,他超越了哲学和思辨神学,认为二者皆处在同一知识水平。他区分了在光之中的神观(ἐν φωτὶ θεοπτία)和神学,后者是通过口头言语和相应的表达技艺、反思、三段论与证明进行的。这种神学也可为世俗的智者所接受,并且被等同于"言语哲学"(wordy philosophy)。与被描述为"灵视""神观""与神

---

① 参见 Niketas Pectoratus, *Capita physica. Centuria secunda*, 85, col. 941C。
② 参见 Gregorios Sinaites, *Capita valde utilia per acrostichidem disposita*, 136, in: PG 150 1297D – 1300A。
③ Ibid., 3, 1240AB.
④ Ibid., 127, 1292A.
⑤ Ibid., 98, 1272B.
⑥ Ibid., 127, 1292D.

相遇""神秘和不可言说的观看和对永恒之光的预先品尝(θεωρία καὶ γεῦσις)""在神中认识神"的知识相比,①关于神的理性认识是远远不够的。神学没有离开文字、逻辑论述的范围。② 它仍然停留在在判断、三段论和证明的范围内。③ 论辩性神学的任务是阐明对上帝的真正认识,并让那些还没有认识上帝的经验,但却努力争取认识上帝的人能够有所理解。④

二、哲学神学

被理解为思辨神学的神学概念可以在福提乌斯(Photius)的科学教义中找到表述。他将思辨神学概念化为对神学主题的思辨性反思,延续了先前传统的做法。福提乌斯并不拒绝将神学定义为上帝在启示和《圣经》中的自我表达,这是由圣灵所赐的神学人无法凭借自己来理解它的。这种神学见证了三位一体中的三一性(tri-unity),并且区别于经世(οἰκονομία)包括创世、道成肉身、救赎及与之相关的一切。⑤ 关于启示神学,福提乌斯谈到了"经验"(πεῖρα)和"知识"(ἐπιστήμη),并将真理之言与三位一体神学(θεωρία τῆς τριαδικῆς θεολγίας)的沉思联系起来。⑥ 最终会具有深刻个人特征的神学经验,以"神秘学"(mystagogy)、"圣典学"(hierology)或"圣诗学"(hymnology)的形式呈现。⑦ 神学家或圣人以赞美诗(ὑμνωδία)的形式表达真正的神学,他们的追随者保存了他们的表达,并根据各自的思想和语言能力加以解释。⑧ 同时,福提乌斯也是拜占庭传统中第一个将"神学想象"(θεοπρεπεῖς φαντασίας)的过程和结果视为"神学"的人,(这一想象)通过类比提供知识(διὰ ναλγίας γνῶσις)。⑨ 这种"想象"的例子包括永恒、静止、和平、认同,等

① Gregorios Palamas, *Triades*, II, 3, 12, *Grēgorios tou Palama Syngrammata*, Vol. 1, P. Chrēstou et al. eds., Thessaloniki, 1988, 690, 26 – 27.
② Gregorios Palamas, *Epistula I ad Barlaam*, 52, *Grēgorios tou Palama Syngrammata*, Vol. 1, Chrēstou et al. eds., Thessaloniki, 1988, 290,5 – 28; *Triades*, I, 3, 42, *Grēgorios tou Palama Syngrammata*, Vol. 1, Chrēstou et al. eds., Thessaloniki, 1988, 453,8 – 9.
③ Gregorios Palamas, *Triades*, II, 1, 9; II, 3, 49, *Grēgorios tou Palama Syngrammata*, Vol. 1, Chrēstou et al. eds., Thessaloniki, 1988, 472, 24 – 27; 582,1 – 12.
④ Gregorios Palamas, *Triades*, I, 3, 42, *Grēgorios tou Palama Syngrammata*, Vol. 1, Chrēstou et al. eds., Thessaloniki, 1988, 453, 6 – 54,11.
⑤ 参见 Photius, *Amphilochiae*, 1,14 – 15, in: PG 101, 64C – 68A.
⑥ Ibid., 181, in: PG 101, 892C.
⑦ Ibid., 189, in: PG 101, 913D.
⑧ *De divinis nominibus*, 13, 4, B. R. Suchla ed., *Pseudo-Dionysius Areopagita. De Divinis Nominibus*, Berlin and New York: The Gruyter, 1990, 230, 6 – 14.
⑨ Photius, *Amphilochiae*, 180, 189, in: PG 101, 885AC; 913D.

等。根据人类的本性[1]，这些想象具有严格的思辨性，完全属于理性思维的范畴。[2] 通过这样的方式，福提乌斯对神学这个词的既定用法进行了修正，这个修正在拜占庭的整个后续的文化史中都是有效的。他引入了诸如"根据我们的神学"或"我们的神学"等表达。在此之前，这些表达方式一直用于哲学，但不用于神学，神学——作为上帝自己的自我启示——是独一无二的存在。[3] "神学"指的是圣言启发的教导（διδασκαλία）和反映超自然现象的学科（μάθησις）。[4]

阐明性神学（articulated theology）这一术语并非统一的术语。人们至少要区分教义神学（dogmatic theology）和思辨神学（speculative theology）。对教义的阐述本身就涉及大量的哲学活动。然而，在对上述句子加以教义化之后，它们就不再属于哲学能力的范围了。就其本身而言，哲学神学是人类理性的典范，并停留于论辩和三段论论证的范围内，其中可能存在思维的错误。这种神学的合法结果充其量是神学性见解（theologoumena），它们与教理相协调，但本身不敢声称具有任何教义的有效性。福提乌斯所说的"我们的神学"就是这个意思。他把神学确定为最高的论辩性知识，其对象是在最大程度上脱离了身体、可见和质料的神性。这种对因恩典而获得的上帝知识的反思被认为是第一哲学（πρώτη φιλοσοφία）最崇高的部分。[5] 因此，神学和哲学被放在一个共同的层面看待，而思辨神学则承担着最崇高的形而上学论辩的角色。作为一种理性的探究，哲学或推理神学是人类的成果，可能会受到批评或反对。此后，思辨神学的支持者和反对者都以此为基础来解释它。

三、哲学是对存在之为存在的原则的研究

不同的是，人们还把哲学的专业使命解释为对存在之为存在的原则（λόγος τῶν ὄντων ἤ ὄντα）的研究，即作为能够通过自然人类理性获得的对存在的真知，并且能够发现其真实法则。比如，博学家、评论家和静修士的哲学观点彼此有很大的不同，因此也必须考虑到时代和地域的差异。[6]

---

[1] Photius, *Amphilochiae*, 182, in: PG, 101, 900B.

[2] 参见 G. Kapriev, Die gottgebührenden Phantasien und die Gottesschau bei Photius, in: *Intellect and Imagination* (= Rencontres de Philosophie Médiévale, 11), M. C. Pacheco, J. F. Meirinhos, eds., Turnhout, Belgium: Brepols Publishers, 2006, pp.473 – 481。

[3] Photius, *Amphilochiae*, 182, in: PG 101, 896C, 897D.

[4] Ibid., 190,4, in: PG 101, 920C.

[5] 参见 Photius, *Amphilochiae*, 138, 181, 182, 190, 4, in: PG 101, 769A, 896C, 897D, 920C。

[6] 参见 ibid., 276。

四、理论哲学的特点

(一)"我们的哲学"

迦帕多家教父们(The Cappadocian Fathers)的观点在对哲学的定义方面也起到了重要作用。首先,与异教传统的差别被确定了。人们拒绝"外部的"哲学(ἔξω or ἔξωθεν φιλοσοφία),尤其是将"空洞的哲学"(ματαία φιλοσοφία),与"我们的哲学"(ἡμετέρα or καθ' ἡμᾶς φιλοσοφία)对比。基督徒奉行的哲学不应该与信仰的真理相矛盾。它是努斯(νοῦς)的某种状态,在其中不需要超出人类的能力。这种状态是在人的能力范围内所实现的某种形式的精神活动,并且它实现了人的潜能,[①]是一种按照理性法则进行的活动[②]。

拿先斯的贵格利(Gregory of Nazianz)的作品中有对哲学特殊性大量的描述:"我们生来就有理性,并根据逻各斯而被理性所敦促(διὰ λόγου πρὸς Λόγον σπεύδοντες)。"[③]神学家贵格利这一声明的前提在于他考虑到我们要么必须哲学化,要么必须尊重哲学。如果我们不愿意,就会完全脱离善而被谴责为非理性(ἀλογία)[④]。贵格利一直将理论哲学定义为通向真理的普遍理性指南。这涉及对最崇高主题的自然人类理性的活动。哲学的首要任务是见证真理并且揭露错误的哲学。[⑤]

《伪迪奥尼修斯著作集》(The Corpus Areopagiticum)——伪迪奥尼修斯所著的(6世纪)文本和早期的注释在原则上采取了相同的立场。对伪迪奥尼修斯来说,"哲学"是一个技术术语(terminus technicus),他严格划分了"我们的"和"外部的"(希腊)哲学之间的边界。[⑥]承认一个哲学家是一个或另一个传统的代表并不会招致任何偏见。哲学是理解(νόησις)和语言表达(ἔκφρασις)能力的实现。[⑦]它的手段是概念、判断和结论。哲学及其相应的认识论实践仍然属于论辩的领域,属于理性上可达到的和概念上可阐明的领域,属于肯定和否定、逻辑推理和三段论的领域。[⑧]理性(λογικόν)从存在中获得知识(ἡ τῶν

① 参见 Gregory Nazianzenus, *Contra Julianum*, 1, in: PG 31, 633C: "ἐν ὅροις δεῖ μένοντας τῆς ἡμετέρας φιλοσοφίας καὶ τῆς ἀνθρωπίνης δυνάμεως".
② 参见 A.-M. Malingrey, *Philosophia. Étude d'un groupe de mots dans la littérature grecque, des Présocratiques au IV siècle après J. C.*, Paris, Klincksieck, 1961, pp.207-261。
③ Gregory Nazianzenus, Oratio 25, 1, in: PG 35, 1197A.
④ Ibid.
⑤ Ibid., 1 et 15, in: PG 35, 1200A, 1220A.
⑥ 参见 Scholion in *De divinis nominibus* (= DN) 1, 1, in: PG 4, 188BC; Scholion in DN 5, 2, in: PG 4, 231A; *Scholion in DN* 5, 7, in: PG 4, 321D。
⑦ DN 13, 4, B. R. Suchla ed., *Corpus Dionysiacum I, De divinis nominibus*, 231,5 (Migne PG 3, 984A).
⑧ 参见 Scholion in DN 4, 19, in: PG, 273B。

ὄντων γνῶσις）。①

（二）基督教哲学

拜占庭哲学从一开始就被定义为"基督教哲学"。术语"根据基督的哲学"（κατὰ Χριστὸν φιλοσοφία）、"基督教哲学"（τῶν Χριστιανῶν φιλοσοφία）、"根据基督教的哲学"（κατὰ Χριστιανοὺς φιλοσοφία）早在亚历山大的克莱芒（Clement of Alexandria）②、尼撒的格里高利（Gregory of Nyssa）③和忏悔者马克西穆斯（Maximus the Confessor）的时代就已经出现。④ 这个术语在整个传统中仍然有效。基督教教义的主要立场构成了基督教哲学的公理基础。神学本身和教会教义对基督教哲学产生了影响，这不仅涉及对概念和教义的重新表述和改造，也涉及基本结构要素的建构。

（三）作为哲学的活动领域的经世

卓越的神学见证了神的统一性和三一性。它是神元（Godhead）的自我表达：《圣经》和启示。在这一语境中，它与经世不同，后者又包括创世、预知、道成肉身、救赎及所有与之相关的一切。⑤ 这里的问题便是，人们可以对哪些对象以及在多大的程度上进行哲学思考。⑥

凭借自然的人类认知能力，上帝只能通过其经世的逻各斯（λόγος οἰκονομίας），通过其对受造物的维护（συντήρησις），通过权力（ἐξουσία）和现实活动（ἐνεργείαι）而被认识。⑦ 只有在对地球、空气以及与物质性的受造物相关的一切进行探索后，才能对"不可见的和属天的本质"⑧有所了解。"经世"所指的是人或人性在历史中所经验的、上帝在受造物中的显现。这些显现可以通过人类的理性理解，并且是以可传授的知识的方式。这是在神与人之间的界限完全不可逾越的情况下，人类可以达到的对神的认识水平。

在拜占庭文化中，经世的全部范围都属于哲学的实际活动领域。虽然神学的存在经验无法用言辞表达并且超出了时间和历史，但是经世在时间中展开，没有时间就无从思考

---

① Scholion in DN 9, 10, in: PG 3, 936AC; Scholion in DN 4, 4, in: PG 4, 249AB.

② Clemens Alexandrinus, Stromateis, VI, 8, 67, D. Wilhelm ed., *Clementis Alexandrini Opera*, Vol. III, Oxford, 1869, pp.177,16.

③ Gregory Nyssenus, De vita sancti Gregorii Thaumaturgi, in: PG 46, 905C.

④ Maximus the Confessor, Mystagogia, 5, in: PG 91, 673B.

⑤ 参见 Photius, *Amphilochiae*, 1,14 – 15; 181, in: PG 101, 64C – 68A; 892A。

⑥ Gregory Nazianzenus, Oratio 27, 3, in: PG 36, 16A.

⑦ Gregory Nazianzenus, Oratio 29,18, in: PG 36, 97C; Oratio 30,11, in: PG 36, 117B; Oratio 30,19, in: PG 36, 128B; Oratio 29,16, in: PG 29, 96A.

⑧ Oratio 28,31, in: PG 36, 72A.

它,因为它包含了救赎史和世界史。时间性和历史性是哲学的基本要素,由此便有了哲学的特有差别(differentia specifica)①。

(四) 哲学与神学论述

神学家格里高利认为哲学是神学化(theologizing)的标准。它必须确保神学教导(διδασκαλία)不要过度(ἀμετρία)。② 而神学本身的问题在于如何能够充分地以论说的方式表达自己。格里高利认为,解决这个问题需要哲学。正因为如此,哲学才有可能将神学,即被赋予圣人的、上帝的自我表达,纳入到明确限定的范围、术语(ὅροι)及表述方式内,这也符合大公会议的教父们的教导。③ 只有从这个角度来看,人们才能理解哲学家要通过人类的论述合理地讨论那些实际上属于神学话题的内容(内在的三位一体、位格的特点及神圣的永恒等)。④

"亲爱的朋友们,不是每个人都能对上帝(τὸ περὶ θεοῦ φιλοσοφεῖν)进行哲学思考的。"格里高利在《演讲录》第27节中以这句话作为开始,他继续说:"这并非一件简单的事情,并非是给那些在地上匍匐着的人。我还想说的是,人不能——既不能随时,也不能在众人及在与一切事物的关系中——对上帝进行哲学思考。相反,这需要特定的时间、特定的听众和特定的主题。这项任务并非人人都能够胜任的,而是那些已经证明了自己的人,他们在沉思(θεωρία)中已经走过了漫长的道路,他们的灵魂和身体都得到了净化。"⑤

哲学家并非圣人,他们倚靠人类的自然理性,但他们应该追求理论和净化的道路。换言之,为了能够胜任对神学问题的哲学研究,他们必须以基督教教义和神学经验为基础。忏悔者马克西姆(用四福音书和四主德做类比)定义了人类知识的四个基本要素(στοιχεῖα),即信仰、实践哲学、自然哲学和神学哲学。这些要素既是彼此相异的统一体,又具有不可分割的差异性。⑥

米沙伊尔·普塞鲁斯(Michael Psellus)的立场实际上也处于同一层面——基督教哲学的层面。他的著作《论万能的教义》(De omnifaria doctrina)的第一章标题为"论信仰"

---

① 参见 G. Kapriev, Zeitlichkeit und Geschichtlichkeit als Grundelemente der byzantinschen Philosophie, G. Kapriev, G. Mensching eds., *Die Geschichtlichkeit des philosophischen Denkens*, Sofia, 2004, pp.58 – 71。

② Gregory Nazianzenus, Oratio 27, 4, in: PG 35, 16C.

③ Oratio 25, 8, in: PG 35, 1209AB.

④ Ibid., 15, in: PG 35, 1220B – 1224A.

⑤ Oratio 27,3, in: Migne PG 36, 13CD.

⑥ Ambigua, 21, in: PG 91, 1245D – 1248A.

（Περὶ πίστεως）。然而,在这一章中,他并没有讨论信仰本身。根据东方教会的信仰符号系统,普塞鲁斯解释了神性(被构想为原则、形式、性质、本质和力量),神圣位格及内在的三位一体的关系。① 在普塞鲁斯看来,被福提乌斯解释为思辨神学的那种神学,原则上是哲学的一部分,因为哲学和思辨神学都涉及了分析。② 在普塞鲁斯的作品中,他多次表达了这样的观点:上帝本身是无法被理解的。从这个角度看,对普塞鲁斯来说,信仰在任何理论活动中都起着根本性的作用。作为神圣物和理性之间的纽带,信仰是通向正确事物的基本能力,并为其他一切设定了方向。经常犯错的理性必须始终与信仰相关,才能有机会看到正确的事物。③

格里高利·帕拉玛对哲学的重要性有着类似的看法:存在一种忽略了对上帝的认识的愚蠢的哲学。这总是发生在哲学屈从于绝对权威的假象的时候。哲学应该放低其声称能够独立获得关于神的确切知识的要求。然而,当它达到其自然的目标时,它与圣灵的智慧是一致的。④

这一观点由忏悔者马克西姆提出。他并不质疑只有当上帝朝向其创造时,人类的知识才能拥有上帝。至高无上的神学超越了理性的能力。然而,对他来说,决定性的因素在于,圣子与圣父保持神学上的统一(συνθεολογεῖται ὁ Υἱὸς τῷ Πατρί)。否则,他们应该依照上帝的逻各斯,也因此需要根据本质(essence)和实现活动(engergy)来区分自己。道成肉身的逻各斯教导我们神学。⑤ 在圣子的位格中,神学和经世是不可分割的。这是马克西姆整个思想体系的基础,自9世纪以来,它一直被认为是一个典范。

在菲洛提奥斯·科基诺斯(Philotheos Kokkinos)反对阿金迪诺(Akindynos)和阿金迪诺主义者们(Akindynists)的两篇演说中,他提供了关于神学论述与哲学程式之间关系的详细论述。⑥ 当哲学的主题与经世这样的神学领域的卓越的议题有关时,他构想了一个

---

① Michael Psellus, *De omnifaria doctrina. Critical Text and Introduction*, L. G. Westerink ed., Utrecht 1948 (= ed. Westerink), 17,1 – 12.

② F. Lauritzen, Psello discepolo di Stetato, in: *Byzantinische Zeitschrift*, 2 (2008), 715.

③ D. Walter, *Michael Psellus: Christliche Philosophie in Byzanz*, Berlin — Boston 2018, 167 – 169 und 186 – 187.

④ Gregory Palamas, *Triades* I, 1, 12; II, 1, 23 (Chrẽstou et al. eds., I, 374, 24 – 375, 1; 485, 32 – 486, 10). 参见 G. Kapriev, Es sind zwei Augen der Seele. Vernunft und Offenbarung gemäß der Hesychasten des 13. und 14. Jahrhundert, in *Vernunft und Offenbarung*, G. Kapriev, G. Mensching eds., Sofia, 2006, pp.57 – 69。

⑤ Maximus the Confessor, *Disputatio cum Pyrrho*, in: PG 91, 348C – 349B.

⑥ Philotheos Kokkinos, Περὶ τοῦ ἐν τῷ Θαβωρίῳ δεσποτικοῦ φωτὸς καὶ περὶ θείας ἐνεργείας πρὸς τοὺς ἀντιλέγοντας ἀπολογητάς; Περὶ θεότητος καὶ θείου φωτὸς καὶ πνευματικῶν ὁράσεων καὶ τῆς ἱερᾶς τῶντελε ίων προσευχῆς πρὸς τοὺς αὐτοὺς ἀπολογητάς, in: Philotheos Kokkinos, *De Domini luce. Editio princeps* (= *Bibliotheca christiana* 18), P. Yaneva ed., Sofia, 2011.

完整严密的哲思的过程。

科基诺斯构思的坚定的前提在于，不仅对于人类，而且对于最高的理智本性而言，神性都是完全不可把握的。① 试图通过灵魂的探究能力（διὰ τῶν ἐρευνητικῶς τῆς ψυχῆς δυνάμεως），推理和思考以及适当的三段论（συλογίζεσται）来理解神性都是徒劳的，因为它超出了一切努力的范围。② 只有那些摆脱了感性和理智观念的人，才能接触到那超出一切本质和知识的事物，正如证神的使者（οἱ θεηγόροι φθάσαντες）多次向我们展示的那样。③ 真理之灵将通过那些受到圣灵启示的神学家的话语，引领他的追随者到达正确教义的全部真理。④

在任何情况下，我们都不能理解神圣本质本身，只能理解那些围绕在本质周围的东西（τὰ περὶ τὴν οὐσίαν）。⑤ 虽然神圣的本质是不可触及的，但我们通过降临到我们身上的现实活动来认识上帝。⑥ 上帝卓越的荣耀与圣灵的恩典，倾注在圣徒的心灵深处，使他们能够真正认识和理解上帝。⑦ 神性的荣耀和力量使得天使和人类本性得以神化，但这并非创造。那些参与并经历这一奥迹的人，按照主的话语教导我们认识它。他们之所以能做到这一点，正是因为它是关于经世，关于被接受的伟大的经世。⑧

正因为这是关于经世而不是至高无上的神学问题，所以，对于神朝外的（ad extra）现实活动的认识及对于这种知识的获得，不仅适用于那些已经获得恩典和神化的人，也适用于那些没有经历过这种幸福情感的人（τοῦ μακαρίου πάθους ἀπείρατοι）——菲洛提奥斯自认为也是这样的人。⑨

那些没有神秘体验的人依然是黑暗和蒙昧的（λίαν ἀμυδρῶς καὶ μετρίως），因为他们没有摆脱内心的混乱和争斗。然而，在全能的信仰的支持下，在神秘的善行的庇护下，他们必须向这种高深的知识迈进。就理智直观而言，目光短浅并且拒绝与我们能力相符的知识是尤其困难和危险的。这样的行为表明了不信的苦痛，不信是无知之母并暴露了一

---

① Kokkinos, Περὶ φωτός, Yaneva ed., 48, 3 - 5.
② Kokkinos, Περὶ θεότητος, Yaneva ed., 136, 1 - 4; Περὶ φωτός, Yaneva ed., 39, 20 - 23.
③ Kokkinos, Περὶ θεότητος, Yaneva ed., 136, 10 - 16.
④ Kokkinos, Περὶ φωτός, Yaneva ed., 47, 25 - 48, 2.
⑤ Ibid., 49, 20 - 21.
⑥ Ibid., 50, 1 - 5.
⑦ Ibid., 53, 21 - 24.
⑧ Ibid., 35, 30 - 36, 3.
⑨ Kokkinos, Περὶ θεότητος, Yaneva ed., 120, 5.

切恶。① 我们将与摩西一起登上圣山,科基诺斯解释说,尽管我们尚未认识,我们不会明白地看到所渴望的东西,但我们首先会像那些看到神的背影的人一样,用磐石进行哲学思考(《出埃及记》33,23)。② 科基诺斯非常清楚他的做法是哲学的,因为在了解神的现实活动的知识时,涉及了对神的经世的认识,这需要理性和理智来理解和解释。

同时,他指出,面对这些问题时,人们不能进行随意的哲学思考。他坚持认为,像神学家格里高利那样对这些议题进行哲学思考和讨论,并不是随意而为的行为,也不是每个人都能做到的事情。它不是随意指派给任何人,也不是在任何场合下都可以进行的。它是属灵之人的事,是针对属灵之人的。③ "教会的哲学家"(τῆς ἐκκλησίας φιλόσοφος)大马士革的约翰可看作一个典范。④

这一典范是神学家们以最佳的方式所进行的哲学思考(τοῖς θεολόγοις φιλοσοφηθὲν ἄριστα)⑤。科基诺斯强调,真正的思想家(οἱ φρονοῦντες ὀρθῶς)是遵循神的力量、预知及受到神的启发的教父们。⑥ 在此基础上,他宣称要与那些损害真理并试图分散真理拥护者的注意力的人进行斗争(μαχόμενον)⑦。他斥责那些"在神学思想方面跛脚"的人,因为他们缺乏勤奋和更持久的努力。他们没有像那些比他们更有灵性的人一样进行哲学思考,也没有通过哲学思考来发现真理(συμφιλοσοφεῖν τε καὶ φιλοσοφεῖν τὲν τῆς ἀληθείας εὕρεσιν)⑧。

(五) 哲学与智慧:忏悔者马克西姆的范式

涉及神圣经世的问题,尤其是占据了主要地位的道成肉身这一问题,属于所谓的"哲学"这一知识类型。这种根据理性和理论(κατὰ λόγον καὶ θεορίαν)形成的哲学⑨具有足够广泛的范围。马克西姆虽然在对教义进行系统化时,关注"外部的"哲学并借鉴亚里士多德的逻辑学⑩,但是他仍然与希腊的形而上学立场保持距离⑪。甚至其概念基础不是源

---

① Kokkinos, Περὶ θεότητος, Yaneva ed., 122, 20 - 123, 2.
② Ibid., 142, 10 - 14.
③ Ibid., 115, 9 - 15.
④ Kokkinos, Περὶ φωτός, Yaneva ed., 31, 10.
⑤ Ibid., 94, 10 - 11.
⑥ Kokkinos, Περὶ θεότητος, Yaneva ed., 99, 4 - 5.
⑦ Ibid., 141, 3 - 6.
⑧ Ibid., 103, 10 - 14.
⑨ Maximus Confessor, *Ambigua*, 10, in: PG 91, 1113BC.
⑩ 参见 B. Tatakis, *La philosophie byzantine*, Paris, 1949, 87。
⑪ E. v. Ivánka, Der philosophische Ertrag der Auseinandersetzung Maximos des Bekenners mit dem Origenismus, in: *Jahrbuch der Österreichischen byzantinischen Gesellschaft* 7 (1958), 23 - 49, hier 26.

自希腊哲学家,而是承自教父们的建构。

以这种方式构成的人类自然知识的主题是哲学的努斯($\varphi\iota\lambda o\sigma o\varphi\acute{\omega}\tau\alpha\tau o\varsigma\ v o\tilde{v}\varsigma$)。① 他追求真理和智慧,同时也意识到自己的方向的正确性正源于智慧的真理。除了神圣的智慧,没有其他的智慧可以成为智慧之爱的出发点,而这种智慧被理解为是对上帝的爱($\varphi\iota\lambda o\theta\epsilon\acute{\iota}\alpha$)②。

由此可见,一个被认为是自足的,即"无需先决条件"的哲学,永远不可能达到完美的知识,因此永远不可能是"真正的哲学"。马克西姆强烈批评了那些相信逻辑程序($\tau\alpha\tilde{\iota}\varsigma\ \lambda o\gamma\iota\kappa\alpha\tilde{\iota}\varsigma\ \pi\iota\sigma\tau\epsilon\acute{\upsilon}\omega v$)③并迷信偶然力量作用的人。神圣的智慧高于一切偶然的真理。只有它才能成为真正哲学的汇合点。

(六) 两种哲学类型

马克西姆斯谈到了两种类型的哲学。第一种是圣徒的"神哲学"(divine philosophy),它包含了一些维度,如科学式的哲学。为此,它包括了观看(vision)、理智的智慧及实践。它通过正确的"努斯"和正确的"逻各斯"的力量,提升了身体的本性,这也是出乎必然的($\dot{\epsilon}\xi\ \dot{\alpha}v\acute{\alpha}\gamma\kappa\eta\varsigma$)。圣徒的哲学与他们的智慧是一致的。他们被视为上帝之城($\beta\alpha\sigma\iota\lambda\epsilon\acute{\iota}\alpha$ $\tau o\tilde{v}\ \Theta\epsilon o\tilde{v}$)的代表。在神圣的故乡中的圣洁公民可以与围绕着上帝的天使所享受的福祉相媲美。④ "神哲学"或"完满的哲学"($\pi\lambda\eta\rho\epsilon\sigma\tau\acute{\alpha}\tau\eta\ \varphi\iota\lambda o\sigma o\varphi\acute{\iota}\alpha$)是对神圣生活本身经验的表述。这是借助存在的神圣的效果而得以实现的认识,对于努斯(Intellect-$v o\tilde{v}\varsigma$)来说也是超自然的。这种哲学是论说性(discursive)基督教哲学的基础和目的。

哲学的第二种类型是作为科学的学科,绝对是关乎自然理性的问题。这种哲学基于划分的方法($\delta\iota\alpha\iota\rho\epsilon\tau\iota\kappa o\grave{\iota}\ \mu\epsilon\tau\acute{o}\delta o\iota$)而寻找统一的真理。⑤ 在这种哲学中,可能会出现错误和失误。哲思(philosophizing)伴随着思考的力量。通常所说的"哲学"就是这种类型的哲学。

(七) 哲学的定义

大马士革的约翰放弃了对神学加以定义的尝试。对他来说,"神学"通常与"经世"相对立,并从三位一体的内在生命的角度来描述上帝。神学知识只有通过信仰才能获得。

---

① Maximus the Confessor, *Epistulae*, 6, in：PG 91, 429C.

② Maximus the Confessor, *Ambigua ad Ioannem*, 37, in：PG 91, 1296B.

③ Ibid., 16, in：PG 91, 1228A.

④ Ibid., 50, in：PG 91, 1368AB.

⑤ Maximus the Confessor, *Mystagogia*, 5, in：PG 91, 681B.

同时，他不认为信仰和理性之间是对立的。他解释道，没有什么比知识更有价值，因为它是理性灵魂的光，而它的缺失则是理性的黄昏。[①] 对无知的追求被认为一种难以原谅的罪过。[②] 从这个角度来看，他阐述了哲学的立场。

大马士革的约翰提到了哲学的六个定义：（1）它是关于存在本身的知识（γνῶσις τῶν ὄντων），即关于存在的本性（τῆς τῶν των φύσεως）；（2）它是关于属神和属人之事的知识，即关于可见和不可见的事物的知识；（3）它是对死亡的思考；（4）它是与神相似；（5）它是技艺的技艺（τέχνη）和知识的知识（ἐπιστήμη），因为它是所有技艺的开始；（6）它是对智慧的爱（φιλία σοφίας），上帝是真正的智慧，因此，对上帝的爱是真正的哲学（ἀλητής φιλοσοφία）。[③]

这些定义及其顺序与新柏拉图主义者大卫（David）的定义相符。但在大卫和希腊哲学家那里，最后一个定义只暗示了朝向最高原则的理性上升，而大马士革的约翰则在完全基督教的意义上解释了它，这导致了对其他所有定义的新解释。

米沙伊尔·普塞鲁斯将哲学定义为关于存在的科学知识（τῶν ὄντων ἐπιστήμη）。哲学涉及的主题包括一切现存的存在、事物的本质以及世界的原则和原因，故而普塞鲁斯将哲学普遍视为所有科学甚至神学的基础。他坚持认为，人类的努斯能够从理性和启示中接受真理，因为真理的逻辑推理与基督教教义完全一致。普塞鲁斯以同样的顺序重述了约翰提出的六个哲学定义。这些定义以及它们的排列顺序在拜占庭文化中被坚定地确认了。

拜占庭的哲学文化代表们一致认为，理性是哲学思想不可或缺的基础。即使是对哲学的系统批评者，其中大概以新神学家西梅恩最激烈，他也认为理论哲学是努斯和自然理性的主导领域，由思考和逻辑证据、人类智慧和世俗知识驱动。[④] 在卡帕多西亚主教们的影响下，这一事实被所有拜占庭思想家们视为理所当然。

（八）理论哲学的多种形态

现今，认为拜占庭哲学具有"本质特征"的声音是无足轻重的少数。因为只有在任何

---

① Dialectica, 1, in: *Die Schriften des Johannes von Damaskos*, Bd. 7, B. Kotter ed., Berlin, 1969 [= ed. Kotter 7], 53, 2 - 3 (= PG 94, 529A).

② *Fons scientiae*, praefatio, in: Kotter ed., 7, 52, 30 - 32 (= PG 94, 524A).

③ Dialectica, 3, in: Kotter ed., 7, 56, 2 - 23 (= PG 94, 533BC). 参见 Dialectica, 67, in: Kotter ed., 7, 136, 2 - 137, 15 (= PG 94, 669B - 672B)。

④ 参见 e.g. Simeon, Novus Theologus, *Hymni*, 24, in: Syméon le Nouveau Théologien, *Hymnes* 16 - 40, J. Koder ed. (= Sources chrétiennes 174), Paris, 1971, 246, 284 - 291; Id., Tractatus theologicus 2, in: Syméon le Nouveau Théologien, *Traités théologiques et éthiques I*, J. Darrouzès ed. (= Sources chrétiennes 122), Paris, 1966, 132, 30 - 40。

当下的意识形态理论的基础上,才能声称存在一种哲学的本质。① 在拜占庭或其他地方,都没有一种单一、恒定的哲学,也没有具有单一形式和明确连续性的哲学。理论哲学主要是一种思想方法和批判性反思。要将其转化为"本质",就必须在意识形态的层面对方法加以客观化。

从历史发展角度看,强调拜占庭文化中哲学方案的多样性是正确的。合理的做法是,坚持每一个哲学"方案"(理想情况下是每一种哲学立场)都应该根据其自身的标准和独特的背景来考虑。② 但如果我们坚持这样做,就有可能失去对哲学文化领域的概念视角,从而暴露出历史哲学研究的特殊性。

为此,卡特琳娜·伊尔迪亚科努(Katerina Ierdiakonou)一方面指出,拜占庭的哲学思想事实上包含了多种不同的学说和不同的哲学生活方式。另一方面,她认可拜占庭的哲学思想具有独特性这样的观点,因为它不同于古代或当代哲学及相应的哲学概念。伊尔迪亚科努坚持拜占庭哲学传统的多样性和不连续性,不赞同将其视为唯一"真实面目"的论断,也不同意"多种哲学"的说法。对她而言,重要的是以尽可能简洁的方式展现拜占庭哲学的多重面向。③ 总的来说,我支持这一立场。

以下这些是拜占庭思想家自己认可的理论哲学的共同基础。它们包括对传统的一般性限定和构成要素进行非本质主义和非任意性的规定,以及非意识形态的特征,从而可以解释这一传统内的不同倾向的差异。④

哲学学科在普通教育课程中占有很大比重。它基本上是以亚里士多德和柏拉图为重点的希腊哲学基础的一般方法。对他们作品的评论大多是教师的教学笔记。尽管有一些有趣的发展和解释,但这些评论,除了少数例外,都是为教育目标而服务的,侧重教育的用途。⑤ 其中几乎没有原创的哲学思想。在更高层次上,哲学教育更多的是个人私事,无论在制度上还是个人层面上,并且主要在私立学校中获取。通常情况下,高水平的哲学和科

---

① 参见 N. Siniossoglou, *Radical Platonism in Byzantium. Illumination and Utopia in Gemistos Plethon*, Cambridge, 2011, pp.19, 40 397。

② 参见 M. Trizio, Byzantine Philosophy as a Contemporary Historiographical Project, in: *Recherches de Théologie et Philosophie médiéval*, 1 (2007), pp.288 – 294。

③ K. Ierodiakonou, Byzantine Philosophy Revisited (a decade after), in: B. Bydén, K. Ierodiakonou eds., *The Many Faces of Byzantine Philosophy*, Athens, 2012, pp.1 – 21.

④ G. Kapriev, Philosophy in Byzantium and Byzantine Philosophy, in: *The Ways of Byzantine Philosophy*, M. Knežević ed., Alhambra, California, 2015, pp.1 – 8.

⑤ 关于拜占庭评注传统,可参见 M. Trizio "Der griechische Sprachkreis und die byzantinische Kommentartradition" and "Byzantinische Kommentare zum Corpus Aristotelicum" in: *Allgemeine Zeitschrift für Philosophie*, 32.2 (2007), pp.172 – 177 and 32.3 (2007), pp.285 – 290.

学学识在私人生活中得到了适当的展示。拜占庭哲学家的理想和真实的生活状态是在个人的私人学者圈子中才得以实现的。

(九) 哲学的自主性

担任公职的义务通常被视为不可或缺,但被定义为"邪恶的必要性"①,是对自由的剥夺和完整性的侵犯。主教格里高利二世(Gregory II)抱怨说,当他登上了"主教座的最高宝座",就卷入了关于教义的要闻、教会狂热和灵魂关怀的争论中,而他本想过哲学家的生活,即自由(ἐλεύθερος)的生活。对于哲学家,实际上对于一般的自由人来说,生活应当是"闲适的"。② 在他看来,哲学家和自由人,哲学和远离公众视线的自由生活都是同义词。哲学和其他科学对人类而言是值得追求的,③因为它们保证了真理和自由。人类的完善基本上由自由所定义,而自由是通过教育、哲学研究、教学和写作来实现的。④

师生和同窗的情谊不要求任何义务。哲学练习的私人性创造了更多的独立空间。福提乌斯早就写道,哲学是"不受惩罚的生活方式"⑤。哲学家们不需要遵循某个特定的——拜占庭式的或希腊式的——前辈或学派的立场。他们可以自由独立地形成他们的教义、方法和问题。个人的立场通常是通过不同传统的术语和程式来解释的,这正是因为哲学家完全没有受到这些传统的影响,或者只是表面上受到影响。⑥ 哲学家感到自由且毫无束缚。

早在 3 世纪,奥利金的弟子神行者格列高利(Gregory Thaumaturgus)就已经提出了这一模式:"没有什么是禁止我们说的,没有什么是隐藏的,也没有什么是不可触及的。掌握和研究每一种学说(λόγος)取决于我们自己,不管是蛮族的还是希腊的,神秘的还是世俗的(καὶ μυστικώτερος καὶ πολιτικώτερος),属神的还是属人的。我们带着所有的真诚(σὺν πάση παρρησίᾳ)去处理并探索这一切。我们尝到了它的滋味,并充分享受灵魂之善。每当一个古老的真理教义,抑或无论它们被称为什么,呈现在我们面前,我们就会得到一种能力和素养来观看那令人钦佩和完整的对象。"⑦

---

① A. Pelendrides ed., *The Autobiography of George of Cyprus* (*Ecumenical Patriarch Gregory II*), Nicosie 1993, 40, 267.

② Ibid., 38, 243 – 245.

③ Ibid., 26, 86 – 32, 156.

④ 参见 G. Kapriev, Ein literarisches Selbstporträt aus dem byzantinischen 13. Jahrhundert. Georgios von Zypern / Gregory II. und seine "Autobiographie", Thierry Greub, Martin Roussel eds., *Figurationen des Porträts*, Paderborn, 2018, 471 – 489。

⑤ Photius, Epistularum Liber II, Epistula 2, in: PG 102, 597A.

⑥ 参见 G. Kapriev, Wichtige Stationen der Wirkungsgeschichte. Byzanz, C. Horn, J. Müller, J. Söder eds., *Platon-Handbuch*, Stuttgart — Weimar 2009, 434。

⑦ Gregory Thaumaturgus, Oratio panegyrica in Origenem, 15, in: PG 10, 1096AB.

拜占庭哲学思想、哲学和哲学家自主性的核心就孕育在这种自由中。这不仅是哲学在方法论上独立于由教会权威定义的神学的基础,也是作为一门学科的实践自主性的基础。① 在这个背景下,我们有理由谈论拜占庭不同的哲学方案,或者谈论彼此明显不同的不同哲学。人们甚至可以半信半疑(*cum grano salis*)地声称,在拜占庭有多少位哲学家,就有多少种哲学。

五、拜占庭哲学的独特性

多年来,我一直习惯于区分"拜占庭的哲学"(philosophy in Byzantium)和"拜占庭哲学"(Byzantine philosophy)。当我谈到"拜占庭的哲学"时,我通常指的是拜占庭文化中所有哲学方案的总和。而我所说的"拜占庭哲学"是指那些与西方传统不同的哲学倾向,主要表现在其更加强调存在的动态性。它们提出哲学反思的主要对象不是本质、实体、事物或存在本身,而是它的现实、影响和运动,以及这个意义上它的存在,正是通过这样的方式才能得以了解的本质。我认为对于形而上学核心问题的这种特殊细微差别是拜占庭哲学文化的特别贡献。

Philosophy in Byzantium: Art of Living and the First Science

Georgi Kapriev

【**Abstract**】The term "philosophy" was not used with the one and same meaning in the Byzantine cultural context. In a very broad sense, the word "philosophy" was used to denote culture as such or the expressions of thought in all its variety of forms. The "practical" element was abundantly represented in the use of the word. In a broader sense, as *meditatio mortis* as well as the art of the arts and science of the sciences, philosophy has been equated with right living. Philosophy was still understood as the universal signpost on the way to truth and in this perspective was almost identified with ἐγκύκλιος παιδεία — the Hellenic and byzantine common educational curriculum.

【**Keywords**】Byzantine Philosophy, Art of Living, the First Science

---

① L. Benakis, Die theoretische und praktische Autonomie der Philosophie als Fachdisziplin in Byzanz, in: L. Benakis, *Text and Studies on Byzantine Philosophy*, Athens, 2002, pp.97 – 100.

智慧的力量

——一个 13 世纪晚期在巴黎大学的论辩

[德]安德烈亚斯·施佩尔①(著)

崔可愚②(译) 贺 腾(校)

【摘要】亚里士多德思想在中世纪的重新发现,引发了一场主教、神学家与哲学家之间关于"智慧"这一主题的激烈论辩。这场论辩不仅关涉神学与哲学思想上的碰撞,并且与基督教教会制度性的外部干预息息相关。为了厘清这一论辩的复杂情况,本文围绕"智慧"的概念,讨论了包括艾蒂安·唐皮耶和达契亚的波埃修、托马斯·阿奎那、根特的亨利和埃克哈特在内的四个案例。通过对他们观点之间的差异的比较、各自对亚里士多德和奥古斯丁观点的继承与改造的分析,以及对在当时历史背景下教会和大学等机构状况的考虑,这场中世纪的论辩被认为是在权力机构与理论过程的互动中得到塑造的动态的、复杂的、长期的过程。

【关键词】奥古斯丁,波埃修,埃克哈特,信仰,理性

亚里士多德在其《形而上学》的著名开篇中——被评注最多的文本之一——解释了知识的起源结构:从感觉,到记忆,到经验,到技艺,到知识(knowledge)或科学(science/episteme)。当他谈到经验和技艺之间的区别时,他指出了这个原则:"我们认为技术家较之经验家更聪明……前者知其原因,后者则不知。"③他还补充道:"这意味着智慧在任何情况下都取决于知识。"这对"知识"(episteme)来说尤为如此,它必须在知识的全部范围和模糊程度以及它作为学科(discipline)和科学(science)的习惯化模式中被理解。"因为我们正在寻求这门知识,"亚里士多德认为,"我们必须研究'智慧'〈索非亚〉是哪一类原因与原理的知识。"④根据亚里士多德的看法,知识必须被理解为由诸构成原则(constituting

---

① 作者简介:安德烈亚斯·施佩尔(Andreas Speer),科隆大学教授、托马斯研究所所长。任德国洪堡基金会学术代表、德国北莱茵-威斯特法伦州国际哲学中心理事、德国北莱茵-威斯特法伦州科学院院士、欧洲科学院院士、德国科学基金会(DFG)理事,主要研究方向为中世纪哲学。
② 译者简介:崔可愚,复旦大学哲学学院硕士研究生,主要研究方向为奥古斯丁哲学和康德哲学。
③ [古希腊]亚里士多德:《形而上学》,吴寿彭译,北京:商务印书馆,1959 年,第 3 页。
④ 同上书,第 4 页。

principles）主导的生产过程，这些原则定义了知识的范围以及包含在其中或排除在外的东西。从这一描述中可以看出，在知识产生的过程中有双重动因。首先是普遍性（universality）：知识越普遍，原则就越普遍。但这意味着诸原则之间有着某种等级（hierachy），这在第二动因中有所描述，其中包含两个方面：（1）"研究原因的学术较之不问原因的学术更为有益，只有那些能识万物原因的人能教诲我们"；[①]（2）"凡能得知每一事物所必至的终极者，这些学术必然优于那些次级学术"[②]。

在这一知识论背景下，我们就能明白对亚里士多德的再发现所引发的思想震动。对亚里士多德作品集的接受，必须被理解为智识氛围转变的过程，这对学习机构产生了巨大影响。30 年间，巴黎大学的课程完全成为亚里士多德式的。但另一个后果在各种纪律干预和审查行为中变得很明显，在其影响下，1277 年 3 月 7 日的所谓谴责对当时的解释起到了标志性作用。例如，哲学在当时被认为一种不需要诉诸神圣启示和超自然恩典的独立的、全面的关于自然知识和道德完善的学说，它反对试图取代真正智慧的老式的、思辨的、折中的神学。我们注意到，波埃修（Boethius of Dacia）和奥古斯丁为拉丁传统定义的一种整合式的基督教智慧（integrated Christian wisdom）模式被打破了。波埃修在其著名的《神学论文》（Theological Tractates）中完全像亚里士多德一样以最高原则的知识——这在亚里士多德那里被称为神学，在众理论科学中占据最高的地位——来解释基督教教义。奥古斯丁认同斯多亚派将智慧定义为对所有人类和神性事物的真正理解，但后来在《论三位一体》的第 12、14 卷中，他在对永恒事物的理智理解（intellectual understanding）——即智慧的本义——和对时间性事物的理性的、推论性的理解之间引入了显著区别，同时使后者从属于前者，即科学和哲学知识从属于神学知识，而只有后者可以被称为智慧。

在 12 世纪，质疑并重新思考这些模式已是大势所趋。但亚里士多德思想的出现引起了一场激烈的辩论，其中对智慧的理解成为对神学和哲学的概念和认知的试金石。13、14 世纪对"智慧问题"（sapiential question）的处理是从亚里士多德对智慧的理解开始的，他认为智慧象征着对思想的首要基础原则的卓越知识。亚里士多德在《形而上学》I,2 中赋予智慧的特点与第一哲学的知识直接相关，但神学家们认为，亚里士多德式的智慧也是确立神学智慧优越性的主要标准。在这两方面，智慧都意味着一种存在的维度或生活方式：神学家和哲学家都把对智慧的探索视为一种严格的练习，它涉及所有的理智和道德德性，并最终导向幸福（beatitude）。

关于 1277 年的谴责，为澄清艾蒂安·唐皮耶（Étienne Tempier）主教"三月运动"的历

---

① ［古希腊］亚里士多德：《形而上学》，吴寿彭译，北京：商务印书馆，1959 年，第 5 页。
② 同上。

史依据做了最大量的历史工作的卢卡·比安奇(Luca Bianchi)谈到了"哲学和神学之间的蜜月"的终结。但这种说法是否属实,且在何种程度上属实? 两种叙事分离的原因是什么? 这仅仅是基督教会权力的干预,还是反映了更广泛理论背景的内在教义主题? 外部干预和内在动力之间的关系是什么,其影响又是什么?

在下文中,我将介绍四例能够显示出这一讨论复杂性的个案研究,其中对智慧的理解至关重要。在这里,我将特别强调制度后果背后的理论背景。

(1) 主教与哲学家:艾蒂安·唐皮耶和达契亚的波埃修

(2) 神学家兼形而上学家:托马斯·阿奎那(Thomas Aquinas)

(3) 亚里士多德的智慧和奥古斯丁的智慧:根特的亨利(Henry of Ghent)

(4) 文字大师(*lesemeister*)兼生活大师(*lebemeister*):埃克哈特大师(Meister Eckhart)

个案研究一——主教与哲学家:艾蒂安·唐皮耶和达契亚的波埃修

巴黎主教艾蒂安·唐皮耶在他那封著名的附有 219 个命题的纲要的信中——此信可被视为通达 1277 年 3 月 7 日发布的"巴黎信条"的一种途径(accessus)——简要介绍了他颁布法令的主要动机、主题和原因,其中收件人尤为瞩目。这一众所周知的目标群体指索邦大学艺学院的教授,尤其是那些僭越了院系界限的教授。这一规定反映了巴黎大学内部各院系尤其是艺学院和神学院之间日益加剧的种种冲突。这些文件在巴黎大学档案馆(Chartularium Universitatis Parisiensis)中得到了很好的保存,这里还记录了为了规范上述艺学院和神学院之间不得谈论哪些本属于对方范围内的对象的各种尝试。艾蒂安·唐皮耶逐字逐句地引用格里高利教皇《牧灵规章》(*Regula pastoralis*)的第二册,专门呼吁教师有责任不扰乱听众们的统一,也不要用会扰乱他们简单头脑的方式轻率地讨论:"那些努力明智地说话的人,会非常担心他讲的话会扰乱听众的团结。"在这一语境下,这位巴黎主教指责他的对手持有双重真理理论,并将此理论与一正一误两种智慧的想法结合起来。唐皮耶所引用的"我要摧毁智者的智慧"(perdam sapientiam sapientium)①取自《圣经》中给哥林多的第一封信(《哥林多前书》1,19;《以赛亚书》29,14),这句话也被彼得·约翰尼斯·奥利维(Petrus Johannis Olivi)在其论文《论如何阅读哲学家的著作》(De perlegendis philosophorum libris)的开篇中作为其批评研究的格言引用。这句话揭示了唐皮耶的论证方向:他认为不可能有两种相互矛盾的真理(duae contrariae veritates),其中一个基于自然

---

① 本中译取自新标点和合本《圣经》。——译者注

理性,另一个基于启示。而且,更不可能有任何与神圣的《圣经》相矛盾的真理。这将是一种错误智慧(falsa sapientia),而根据已经提到的《圣经》箴言,这种智慧将被真正的智慧(vera sapientia)所摧毁。

这位主教的信件经常被视为教会权力的文件,它反对哲学思想的自由,反对促使科学从神学和教会的思想改造企图中分离甚至解放出来的中世纪启蒙时代的曙光。在这种观点下,匿名的英雄是 13 世纪的艺学硕士们,如达契亚的波埃修,他似乎受到了艾蒂安·唐皮耶的明确攻击。那么,谴责书的第 154 条的内容"世界上的智者只有哲学家",被归因于波埃修的论文《论世界的永恒性》(tractatus De aeternitate mundi),特别是其关于哲学与信仰关系的结论性言论。然而,没有迹象表明波埃修持有双重真理理论。波埃修认为,信仰和哲学家之间没有矛盾,因为根据古代哲学的理想,哲学家"用其生命来追求智慧"。波埃修不仅认为,任何只要"获得了人类生活的最佳和最终目的"的人——这指同时达到了理论和实践推理的完满状态——就都是真正的哲学家,而且认为任何一个能够进行微妙且复杂论证的基督徒应该破坏哲学的原则。但是,不能以此方式论证的人,最好跟随圣人并且遵循基督教的律法。这实际上是信仰,而非科学,不属于仅基于理性和论证的科学。

唐皮耶主教和波埃修硕士对智慧的理解的差异显而易见。主教以《圣经》启示的真理是所有探索真理的途径为基准,它们必须与唯一真理和唯一的真智慧(vera sapientia)有关;而艺学硕士则认为能被称为科学的真论证的基础的,只能是那些能够由自然理性的推理获得的原则。即使是神学——如果它不沦为基于单纯的信仰行为的仅仅是专断的学科——也必须接受科学论证的原则,以便进入科学的论证中。按照达契亚的波埃修的看法,这是智慧唯一的真正追求。

这场争辩的背景是亚里士多德对科学以及对智慧在其中的特殊地位的理解。主教和大师都认为智慧具有排序的能力(odering power),但二者主张的方向不同。虽然艾蒂安·唐皮耶试图捍卫基督教神学真正智慧的优越性,以对抗某些哲学家的异端教义所代表的此世智慧——他认为这破坏了以智慧为导向的知识的统一性,但是达契亚的波埃修给予"对智慧的热情"(studium sapientiae)同样的首要地位,他依据其名字,即仅基于理性的知识,而将之等同于哲学。但是,如果我们想要避免波埃修将神学描述为仅基于权威和服从的夸张表述,神学的地位又是什么呢?

个案研究二——神学家和形而上学家:托马斯·阿奎那

我们正处于一场自一开始就与基督教神学的自我理解相关的争论中,而到了 13 世纪,在亚里士多德知识论日益流行的影响下,这场争论变得更加激烈了。基督教教义与对实在(reality)的理性且世俗的理解及对普遍的科学论述要求之间的冲突在大学里得到了制度性的补充,这一冲突的焦点在于哪种科学才能被称为真正意义上的智慧。在这种背景下,我们必须阅读托马斯·阿奎那第一部《大全》(Summa)的开篇章节,他在《反异教大全》(Summa Contra Gentiles)中将自己的工作说成"智者的义务"(officium sapientis)。这种义务结合了亚里士多德关于圣人订立秩序的义务的概念——这基于我们对知识加以追求的目的因(final causality)——和基于判断的义务——沉思和宣扬神圣的真理并与违背真理的错误作斗争的义务。这种对智慧的双重服务建立在所有真理都有一个共同原则的信念上。但不同于艾蒂安·唐皮耶,托马斯相信自己与亚里士多德完全一致,亚里士多德将第一哲学定义为"真理的科学"(scientia veritatis),即不是偶然真理,而是作为所有存在的原则(principium omnium essendi)和所有真理的原则(omnis veritatis principium)的真理。此外,托马斯没有像达契亚的波埃修那样,从哲学家的角度使信仰从属于自然推理。但他也拒绝了另一位波埃修对神学作为第一理论科学的单义理解,这位波埃修是《神学论文集》(The Theological Tractates)和《哲学的慰藉》(Consolatio Philosophiae)的作者。几个世纪以来,他对亚里士多德在《形而上学》E卷中的教导做出了最有力的解释,因此他在广泛的自然神学范围内为"寻求理解的信仰"——神学——划定了界限。

在《反异教大全》的背景下,托马斯评注了波埃修的《三位一体如何是一个神而不是三个神》(Quomodo Trinitas Unus Deus Ac Non Tres Dii),简称《论三位一体》(De Trinitate)。在这篇整个13世纪都独一无二的评注中,托马斯非常细致地考察了波埃修在亚里士多德的理论科学三分法的背景下对神学的理解。波埃修从字面上理解了亚里士多德对"神学知识"(theologikè epistéme)的界定,甚至将其用于基督教信仰的奥秘,尤其是成为这门神学科学的认知内容的三位一体和道成肉身。显然,对波埃修来说,除了遵循亚里士多德在《形而上学》A和E卷中建立的知识论的方法论路径的神学之外,就没有别的基于《圣经》注释的神学了。此外,将仅仅基于理性的思辨哲学神学与基于启示的基督教神学加以对立,似乎是不合适的。对波埃修来说,第一思辨科学是"神学"(scientia divina),它以恰当且完整的意义处理既没有质料也脱离了运动的神圣实体(divine substance),比如完全分离和抽象的事物。这种科学"与想象无关,而是去领会纯粹的和无形象的形式,它既是存在本身(ipsum esse)又是存在的来源"。托马斯·阿奎那不可能追随波埃修对第一思辨科学的、统一的神学理解的方向而发展,这种科学根据原则及主题首要性(的标准)来确保它的首要性。

托马斯接受了波埃修源于《形而上学》第 6 卷的理论科学划分的观点,但他引入了神圣科学的双重区分:一种承袭自哲学家,延续了"按照我们的方式"(secundum modum nostrum);另一种来自那些通过信仰参与神圣知识的人,是"按照神自己的方式"(secundum modum ipsorum divinorum)。哲学家的神学和基督教神学之间的这种区别反映了 13 世纪下半叶最重要的创新之一,即基督教神学成为一门不同于哲学的科学。托马斯在讨论神学或神学科学的主题问题时详细阐述了这种区别。托马斯在他对《论三位一体》的评注(第五问,第四题 a)中提出的解决方案建立在两种研究神性(the divine)的不同方式之上。只要神性是一切存在的共同原则,那么它就由哲学家来处理,因为人类只能通过自然理性之光,根据神性产生的效果来认识它。因此,这门研究所有存在的共同性的科学,其真正主题不是神性,而是作为存在的存在(being-as-being/ ens in quantum est ens)。对神性本身以及对只有在它自我显现的情况下才能被认识的研究,则是另一种神学关注点,这种神学将研究神性的事物本身作为科学的对象;这就是圣经中所教导的神学。

然而,托马斯之所以划分出两种神学,主要原因在于他对分离(separation)的理解不同于波埃修,进一步说,托马斯所理解的人类理智(human intelligence)已经不再像波埃修所理解的"理智"(intelligentia)概念那样是指认识神性的器官(organ)了。对后者来说,理智的活动与对其对象的理解是同一的,而托马斯否认这种对称的秩序,因此,在对分离与其对象的理解上出现了根本性的不对称。在一定程度上,托马斯把分离理解为理智的活动,其中理智通过抽象来构想"事物的理式"(ratio rei)。但是,由于人类理智按其本性是一种"理式"(ratio),故而也是有限的,即使在其最充分的活动中,它也无法达到那些没有质料和运动(sine materia et motu)的对象,如神圣本质。因为哲学神学,即形而上学,研究的是作为其主题的第二种意义上的分离的存在,以及作为其主题原则的脱离了质料和运动的存在;而《圣经》神学则处理脱离了物质和运动的存在,尽管它也关注与物质和运动有关的事物,但这只是出于阐明神圣事物的需要。对"分离"(separatio)理解的不对称性指向了托马斯与波埃修之所以不同的知识论上的基础,这种分离导致了形而上学概念间的根本不同。这两个概念之间无法兼容——这正是托马斯所发现的。因此,托马斯决定放弃跟随波埃修,不再尝试弥合抽象的知识论理解和分离的本体论理解之间的张力。

因此,托马斯在得出这一结论后立即中断了对波埃修《论三位一体》的评论,这标志着两种形而上学论述的分离,在亚里士多德对思辨科学的理解及其根据运动和抽象的划分的共同的基础上,这两种论述有时会有所重合。这通常被解释为同一种论述的发展,它最终澄清了第一思辨科学的地位,即作为第一哲学的形而上学,而这与严格基于信仰条文

（articuli fidei）并因此与基于启示真理的神学争锋相对。然而，这实际上应该被认为是两种不同的形而上学论述的分离。但是，这一分离让托马斯有机会论述双重真理和双重智慧，而不用陷入驱逐的两难困境，这一困境明确地逼迫着艾蒂安·唐皮耶，也暗自地逼迫着达契亚的波埃修。在托马斯的《反异教大全》中，他谈到了对上帝的认知的"双重真理模式"（duplex modus veritatis）①。这种双重真理涉及理解神圣理智（divina intelligibilia）的两种方式：一种真理是通过自然理性的怀疑和探寻可以获得的，而另一种则超出了人类理智的能力。② 这种真理的双重性并不意味着二者的对立，而是源于对人类理智洞见的有限性，它受制于物质条件，无法认识"就上帝自身而言"（ex parte ipsius Dei）的神圣事物，而只能认识"就我们的知识而言的事物"（ex parte cognitionis nostrae）。③

与达契亚的波埃修一样，托马斯也认为，按照不矛盾律，基督教信仰的真理不能违背由人类理智所把握的真理。不矛盾律也适用于超出人类理解能力的事物。④ 因此，不矛盾律在两个方向上充当了认识上帝的标准：无论是我们通过受造的原因（the created causes）上溯到对上帝的认识，还是通过启示给我们的信仰知识。因此，托马斯试图在他著名的《神学大全》的第一问中，按照亚里士多德对科学的理解来塑造神学。但他不得不承认一个不可逾越的困境，即神学本身不知道其原则——这是亚里士多德知识论的关键教义之一。托马斯著名的解决方案是将神学归为那些在原则方面依赖于从属科学的科学，并将原则的证据转移到圣徒的知识上，而这实际上是对神学在科学秩序中的地位——特别是其给智慧排序的地位——的质疑。托马斯通过强调启示的确定性来应对自然推理中的错误，从而为这一主张辩护。但弥补证据不足的代价是接受神学在科学秩序中的特殊地位。由于神学原则显然不能被自然理性所认识和理解，因此它们不能像形而上学原则那样为其他科学提供排序原则。只有当人们接受神学的观点及其原则时，它们才能提供判断的基础。⑤

个案研究三——亚里士多德与奥古斯丁的智慧：根特的亨利

尽管在罗马教廷的文件中，如在前教宗约翰·保罗二世的通谕《信仰与理性》（Fides et Ratio）中，托马斯的解决方案被赞为基督教信仰与理性、神学与哲学的经典的中世纪合

---

① *Summa contra gentiles* I, 3.
② Ibid., 4.
③ Ibid., 9.
④ Ibid., c. 7 [44].
⑤ *S.th.* I, q. 1, a. I, q. 1, a. 4, ad 2.

题,但它立马遭到了猛烈的抨击。最早的抨击来自在主教委员会中担任要职,并为艾蒂安·唐皮耶 1277 年 3 月 7 日的教导大纲准备了 219 个命题的根特的亨利。有充分的证据表明,托马斯·阿奎那是唐皮耶"三月运动"的主要目标之一:间接地通过他的盟友罗马的贾尔斯(Giles of Rome);直接地通过在 3 月 7 日被列入禁令清单中包含的那些确切反映了他的教义立场的声明——无论这些声明是直接来自他的著作,还是可以在艺学硕士或他的批评者如亨利的教导中找到的。

亨利拒绝了托马斯根据换位的模式界定神学科学地位的方案,即"在羁旅者的状态中"(in statu viatoris),我们从圣人、天使甚至上帝那里借用神学原则所缺乏的证据,因为这些原则显然是为他们所知的。亨利认为,真正的知识(scientia)不仅需要原则的证据,还需要对已知事物(what is known)的证据。广义上的知识(scire large accepto)只要求没有任何欺骗的认知,而严格意义上的知识(stricte sumendo scientia),即严格意义上的科学,"不仅需要任何一种确定的认知,而且需要一种其真理通过事物的证据(evidence of thing/ ex evidia rei)而变得对理智来说显而易见的知识"。因此,证据的概念成为理解科学是什么的核心。

亨利将科学与智慧的关系问题集中在智慧(sapientia)相对于知识(scientia)的优先性(praerogativa)问题上。其中,他采用了亚里士多德在《形而上学》I, 2 中的著名清单,特别强调了确定性的问题。确定性(Certainty)成为知识完善性的主要标准,因为智慧被定义为一种在确定性上超越了所有其他类型知识的知识。因此,智慧是所有知识的完善。这种完善尤其基于智慧知识(sapiential knowledge)的卓越性,它思考最高和第一原因,通过这原因,一切都得以认识。智慧之所以具有排序和统领地位的主要原因是确定性和证据的联系。亨利同意托马斯·阿奎那的观点,即这种联系指向亚里士多德标准的理由(ratio)。

但是,正如我们所见,当我们的理智在原则和已知对象方面都缺乏证据的时候,神学怎么能被称为智慧,尤其是与其他科学相比呢?亨利的主要论点可以追溯到他的《大全》(Summa)第 1 节的第 2 个问题,他在那里区分了根据理智(ex parte intellectus)和可理知对象(ex parte intelligiblis)的事物的真理(veritas rei)的确定知识。没有任何知识可以只依靠基于理智本身关于已知对象的证据的那种确信的力量就可以被称为智慧。如果只依靠这种确信,那么数学将是所有科学中最确定的——甚至比形而上学更确定——因此也就是真正意义上的智慧。然而,真正的确定性存在于已知的对象中,也包含在根据第一原则的事物的证据(evidentia rei)中,这些原则主要由理智掌握,因为就理智掌握它们本身的真理(in sua veritate)而言它们是最明显的,因为它们是第一个。这种作为所有知识的真理基础的确定性是存在的,即使我们像蝙蝠一样的理智不能够立即用证据来把握它。

因此，亨利将智慧的卓越性建立在已知事物（scitum）的卓越性之上。与知识（knowledge/ scientia）相反，智慧（sapientia）提供了对迄今为止最已知的东西和一切事物的第一原因的理解。因此，如果更为确切地或更广义地表述智慧和知识这两个词，那么，只有神学——尽管由于理智的局限性，在已知事物方面只有少量证据（minor evidence）——可以确切称为智慧。关于这种智慧，所有的概念（notion/ notitia）以同样的方式确切地讲是知识（scientia）。通过认知主体的较低证据，神学在较小意义上是科学，而通过其对象的更大证据和卓越性，神学成为真正的智慧。

亨利似乎采用了奥古斯丁在《论三位一体》第12和第14卷中的解决方案，其中他通过处理斯多亚派的哲学定义，区分了对永恒（aeterna）和神圣（divina）的理智理解，即真正的智慧，与对时间性（temporalia）和人类（humana）的理性、推论的理解，即知识或科学。但亨利并不是简单地继承了奥古斯丁的解决方案。他意识到了神学的特殊地位，并意图寻找一种能在其他科学的框架中界定它的解决方案。他试图避免两个极端：(1)根据单纯地"将科学还原为神学"（reductio artium ad theologiam）的模式来界定神学与科学的关系；(2)夸大神学的特殊性，以至于威胁到它在亚里士多德对科学的理解中的地位。这种明确参考了亚里士多德标准的对奥古斯丁式智慧和知识的区分的重新表述，导致了对基于启示的基督教神学和基于自然推理的科学知识的范围的相互定义。

在这个基础上，亨利可以争辩说神学和哲学的真理完全同一。我们在《圣经》中读到，这个世界上的聪明人已经成为上帝的傻瓜。对此亨利解释说，这句话并不涉及哲学的真正原则，而只涉及人的各种错误。亨利反复引用的《圣经》中的"我要摧毁智者的智慧"（《以赛亚书》29,14；《哥林多前书》1,19）——正如我们在开头看到的——是唐皮耶主教信中的主题词，它不涉及真正的智慧（vera sapientia），而只涉及被错误地声称为"scientia"的知识（knowledge）。因为真正的智慧意识到了人类智慧（humana sapientia）的边界，它也许能以适当的方式处理世俗事务（res mundana），但无法处理神圣的原则（instituta divina）。在这里，根据奥古斯丁对永恒和神圣对象的理智理解——只有这才是正确意义上的智慧，并且是迄今为止在西方拉丁世界最有影响的概念——和对世俗与人类对象的辨证理性理解的鲜明区分，以及后者对前者的强烈从属关系，基督教智慧的传统概念似乎得到了重振和确立。

个案研究四——文字大师兼生活大师：埃克哈特大师

与前三个案例研究相比，第四个一定令人惊讶。如果考虑到霍赫海姆的埃克哈特仔细研究过托马斯·阿奎那的作品,并以其《神学大全》作为自己《问题部》(*Opus quaestionum*)的范本,并且当根特的亨利还在巴黎任教时,他就在巴黎担任句法师(sententiarius),那么这甚至会令人恼火。约瑟夫·科赫(Joseph Koch)试图将手稿布鲁日491(Brugge 491)中关于《箴言集》(*Sentences*)的一篇匿名评注认定为埃克哈特大师年轻时的作品,这篇评注至少反映了亨利和这一时期的其他教士对埃克哈特的一些想法的影响。这些影响可能体现在学生或学士的《圣经》评注里,其中有一些涵盖了埃克哈特和其他大师在巴黎时所作的讲座。

埃克哈特似乎忽略了 13 世纪"哲学"(philosophi)和"神学"(theologi)的对立,以及阿奎那对两种"神学"的区分。在圣奥古斯丁节的布道开始时——霍赫海姆的埃克哈特在巴黎大学担任教师期间将其作为大学布道进行宣讲——埃克哈特明确论述了波埃修的《论三位一体》,而且出人意料地讨论了 12 世纪的一些评注,如沙特尔的蒂埃里(Thierry of Chartres)和他的学生阿拉斯的克莱姆巴尔德斯(Clarembaldus of Arras)的评注。这篇布道表明,埃克哈特的形而上学思想是多么深刻地植根于波埃修的作为第一思辨科学的单义的神学概念,或至少是受其启发。埃克哈特明确地援引了形而上学和基于启示的神学的一致性,这种一致性来自在统一的因果关系基础上接近其共同主题的对应性,因为每一个真理都植根于并源自同一个真理来源。因此,即使是关于道成肉身的问题,圣经也是通过哲学家关于事物本质及其属性的著作以最方便的方式解释的。埃克哈特明确引用了圣保罗写给罗马人的信(《罗马书》1,20),但不同于托马斯·阿奎那的波埃修式的解释,即人们应该尽可能努力调和信仰与理性,他在对圣约翰的评注中写道,《圣经》通过与哲学家关于事物本质及其属性的内容的对应,找到了最合适的解释,尤其是因为只有一个真理的来源和根源(one source and one root/ fons et radix),所有真实的事物都根据存在和理解而从中产生,向《圣经》和自然展开(LW III,154,14 – 155,2)。

基于这一解释学原则,埃克哈特以 14 个命题为基础构建了他的《三部曲》(*Opus tripartitum*),这些命题既是 1000 个问题的公理,也是同等范围的释经解释的公理。在他伟大而未完成的计划中,埃克哈特将命题系统、以问题(Quaestio)为标志的经院神学和《圣经》诠释学结合起来。这种综合的方法弥合了《圣经》诠释学和思辨思想之间的界限,以及自然推理和神圣启示之间的界限。埃克哈特的综合模式可以被理解为对 12 世纪波埃修式哲学概念的重新表述,其意图不在于区分基于启示的认知和基于哲学推理的知识,而是在于这二者的统一。

在同一篇献给圣奥古斯丁的大学布道词中,埃克哈特还进行了表明他对智慧的理解的一个独特改造。他在介绍波埃修式的思辨哲学模式时，将神学与伦理学等同了起来（"ethica sive theologia"，"伦理学或神学"）。这一改造指向了一种把智慧当作"甘甜知识"（"sapida scientia"）的情感理解，借此，理智在"心灵的狂喜中"（in extasi mentis）得到了超出自身能力的提升。因此，智慧与实践理智（practical intellect）有关。如此一来，智慧似乎赢回了它的道德维度，但不是像 13 世纪的哲学伦理学那样，被设想为实践哲学或道德科学。在埃克哈特大师那里没有这样的伦理学。他的生活大师伦理学必须被看作是文字大师形而上学观点的实践结果：伦理学阐述的只是人的完善问题。因为人的完善在于与上帝的合一，埃克哈特强调——追随早期基督教与古代智慧的紧密结合的脚步——将智慧理解为向内部的转向。他在评注《智慧篇》第七章第七节的"我曾呼吁，智慧的神便临于我身"（invocavi, et venit in me spiritus sapientiae）时，引入了奥古斯丁《论真宗教》（De vera religione）第 39 章中的著名箴言"不要走到外部，回到你自身"（Noli foras ire, in te ipsum intra），并以此为起点，展开他对智慧是进入人内心的理解的表述。在灵魂的深处，"在心灵的深渊"（in abdito mentis），隐藏着未创造的神性智慧的不灭之光（inextinguibile lumen），只有理智本身（intellectus, inquantum intellectus est）才能把握它。为了能够掌握这道光，人必须转向内在，并最终超越自己进入上帝的自知（self-knowledge），对于上帝而言只有自己知道自己（DW I, 252, 1 – 7）。但是，这种完善不应该从亚里士多德式的知识起源——它基于能够产生知识的意向性行为（intentional acts）和习惯化模式——角度来理解。在这种以亚里士多德式思想为主流的背景下，埃克哈特指出，只有通过转向被动性（passivity）、泰然任之（gelazzenheit）、断灭（annihilation）、超然（abgeschiedenheit）、不知（unwizzen）和不变成（entwerden），我们才能达到对单一根基（grunt）、统一的一（ein einig ein）的同一的超验意识，埃克哈特将此描述为孕育（geburt）和突破（durchbrechen）。埃克哈特给他的听众的所有指导都指向一种态度的实践，这种态度更像是一种直接源自心灵朝向一（the one）的吸引的生活方式，而不是一种伦理理论。埃克哈特强调知识的完善与寻求智慧的个人的完善之间的紧密联系，反对在理论知识和实践知识之间进行鲜明的知识论区分。通过将理论理解与个人自身的完善结合起来，他指出了将哲学理解为智慧的长期的连续性（longue durée），这是早期基督教可以轻易接受的。但由于他将自己置于主流话语及亚里士多德式的语言之外，他清楚地意识到自己面临着被误解甚至被谴责的风险。因此，埃克哈特多次警告其布道的听众，如果他的教导脱离了语境，是可能被误解的。尽管对埃克哈特的审判的根源在于同样也影响了宗教组织的人性弱点，但《埃克哈特纪要》（*Acta Eckhardiana*）和埃克哈特的《回应》（*Responsio*），即所谓的《辩解书》

（Rechtfertigungsschrift），确实显示了源自不同的理论基础的误解。

结论：关于方法论和历史学的一些评论

我只想提出四点一般性的结论：

（1）亚里士多德知识论模式及其对 13 世纪拉丁西方的影响必须被理解为理论过程和权力结构之间相互作用的复杂性。

（2）包容和排斥的动态和机制不能简化为一种标准模式。这四个案例研究显示了所涉动态的复杂性和多样性。

（3）案例的多样性凸显了从不同角度研究现象的必要性。这要求不同方法在寻求融合和建立主叙述之前必须保持独立。

（4）"智慧"的基本主题指向历史进程和思想传统的"长期性"，谈论历史事件或历史趋势时必须考虑到这一点。这四个案例显示了知识论和制度对于一直延续下来的传统和知识的冲击。最终，"长期性"会将历史与现在、分析的事件与我们的时代联系起来。

The Power of Wisdom
—A Late 13th Century Debate at the University of Paris

Andreas Speer

【Abstract】 The rediscovery of Aristotle's ideas in the Middle Ages sparked a heated debate among bishops, theologians, and philosophers on the subject of "wisdom." This debate not only involves the collision of theological and philosophical ideas, but is also closely related to the external institutional intervention of the Christian church. In order to clarify the complexities of this debate, Speer discusses the concept of "wisdom" and Four related cases, including Etienne Tempier and Boethius of Dacia, Thomas Aquinas, Henry of Ghent and Eckhart. Through a comparison of the differences between their views, an analysis of their respective inheritance and transformation of Aristotle's and Augustine's views, and a consideration of the status of institutions such as churches and universities as historical context, this medieval debate is considered to be a dynamic, complex and long-term process that is shaped by the interaction between authority and theoretical processes.

【Keywords】 Augustine, Boethius of Dacia, Eckhart, Faith, Reason

埃克哈特大师与奥古斯丁伦理学的神秘主义转向

[德]约翰内斯·布拉赫滕多夫①(著)

崔可愚(译)　贺　腾(校)

【摘要】埃克哈特经常引用奥古斯丁的著作来为自己的神秘主义观点辩护。然而,埃克哈特在很多地方背离了奥古斯丁。这表现为埃克哈特在三个方面对奥古斯丁"重新柏拉图化":第一,上帝与世界的关系;第二,亲近上帝的伦理思想;第三,朝向上帝神秘上升的观念。虽然奥古斯丁学说中的确有神秘主义的思想资源,但埃克哈特的神秘主义要比奥古斯丁的更为激进。

【关键词】埃克哈特,奥古斯丁,新柏拉图主义,神元

今天我将谈论两位西方中世纪哲学的重要人物——奥古斯丁和埃克哈特大师。奥古斯丁在北非以一名主教的身份生活,那里当时是罗马帝国的一部分。他于 430 年去世。奥古斯丁写了许多部著作,对中世纪哲学甚至近代哲学与神学产生了极大影响。在中世纪盛期,他是主要的教会权威。奥古斯丁被认为是古代教会的四大"教父"之一。埃克哈特大师大约于 1260 年前后出生于德国中部。他成为一名多明我会修道士,在科隆、巴黎等地担任教授和精神导师。"大师"这一称号指的是他的学术职业"Master",拉丁语为"Magister",意思是教授。埃克哈特著有众多拉丁语作品,其中包括按经院哲学的方式写作的形而上学短文,但他因以中世纪德语发表的布道集和论文集而闻名于世,被认为是中世纪神秘主义最重要的代表。神秘主义思想一直都是西方智识传统的一部分,无论是柏拉图式的还是基督教式的。埃克哈特进一步发展了这一思想进路,使其达到了新的高度,甚至像一些现代学者认为的那样,使其能够媲美中国和日本的禅宗。然而,在中世纪的西方,他的学说并没有那么受欢迎。到了他生命的最后,埃克哈特因其学说而受到批评甚至指控,因为他的某些观念超出了基督教信仰的界限。在他生命的最后,他不得不在教皇当时位于法国的阿维尼翁镇的宗教法庭受审。他于 1328 年去世。我们不知道具体地点,要

---

① 作者简介:约翰内斯·布拉赫滕多夫(Johannes Brachtendorf),德国图宾根大学教授,德国拉德对照批判考订版《奥古斯丁全集》主编,主要研究方向为中世纪哲学及德国古典哲学。

么在阿维尼翁,要么在他返回德国的途中。在 1329 年,教皇办公室发布了一项官方裁定,谴责埃克哈特大师的 28 条论题在宗教上具有异端的嫌疑。根据那项裁定,埃克哈特在生前已经撤销了所有相关论文。今天我想比较奥古斯丁和埃克哈特的思想,尤其是(但不限于)在伦理学领域。这一比较工作是由此事实所提示的,即埃克哈特经常引用奥古斯丁,并试图通过这位古代教父的支持来为他备受争议的观点辩护。

埃克哈特神秘主义的背景是新柏拉图哲学。新柏拉图主义一直以来都存在于基督教思想中——部分原因在于奥古斯丁非常尊重它。从新柏拉图主义者那里,奥古斯丁获得了关于"可理知的实在"(intelligible reality)、作为善的缺乏的恶和超越者(transcendentals)①是贯穿所有范畴的存在物的规定性等关键形而上学见解。然而,奥古斯丁并不仅仅是一位新柏拉图主义者。尽管他欣赏新柏拉图主义,但是他同样在一些领域对其进行了批评,即在伦理学、人类学、上帝学说、宇宙论和其他领域。② 不过,埃克哈特并不关心奥古斯丁对新柏拉图主义的批评。相反,他采用了奥古斯丁与新柏拉图主义表面上相似的那些思想,并将其激化以佐证自己的神秘主义概念。因此,他接受的是一个重新柏拉图化了的奥古斯丁。

在本文中,我将试图强调埃克哈特在三个方面对奥古斯丁进行了"重新柏拉图化"(re-platonization)的工作:第一,上帝与世界的关系;第二,亲近上帝(inhaerere Deo)的伦理思想;第三,朝向上帝神秘上升的观念。尽管奥古斯丁思想中确实有一个神秘主义的分支,但埃克哈特的神秘主义要比奥古斯丁的激进得多。

一、上帝和世界的关系

奥古斯丁在几个方面吸收了新柏拉图主义关于上帝和世界的学说。然而,他用无中生有的创世学说代替了新柏拉图主义的流溢说。在奥古斯丁看来,造物主与受造物之间存在着不可还原的区别,即造物主是通过自己而存在,而受造物则是通过他者而存在。相比之下,新柏拉图式的流溢说没有赋予上帝与世界的区别以如此的重要性。当然,世界与上帝的形而上学等级不同,但是,最终来说,正是流溢着的"太一",从自身溢出并逐渐地

---

① 在中世纪哲学的语境中,"transcendentals"对应的拉丁语是"transcendentalis",表达的是"超越者",它可以是上帝,也可以是一(unum)、真(verum)、善(bonum),而不同于康德以来的先验哲学(transcendental philosophy)。这一翻译参考了荣玉:《艾克哈特拉丁语著作中的真理概念——从中世纪超越论神学的视角看》,《基督宗教研究》(第 17 辑),2015 年。——译者注

② 参见《上帝之城》第八卷;进一步参见 Therese Fuhrer, Die Platoniker und die Civitas Dei, in: *Augustinus. De civitate dei*, hg. v. Ch. Horn, Berlin, 1997, S.87 – 108. 亦可参见《忏悔录》VII 9,13 – 21,27;参见 Johannes Brachtendorf, *Augustins Confessiones*, Darmstadt, 2005, S.119 – 154。

建立起有着连续层级的世界。对新柏拉图主义者而言,世界不是无中生有的,而是从"太一"中流溢而来的。此外,在神圣领域内,分级的过程就已经开始了——三个神圣位格已经在程度上有所差异——然后继续进入世界。整个流溢过程可以想象为差异性的增加和统一性的减弱,从"太一"持续延伸到物质。在新柏拉图主义中不存在像奥古斯丁所认为的创造者和受造物之间的根本区别。尽管新柏拉图主义持有"万物一体"(All-Unity)的形而上学学说,但奥古斯丁认为这一学说与基督教的创世观不可调和。

埃克哈特吸收了奥古斯丁的思想,但更倾向于往减弱创世学说的方向发展,以重返新柏拉图主义的"万物一体"的学说。接下来,我将借助埃克哈特的《三部集》(*Opus tripartitum*)的"总序"(*prologus*)和《命题集》(*Opus propositionum*)的序言,其中埃克哈特反复引用了奥古斯丁的《忏悔录》和《论三位一体》的第六至八卷。"总序"讨论了形而上学的基础——关于存在、上帝和世界的学说。

埃克哈特形而上学的典型特征在于区分事物的绝对存在(*esse absolute*)与事物的具体存在(*esse hoc et hoc*)。对于这个区分,他引用了奥古斯丁《论三位一体》的第八卷。在这一语境里,奥古斯丁所寻求的是能够帮助人类从事物的层面提升至上帝的概念指引。他首先提到的是真理,然后是善。关于善,奥古斯丁给读者们提供了这样的指导:"这个好,那个也好。如果你可以的话,去掉这个,去掉那个,看善本身。这样你就将会见到上帝。"①奥古斯丁认为,善和真理对存在者进行所谓的超验规定。每一个存在者,无论其种类是什么,都是真的和善的,这是因为它依赖于作为真理本身和善本身的上帝。每一个存在者所拥有的善都来源于上帝,而善本身(the Good itself)是所有善的来源。奥古斯丁邀请他的读者们反思这样一个事实,即这个或那个事物的善都来源于别处,即来自善本身。为了理解这一点,读者必须抽离具体事物的特殊性(*tolle hoc et illud*),并把握它们的善,从此上升到对善的原因的理智直观:看见善本身(*vide ipsum bonum*)。

埃克哈特经常引用奥古斯丁《论三位一体》中的这段话。② 对于埃克哈特而言,这段文本关乎具体事物的善(*bonum hoc et illud*)与善本身(*bonum ipsum*)的区别。他将这一区别也扩展到其他的超验者(transcendentals)那里。后来他谈到了具体事物的存在者(*ens hoc et hoc*)和绝对而纯粹的存在——由其自身(being per se)并且无任何附加规定的存在(*esse absolute et simpliciter nullo addito*)。"人们对存在(本身)的判断必须有别于对具体事

---

① Trin. VIII 3,4 "Bonum hoc et bonum illud. Tolle hoc et illud, et vide ipsum bonum si potes; ita Deum videbis."
② 例如《三部集》"总序"(LW I 167)。埃克哈特著作的进一步引用可以在那里找到。

物的存在的判断;同样地,在自身中、卓越的且无需进一步规定的存在,不同于具体的存在。"①因此,每一个受造的存在都有两个方面,即单纯的存在、善等,以及作为具体事物的存在或具有具体规定性的存在。只有上帝不具有具体的存在,而是无法限定的存在。

到目前为止,埃克哈特基本上与奥古斯丁是一致的。然而,通过他在《论属神的安慰》(Buch der göttlichen Tröstung)、《布道集》(Sermon)第 49 节以及他的《约翰福音评注》(Commentary on John)等作品中所阐发出来的进一步的拓展,埃克哈特就超出了奥古斯丁。在这些著作中,埃克哈特试图进一步探讨"绝对善""绝对真理"和"绝对存在"与作为善本身、真理本身及最高存在本身的上帝之间的关系。从一种奥古斯丁的视角出发来看,这结果是令人惊讶的。就其作为绝对且单纯的善(bonum absolute et simpliciter)而言,善良之人是从最高的善中产生的,是善的儿子。相反,善良之人,只要他是具体事物(hoc et hoc),就是被造的或受造的。对于埃克哈特而言,"善性,既不是被创造出来的,也不是被制造出来的或生养出来的;然而,它却是能有所生养的,由它生养出善良的人,而这善良的人,就其为人善良而言,并不是被制造出来和创造出来的,但却是善性所生养出来的儿子。善性,在善良的人里面,生养出自己以及一切它所是的……善良的人与善性,二者不外就是同一个善性,在所有的东西中都是合而为一的,所差无非就是一个是生养,一个是被生养而已;然而,善性之生养与在善良的人那里的被生养却完全是同一个存在,同一个生命"。② 然而,生养与被生养恰恰标志着圣三位一体中作为圣父的上帝与作为圣子的上帝之间的区别。根据三位一体神学,圣子是受生的,由圣父所生养。尽管一切都是从无中被创造出来的,但是圣子并非受造而是受生,因此与圣父具有相同的本质。埃克哈特认为,对于善良的人而言,只要他是善的,就如同圣子一样是神圣的;就他作为具体的存在而言,他才被归为受造物。

奥古斯丁从未尝试这样的策略。他认为,即使人们对具体的事物进行抽象并且关注某个存在的善,也不能立刻看到任何神圣之物,而是永远只能看见受造物。只有在上升的

---

① 《命题集》序言(LW I 166)。埃克哈特指出了在不同命题中,"是"在第二组成部分(secundum adiacens)中和在第三组成部分(tertium adiacens)中出现是有所区别的。前一种情况例如像"lapis est",表达的是绝对存在(esse absolute)和不加限定的存在;后一种情况例如像"石头是大的"(lapis magnus est),或"这个是石头"(hoc lapis est),指示的是具体事物的存在(esse hoc et hoc)。

② Buch der göttlichen Tröstung, DW V 9. [The Book of Divine Comfort, in CMWME, 524 - 556, here 524 - 525].
中译文来自[德]埃克哈特:《埃克哈特大师文集》,荣震华译,北京:商务印书馆,2010 年,第 60 页。——译者注

运动中寻找并找到某物善的原因时,上帝才会显现。① 奥古斯丁认为,受造物彻底就是受造的。尽管埃克哈特利用了奥古斯丁关于具体事物和绝对事物之间的区分并将其作为自己研究的起点,但他以一种非奥古斯丁的方式将之推进,主张可以被超验的概念所描述的存在已经是神圣的了。奥古斯丁关于创造者与受造物之间的区分,以一种新柏拉图主义的方式被悬置了起来——至少在某个存在物的存在(being's being)方面被认为是神圣的。

埃克哈特用一个杯子的例子来说明这些本体论的关系:"倘若人能够将一个杯子完全倒空,使其不让任何东西注入,包括空气在内,这样,这杯子无疑会否认和忘记掉它的本性,这种全空,会使它腾飞到天空中去。"②这里的空性(emptiness)不仅指物质内容的缺乏,而且也指在形而上学层面缺乏规定性,即(缺乏)偶然的甚至是本质的属性。如果这个杯子在这个意义上是空的,它就会丧失其作为杯子的本性。然而,杯子的存在本身并不因此落空;它所丧失的仅仅是作为具体事物的存在而已。其所剩下的是绝对且单纯的存在(*esse absolute et simpliciter*)。通过这种存在,杯子提升到了天上,因为它的绝对存在就是圣父所生的圣子的存在。所有的受造性连同具体的规定性都被舍离,使得圣父的非受造形象得以出现。

奥古斯丁写到"至高的上帝……使一切以某种方式存在的事物得以存在,无论其存在程度如何。因为若非他的创造,这些事物既不会是这般或那般模样,甚至根本就不可能存在"③时,提出了与埃克哈特相似的区分。因此,奥古斯丁区分了这样或那样的存在(*esse tale vel tale*)和就存在而言的存在(*esse in quantumcumque est*)。前者对应于埃克哈特所说的具体的存在(*esse hoc et hoc*),后者与埃克哈特所说的绝对存在(*esse absolute*)相对应。然而,奥古斯丁却认为这二者都是由上帝创造的。埃克哈特认为,绝对存在是神圣的且是非受造的,而奥古斯丁则认为这与具体的存在一样,都是由上帝创造出来的。

二、亲近上帝

奥古斯丁伦理学的核心观点是亲近上帝或依照上帝来生活。正如亚里士多德在《尼

---

① 奥古斯丁写道:"公教会的教导认为,一类善是'至高且本质性的善'(summum ac per se bonum),它并非通过分有某种善而存在,而是凭借其自身本性与本质(propria natura et essentia)即为善;另一类善则是通过'分有善'(participando bonum)并'拥有善'(habendo)而成为善。关于那至高之善,受造物唯有'拥有它'(habet de illo summo bono),才能被称为善。"(De moribus II 4,6)他进一步指出受造物的特性:"受造物并非'因存在而善'(existentia bonum),而是'因拥有善而被称为善'(bonum habendo dicitur bona)。"(同上)因此,受造物的善源自上帝—— 作为一切善之根源的存在。

② Buch der göttlichen Tröstung, DW V 30. [MCMWME, 535.]
中译文来自[德]埃克哈特:《埃克哈特大师文集》,荣震华译,北京:商务印书馆,2010 年,第76 页。——译者注

③ *De civitate dei* XII 26.

各马可伦理学》的开头写的那样,奥古斯丁认为所有人类都为了最终的幸福而努力。对各种善的拥有使人幸福。每一个人类行动都以获得某种善为目标。但这些善形成了一种等级,其中较低的善指向较高的善(例如,为什么你要听这个讲座?因为这样做你会得到学分。为什么你想得到学分?因为你需要它们来通过你的硕士考试。为什么你想通过你的考试?因为你想在之后写一篇哲学的博士论文,等等)。我们总是为了获得更高的善而想要较低的善。正如亚里士多德已经说明了的,这个等级有一个顶点或一个终点。这就是最高的善,为了它而追求一切较低的善。最高的善并非是为了其他任何东西而被欲求的;相反,它因其自身而被爱。在拥有最高的善的时候,一切努力都会停止,因为最终的目标已经达到了。

对亚里士多德而言,这一最高的善是幸福(*eudaimonia*)。奥古斯丁却认为上帝是最高的善,而幸福只是拥有上帝所带来的结果。因此,奥古斯丁在他的《忏悔录》里有一段著名的话:"我们的心如不安息在你[上帝]怀中,便不会安宁。"奥古斯丁区分了两种对善的事物的爱的方式。他用拉丁语称它们为"uti"和"frui",意思是使用(usage)和享用(enjoyment)。被使用的善指向的是其外在的使用目的,而享用的善以它自己为目的。因此,只有奥古斯丁视为最高的善的上帝,应当以享用的模式被爱,而所有其他的善,即一切非最高的善,应该以使用的模式被爱,因为它们不带来最终的幸福。这些非最高的善可以是与身体相关的,如食物、饮品、健康和美貌,或者是与心灵相关的,如知识和美德,或者它们可能是社会性的善,例如友谊、名誉、声望或权力。但由于它们都是有限又可朽的,所以它们都不能提供最终的幸福。因此,它们只应在使用的模式下被爱。只有作为最高善的上帝,应以享用的方式被爱。

奥古斯丁认为,罪人过于看重有限的善,将它们爱得好像它们能够提供终极的幸福一样。他或她爱较低的善胜过较高的善,甚至比实际上是最高善的上帝还要多。换句话说,罪人想享用那些实际上无法被享用的善,因为这些善并非最高善。到目前为止,这种伦理学的基础可以在许多古代著述家那里找到,但奥古斯丁增加了一个特殊的转折点。正如他所宣称的,罪的最深层根源不是对可朽善的错爱,而是人类对自己的错爱。因此,它认为,罪人爱他自己或她自己胜过爱上帝。因此,罪人背离了唯一能带来终极幸福的上帝,转而朝向有限的善,对它们寄予永远无法实现的希望。然而,正直的人爱上帝胜过其他一切,甚至胜过自己。这样的人通过把理智和意志引向上帝而亲近上帝——理智上获得与上帝有关的知识,意志上爱上帝胜于一切。义人依照上帝生活,这意味着他或她的确爱有限又可朽的善,但并不超过它们实际的价值。这样的人仅仅对上帝抱有无条件的爱。因此,对奥古斯丁而言,亲近上帝的人并不脱离世界而仅仅过一种沉思的生活。相反,这样的人的确生活在世界之中,与一切有限事物打的交道都指向一个永恒的善,并以对最高善的爱为导向。正如福音书所要求的:爱上帝胜过一切,并且在那种爱的光照下,你应该爱你的邻人和自己,以及一切其他的善。

埃克哈特大师在他的早期著作,例如《教诲录》(Reden der Unterweisung)中,已经提到了奥古斯丁伦理学这一基础性概念。这一著作具有实践的特点,因为其中包含了如何过好基督徒的生活的教导,尤其是作为一个僧侣或修女。因此,顺从、罪恶和忏悔是重要的主题,亲近上帝(inhaerere deo)也是。对于埃克哈特而言,亲近上帝意味着将自身提升到上帝面前,并坚定不移地与他相连;不依附事物,也不期待从它们那里得到幸福,而是把它们看作只是借给我们一样去拥有。这样的人不欲求任何可朽的善,也不期待在对它们的拥有中获得幸福。因此,埃克哈特声称,当失去它们时,他并没有陷入痛苦,而是在上帝那里保持着内在的平静。当然,这一切都是非常奥古斯丁式的。

然而,埃克哈特对亲近上帝这一概念的解释绝对超出了奥古斯丁的观点。正如我之前所述,奥古斯丁将罪的最深的根源视为人类对自身的错爱。那种对自我的错爱必须得到纠正,使其在上帝之爱的光照下变成对自我的善好的爱。然而,埃克哈特更为激进,他认为亲近上帝的全部意义不仅意味着在思想和欲望中把自己引向上帝,而且要被上帝的形式所彻底改变。正因如此,埃克哈特在《教诲录》中提出的最高命令式是:"放弃你自己! 放任你自己! [Lass dich!]"①"观察你自己,无论发现自己身处何方,放开你自己。"②埃克哈特认为,"泰然任之"(Gelassenheit)是与神合而为一的先决条件。他写道,"如果我放弃了自我,他(指上帝)对我的要求一定与他对自己的要求一致,不多也不少,也和他要求自己的方式一致。如果上帝不意欲如此,那么……上帝将不是公正的,上帝依据其本性的存在也将不复存在"③。这听起来令人震惊!为什么上帝"必然"以要求他自己的方式要求我,甚至这是依照本性而必然如此的?这种被断定出来的必然性是基于什么?

这个问题的答案是,当这个"我"被抛弃之后,就进入了上帝。它放弃了自己的个体性,从而与神圣心灵相融合。因此"inhaerere deo"包含了放弃某人的个体性以便与神圣自我融合在一起的意思。在《布道集》第83节(英文译本的第96节)中,有一个显眼的句子

①　*Reden der Unterweisung*, DW V 193. [*The Talks of Instruction*, in CMWME, 486 – 523, here, 488.]
②　*Reden der Unterweisung*, *DW* V 196. [Ibid., 489.]
③　*Reden der Unterweisung*, *DW* V 187*f*. [Ibid., 486 – 487.]

表达了这个观念:埃克哈特指出,"你应当完全脱离你的'你性',而融入他的'他性',你的'你的'和他的'他的'应当完全合为一个'我的'"。① 他邀请他的听众让她自身的自我("你的你性")融入神的自我(他的"他性"),以此在神之中成为一个"我的"(一个新的自我)。然而,这个新的自我,是神的自我。因此,上帝"必须"意愿这个放弃了原本的自我的人的新的自我,因为这个新的自我不是别的,正是上帝本身的自我。所以,埃克哈特从奥古斯丁"inhaerere deo"这一概念出发,但通过对人类自我和神圣自我的融合进行了大胆的一跃,而这是奥古斯丁从未认可也不会认可的,因为他主张造物主和受造物之间的区分。正如埃克哈特对奥古斯丁"这个或那个善"和"绝对善"的区分的阐释,埃克哈特对"亲近上帝"的阐释一开始采取了奥古斯丁的主张,但在一种新柏拉图式的统一性的方向上推进了一步,而对此奥古斯丁本人是保持距离的。

三、神秘的上升——与"一"合而为一

正如我们目前所看到的,埃克哈特认为生活的目标是让人类自我融合于神圣自我。人类通过成为上帝之子,并且与神圣自我融合而达到完善,即善、智慧、公正。但是,在他某些最为激进且令人印象深刻的德语布道中,埃克哈特的目标甚至更高。在这里他说人类生活的最终成就在于与"一"合而为一。埃克哈特这一观念的背景是新柏拉图主义的"合一"(henosis),即与"一"合为一体。在这个背景下,埃克哈特引入了两个新的观念,一个与上帝相关,另一个与人类心灵相关。

至于上帝,传统基督教教义——主要追溯到奥古斯丁——主张上帝是三位一体,这意味着一个上帝有三个在实体的意义上都是平等的位格。奥古斯丁反对新柏拉图主义,后者认为上帝是一个纯粹统一体,其中没有丝毫差异、关系或多样性。基督教的三位一体的上帝同样也不承认多样性——实际上只有一个上帝而不是三个——但他在内部分化出了互相关联的三个位格,即圣父、圣子和圣灵。在古代和中世纪传统之中,圣三一还被解释为上帝的自知和自爱的象征。圣父以圣灵为中介,在圣子中看到并爱着自己,反过来圣子也通过圣灵在圣父中看到并爱着他自己。所以三位一体的上帝认识自己,爱着自己,且总体上与自己相关联。然而,认识自己暗示了认识者、被认识者和认识行为之间存在差别。对于爱自己来说同样如此。因此,自知和自爱要求三个位格的统一(蕴含了三—一)(tri-unity)。在这种观点中,上帝不是纯粹的一,但他与自己相关联,所以他是一个自我。

---

① Predigt 83, DW III 443.埃克哈特作品中类似段落的参考文献如下[CMWME, Sermon 96, 463]。

然而，埃克哈特认为有一个绝对的"一"——称为"神元"（Godhead）——位于标准的基督教思想中三位一体的上帝之后或者之上。这个神元是没有任何差异和关系的纯粹统一体，正如新柏拉图主义的"一"。它不是三位一体的，它也没有自知与自爱。它甚至超越了造物主和受造物、上帝和世界之间的分别，而将双方包围在它无边无际的同一性（oneness）之中。在他的《布道集》第 13 节中，埃克哈特说道："在神元中，没有平等，只有统一性（unity）。"这很重要，因为对于奥古斯丁而言，在上帝之中有三个位格，彼此平等。但对埃克哈特而言，在"一"中没有平等，因为里面没有三个位格，而只有同一性。因此他说，神元不是一个"I"或者"me"（Pr. 77, DW 337），因为这样就涉及自知和关联性了。埃克哈特更进一步说道："上帝消失在了神元的源头。"（Pr. 109）对埃克哈特而言，"上帝"指的是一个人格化的存在者，也就是造物主，这是与其受造物关联在一起而言的。但在神元之中，所有这些差异和关系都消失了。实际上，对于埃克哈特而言，神元，即纯粹的"一"，是"上帝"、其内在三位关系及其与受造物的外部关联得以流溢的源泉。在他的《德语布道集》第 83 篇，他说道："你是否将上帝当作一个灵、一个人格、一个形象来爱——这一些都必须消失！但我该如何爱他呢？你应该将他当作一个非上帝、非灵、非人格、非形象来爱。甚至你应该将他当作一个脱离了一切二重性的清晰的'一'来爱。我们应永远沉浸在这'一'中，从有到无。"先前埃克哈特——与奥古斯丁一样——声称"亲近上帝"，即人类生活的目标，意味着爱上帝胜于一切。但现在他认为，对上帝的爱却是应该超越作为位格的上帝，而以非人格、非造物主、简单且纯粹的神元为目标。

正如在埃克哈特神秘主义的《布道集》中所呈现出来的那样，在他对于人类灵魂的理解中，彻底的统一性也是一个重要的观念。像奥古斯丁一样，埃克哈特在人类灵魂中区分出了两个层面，他称之为外在人（the outer man）和内在人（the inner man）。外在人包括那些与身体和感觉器官有关的灵魂能力，例如知觉和感官欲望。内在人由灵魂的更高能力组成，即指向非物质对象——例如真理和善——的理性和意志。在埃克哈特的早期著作中，他声称完全认同奥古斯丁，即好的生活就是按照内在人而生活。但在埃克哈特激进的《布道集》中，第三个要素出现在了他的心理学中。他用了许多名字来称呼它，如"灵魂的火花"（Seelenfünklein），或"内在城堡"（Burgstädtchen），或"神圣种子"（göttlicher Same）。这颗种子就像种在田里一样，被种进了灵魂。内在人必须用知识和德性来耕耘那片田，这样种子才能生长并长成一棵树。种子，城堡，火花是纯粹统一体，是一。正如埃克哈特解释的那样，它超越了思维和意愿，因为这二者都是指向对象的，并且因此包含了主体和对象之间的区分。它还超越了自我知识，人格性（personhood）和作为"我"或"我自己"存在，这些都包含着关系。最后，灵魂的火花甚至不受制于上帝和人类或造物主和受造物的差别。像神元一样，它是纯粹的一，且它们是同一个"一"。

埃克哈特在他的著名《布道集》第 2 节中说，在我们之中的小城堡①完完全全为一且简单，正如上帝为一且简单。没有人能向内窥视，即使上帝也不能，因为这一行动暗示了看和被看的区别。如果上帝要向内窥视，埃克哈特认为，"他就必须以放弃他所有的属神的名称和他的人格特征为代价；如果他要向内窥视的话，他就必须将这一切置之于外。反之，一旦他成了单一的'一'，不再具有任何方式和特征，那么，他就既不是父也不是子，也不是这个意义上的圣灵"。② 只有神元能加入这个小城堡，而三位一体的上帝不能。所以一个排除了一切差异的一与一的统一体产生了。

《布道集》第 109 节指出："上帝（指造物主上帝，与神元相对）存在又消失。当受造物说出上帝时，上帝成为存在者（由于与受造物的关系，造物主上帝不是纯粹的统一体）。当我在神元的大地上、涌流和源头中时，没人问我要去哪儿或我在做什么——在那里连问的人都没有。但当我流溢出来，一切受造物都说：上帝。"在这里，埃克哈特提到了神元与我，也就是灵魂的火花或城堡的源始统一。最初，这就是同一个东西。只有当这个我流溢出来之后，即从神元中分离出来之后，作为造物主的上帝才开始与一切受造物共同存在。只有当那时，才有了一个人类人格，与一个作为其创造者和拯救者的神圣人格相对。在埃克哈特的神秘主义布道中，人类生活的最高目标和最终实现就是与"一"再次成为一个统一体。

埃克哈特在他的神秘主义的《布道集》中显然比以往走得更远。"亲近上帝"不再意味着在善良之人中承载作为圣三一中的一个位格的圣子，也不再意味着让人类自我和神圣自我融合在一起。③ 不如说现在回到了普罗提诺的观点，他认为人与上帝的统一体高于三位一体，因为它超越了所有差异。④

对于奥古斯丁而言，精神性上升的观念具有核心意义。但对他来说，这上升总是随着

---

① 奥古斯丁也提到了"灵魂的火花"（Seelenfünklein），不能排除埃克哈特从《上帝之城》中采用了这一表述。在这部著作中，奥古斯丁提到了理性的火花（scintilla rationis），即使在堕落为罪之后，这种火花也没有完全熄灭（参见《上帝之城》第 22 章 24 节）。然而，对奥古斯丁来说，这种火花当然是灵魂的受造属性，而不是使灵魂等同于上帝的非受造属性，更不是神元。

② Predigt 2, DW I 43.［Sermon 8 in, CMWME, p.81.］
  参看［德］埃克哈特：《埃克哈特大师文集》，荣震华译，北京：商务印书馆，2010 年，第 134 页。

③ Vgl. Enneade I 6,4; V 9,2.

④ Vgl. Enneade IV 8,1.在这里，普罗提诺说的是与"一"合为一体，"一"是第一且完全的无差别的本体（hypostasis）。"Henosis"是普罗提诺关于这种合一的概念。

对神圣之光的直观或对神圣智慧的触摸而结束。光与智慧意味着永恒的圣子。① 然而,看与触摸暗示了被看见/被触摸者与看者/触摸者之间的持续性的差异。奥古斯丁从未像埃克哈特那样说过人与圣子合二为一,更不用说与超越三位一体的"一""合一"。对于奥古斯丁,超越三位一体的神元甚至不存在,也没有埃克哈特所理解的灵魂中的火花或者城堡。尽管埃克哈特大师以奥古斯丁为基础,但他的神秘主义思想是远远超出了奥古斯丁的。奥古斯丁坚持差异和关系的形而上学,即造物主和受造物的区别、圣三一的内部关系、或自我认识着的心灵的内部关系。然而埃克哈特在他激进的、神秘的脉络里努力克服所有这些差异和关系,追求全体的统一(All-Unity)。

Meister Eckhart and the Mystical Transformation of Augustine's Ethics

Johannes Brachtendorf

【Abstract】 Eckhart frequently cited the writings of Augustine to defend his mystical views. However, Eckhart departed from Augustine in many places. This is manifested in Eckhart's "re-Platonization" of Augustine in three aspects: the first one is the relationship between God and the world; the second is the ethical thought of approaching God; the third one is the concept of the mysterious ascent toward God. Although there are indeed mystical ideological resources in Augustine, Eckhart's mysticism is more radical than Augustine's.

【Keywords】 Eckhart, Augustine, Neo-Platonism, Godhead

---

① Vgl. Conf. VII 10,16; 17,23; IX 10,23 – 26.

【研究生论坛】

莱纳·福斯特的雅努斯面孔

——规范性宽容理论的重构与批判

唐　博①

【摘要】本文旨在深入探讨法兰克福学派新生代表莱纳·福斯特的规范性宽容理论，并对其进行详尽解释、重构及批判性分析。首先，从历史性和系统性两个视角对福斯特的宽容理论进行了深入解读和重构，强调其理论目标是通过对等的和普遍的尊重来建立真正的宽容。其次，笔者对福斯特的宽容理论进行了批判性分析。从理论自身看，尽管福斯特批判了许可宽容观的雅努斯面孔，主张尊重的宽容观，但他并没有真正克服宽容的两面性，而是将宽容的假面从"许可"转移到了"尊重"。最后，超越此理论本身，文章从过度的自我、非对称性伦理、规范性霸权以及对东方世界宽容观的忽视四个方面进一步指出了其存在的问题和局限性。

【关键词】宽容，尊重，对等性，规范性霸权，自我与他者

莱纳·福斯特（Rainer Forst）对"宽容"概念进行了谱系学的和规范性的研究，他指出宽容自身并非像自由一样是一种价值，而是一种"依附性的概念"，②即在没有更高层次规范性原则下，宽容概念是不确定的。福斯特采用思想史的方法，详尽地分析了西方世界宽容的理由史，并发现宽容始终是在权力和道德的关系中展开的。因此，他试图构建一个超越历史的宽容理论。这个理论以更高层次的正当性原则（Rechtfertigungsprinzip）作为宽容概念的规范性基础，他主要接受了皮埃尔·贝勒（Pierre Bayle）关于"理性和信仰明确分

---

① 作者简介：唐博，波恩大学哲学系博士研究生，主要研究方向为德国浪漫主义哲学（施勒格尔、荷尔德林、诺瓦利斯），海德格尔哲学。

② Rainer Forst, *Toleranz im Konflikt. Geschichte*, *Gehalt und Gegenwart eines umstrittenen Begriffs*, Frankfurt am Main：Suhrkamp Verlag, 2003, S.48.

离"的思想以及康德对于实践理性和道德自主(Moralische Autonomie)的论述,并主张通过对等性(Reziprozität)和普遍性(Allgemeinheit)两条原则来区分道德规范(Moralische Normen)和伦理价值(Ethische Werte)。由此,宽容的规范性理论就得以完整建立。

一、规范性宽容理论的历史来源

总体而言,福斯特对宽容思想的贡献在于对宽容史的重新深刻阐释,其意义不亚于对宽容理论的系统性构建。没有对于宽容史的把握,理论就会变成空中楼阁。因此,对宽容概念的历史性诠释成为福斯特宽容思想的基础。首先,他澄清了他的规范性宽容思想中所使用的术语的来源,如"道德和伦理""对等性和普遍性""理性的有限性""正当性""许可""尊重"等。其次,他富有批判精神地详细梳理了反对观点,例如主权理论[1]和浪漫主义思想[2]在宽容问题上的思想脉络。最后,他不仅关注宽容在哲学史中的演变,还着重分析了"宽容"政策在历史中的具体政治应用,[3]使宽容思想不仅是理论的,更是实践的。

在福斯特的宽容理论中,他首先明确地反驳了宽容仅仅是近代的产物,而是认为古代和中世纪同样重要。他主张现代宽容思想实际上只是对古代和中世纪宽容思想的重新解释,是激进化和理由的拓展。[4] 因此在对宽容概念起源的追溯中,他从对斯多亚学派自我对于痛苦的忍耐[5]开始,写到了奥古斯丁基于上帝之爱的"强迫性宽容"[6]。比如奥古斯丁认为,通过武力让人强制皈依基督教是一种良好的胁迫,而这也是爱的"双刃剑"特征。然而,福斯特特别批判了这种基督教宽容的两面性特征,即这种宽容总是以爱的名义强迫人们信仰上帝,并将异端排除在宽容的对象之外。福斯特接着认为,通过对人的尊严的承认可以克服这种宽容的虚伪性。但是这种两面性始终藏在整个西方文化之中,只是将爱和上帝的概念置换成了正义或其他词语。因此,福斯特的宽容理论提出了对西方文化中宽容概念的深刻反思,强调了对宽容背后动机的审视。

---

[1] 福斯特在《冲突中的宽容》一书的第一部分重点写了主权理论中的宽容,从第七章的马希利乌斯(Marsilius)到第十一章的博丹(Bodin),再到第十六章的霍布斯和第二十七章当代的卡尔·施米特(Carl Schmidt)。

[2] 福斯特看到了一条影响极其深远的关于宽容与自由的思想脉络,这条脉络由洛克发端,由赫尔德的多元文化主义到洪堡的个体性以及密尔对于对等的自由的思考,一直延伸到当代的拉兹(Raz)和吉姆利卡(Kymlicka)。

[3] 比如从中世纪的宗教宽容政策到法国的《南特敕令》,再到17世纪荷兰的宽容政策,以及当代的宽容问题的讨论

[4] Rainer Forst, *Toleranz im Konflikt. Geschichte, Gehalt und Gegenwart eines umstrittenen Begriffs*, Frankfurt am Main: Suhrkamp Verlag, 2003, S.125.

[5] Ebd., S.54.塞内卡对斯多亚派宽容观的总结:"对于痛苦庄严的忍受(das würdevolle Ertragen von Schmerzen)。"

[6] Ebd., S.75.奥古斯丁认为强迫他人信仰上帝属于"良好的胁迫"(guten Zwang)。

　　此外,中世纪也存在反对基督教宽容的声音,比如马希利乌斯从国家理论的角度反对教会主导国家的观点,并强调全体公民应建立世俗国家。他认为,在国家之中,宗教信仰自由,因为"强迫的信仰并不为神所喜"。① 他的想法极大地启发了近代主权思想。因此,随着中世纪精神政治秩序的解体和民族国家的形成,新的政治意识和主体性出现了,人们不仅在身体上和政治上意识到了更自主的自我,还在对自我与世界的理解中加深了这种自主性。而"自主"(Autonomie)成为现代性的标志,宗教逐渐变成了国家统治和权力合理化的工具。在变革的过程中,福斯特看到了宗教世俗化所带来的基于人的尊严和自由的主体间的人文主义的宽容理由,②以及国家主权理论中强调主权者最高合法性的片面的许可的宽容理由③。因此,他赞成卡斯特里奥(Castellio)关于从共同道德和宗教教义中强调的"正义的对等性"(Reziprozität der Rechtfertigung)。卡斯特里奥认为,每个人特定的立场或者主张需要对等的理由,不允许被普遍化,否则这种立场就是不正义的。④ 福斯特一方面从认识的角度赞成了观点和判断的多重性导致的伦理价值的多元意识以及自我的相对化,⑤另一方面,他批评了这种价值多元性的危险在于判断的缺失和失去方向。

　　而为了摆脱这种危险,福斯特接受了贝勒的思想。贝勒通过规范性和认识论的差异分离了普遍的理性道德和具体的伦理信念,从而将道德从宗教中解放出来。⑥ 他反对宗教压迫的正当性,并寻求对等和普遍有效的论据来支持宽容。贝勒认为,道德概念是独立的和理性的,应该为人类共享,以纠正宗教真理。同时,由于理性的局限和宗教差异,信仰的正当性必须通过道德来证明,而对等论证的原则就是道德的基础。⑦

　　随后,康德在贝勒的思想基础上对宽容概念进行了全面的扩展。康德认为道德并非是关于如何实现幸福的学说,而是关于至高的善的原则,即人们习焉不察的道德律令(Moralischen Imperativ)。他认为道德上至高无上的"善"是理性的需要,并将道德规范的

---

① Rainer Forst, *Toleranz im Konflikt. Geschichte, Gehalt und Gegenwart eines umstrittenen Begriffs*, Frankfurt am Main: Suhrkamp Verlag, 2003, S.123.

② Ebd., S.130. 以菲奇诺(Ficino)、皮科(Pico)、伊拉斯谟(Erasmus)和托马斯·莫鲁斯(Thomas Morus)为代表,他们认为宽容体现了上帝的旨意,是超越一切差异,在人与人之间已经存在的统一。.

③ Ebd., S.147-152.参看马基雅维利的基本思想。

④ Ebd., S.170-172. 卡斯特里奥认为特定的宗教信仰不应该被普遍化,福斯特认为这种对等性的思想为尊重的宽容观奠定了基础。

⑤ 代表人物为蒙田和洛克。看看《冲突中的宽容》第十三章和第十七章。蒙田以怀疑主义为基础,强调人与人之间的差异和伦理价值的多元性;洛克同样主张宗教自由。

⑥ Rainer Forst, *Toleranz im Konflikt. Geschichte, Gehalt und Gegenwart eines umstrittenen Begriffs*, Frankfurt am Main: Suhrkamp Verlag, 2003, S.312-351.在第十八章中,贝勒认为道德概念是独立于宗教之外的能力,因此无神论者也有道德动机。

⑦ Ebd., S.330.贝勒是福斯特宽容思想的最重要的启发者。

原则和以幸福为导向的价值体系区分开来。也就是说,幸福的生活并不等同于至善的生活,而道德本身也不需要宗教和伦理的理由。康德认为,人作为有限理性的人拥有自主的道德的观念,每个人依据实践理性的要求拥有意志自由和自我设定的能力。道德人作为自主的人,其本身应该作为目的被无条件地尊重。① 人与人之间作为"道德共同体"的成员是平等的,因此每个人应该相互承认各自的基本权利并维护各自的伦理价值选择上的自主性。② 福斯特接受了康德实践理性所要求的自主性概念,并认为这种自主性赋予人一种不能被最高真理取消的正当性权利。③ 此外,康德认为,宽容是作为立法者的公民的美德。④ 在宽容的要求之下,人们应该相互承诺,彼此尊重,不能经得起对等性考验的理由不能强加于他人。康德关于"尊重"的思想极大地启发了福斯特,使得福斯特在后面会试图借助"尊重"的概念来克服"许可"的宽容概念。

在当代,基于康德的道德建构主义,政治哲学家罗尔斯(John Rawls)提出了自己的政治建构主义。⑤ 他强调正义的自主建构性理由的前提是个人被赋予了实践的理性,这种理性能力等同于道德能力,政治概念也是基于道德原则建构的。首先,罗尔斯强调人在道德上的理性自主性,并认为道德行动只依赖于实践理性原则而不依赖于其他伦理价值。他认为理性的人应该为自己的行动寻求合理的理由和判断,并认识到自己理性能力的有限性。其次,为了具体指出理性的有限性,他提出了六种判断的负担。⑥ 最后,政治或者道德中的规范的"正义"概念是独立于伦理学说的道德实践,根据多元社会制订的正义概念就被这样建构了起来。由于宽容的规范性高于认识性,罗尔斯认为宽容应该建立在道德正义的基础上,并反对将宽容建立在怀疑主义、相对主义或者伦理自由主义的基础上。罗尔斯对福斯特的影响除了规范性的"正义"概念外,还在于罗尔斯也看到了伦理话语中的宽容与道德话语中的宽容之间的鸿沟。罗尔斯更强调道德意义上的宽容,认为不宽容

---

① Rainer Forst, *Toleranz im Konflikt. Geschichte, Gehalt und Gegenwart eines umstrittenen Begriffs*, Frankfurt am Main: Suhrkamp Verlag, 2003, S.418 – 425. 康德认为,无条件地尊重他人意味着不仅要尊重他人的选择自由,还要尊重他人的具体的构成的身份。

② Ebd., S.426 – 437.康德强调三种公民的概念,其中伦理上社会的每一个公民都有着对于个人幸福定义的自由,每一个成年主体都应该被视为平等的存在。

③ Rainer Forst, Politische Freiheit, Philipp Schink hrsg., *Zeitgenössische Texte zu einer Philosophischen Kontroverse*, Berlin: Suhrkamp Verlag, 2020, S.397 – 421.福斯特是一个真正的康德主义者,他主要提出了五种不同的自主。

④ Rainer Forst, *Toleranz im Konflikt. Geschichte, Gehalt und Gegenwart eines umstrittenen Begriffs*, Frankfurt am Main: Suhrkamp Verlag, 2003, S.434.康德使用了"共同立法者"(Mitgesetzgeber)一词来描述公民,也体现了公民在政治层面的独立性及其基本权利。

⑤ Ebd., S.619.

⑥ Ebd., S.639.

主要不是自己伦理价值上的违背,而是道德理性上的失败。① 但是,福斯特认为罗尔斯的宽容并不是以正确的方式建构起来的,因为罗尔斯忽视了理论的自主性,没有充分强调基于实践理性的理论理性,过分强调政治原则的正当性在道德上的自主性,而这正指向其重叠共识(overlapping consensus)的综合学说。②

二、规范性宽容的系统性重构:对等性和普遍性

通过对福斯特宽容思想的谱系学的梳理,我们可以看到他的宽容思想的一个模糊的框架,尽管这些思想可能存在相互冲突和不系统的一面,但福斯特希望在此基础上建立一套超越历史性的系统性理论。③ 因此,对他的规范性宽容理论的呈现是必要的,若缺乏对他的理论的深入了解,所谓的批判也将是模糊而不具体的。福斯特的宽容概念接受罗尔斯对于核心意涵(Konzept)和具体阐释(Konzeption)的区分④,更进一步,他从上述的这些思想来源出发来建构自己的宽容体系。笔者将这个体系的主要内容概括为:宽容的三个核心语义,四种具体阐释以及两个围绕着"正义"原则的标准。

在福斯特看来,宽容首先涉及宽容和被宽容者之间的关系问题,即宽容主体的问题,比如横向还是纵向的关系。⑤ 其次,宽容可以作为行为、态度或者美德的要求。最后,宽容概念体现的自由意志和不被胁迫的要求,因此不存在被迫宽容的情况。解释宽容的核心语义的目的旨在呈现出何为真正的宽容,并区分冷漠、纵容以及不宽容。第一,宽容的语义内涵中首先含有合理拒绝的要素(Ablehnungs-Komponente)。福斯特将拒绝视为宽容的一个核心要素,认为没有这个要素,宽容就会沦为冷漠和忍受。拒绝在这里指的是基于正当理由的规范性拒绝错误的态度和行为。能够运用正当理由进行合理辩护是一种判断力和辨别是非能力的体现。然而,这里存在一个悖论,即"对种族主义者的宽容",福斯特

---

① Rainer Forst, *Toleranz im Konflikt. Geschichte*, *Gehalt und Gegenwart eines umstrittenen Begriffs*, Frankfurt am Main: Suhrkamp Verlag, 2003, S.623.

② Ebd., S.616.

③ 总的来说,福斯特的建构并不系统,因为从《冲突中的宽容》的第一章到第三章是系统性理论的总述,第四章到第二十九章则是历史性描述,第三十章到第三十九章又回到了系统的描述和理论批评。因此,他的描述一方面是对历史中宽容的批判性吸收,另一方面则是对当代宽容思想的接受和反驳。

④ Rainer Forst, *Toleranz im Konflikt. Geschichte*, *Gehalt und Gegenwart eines umstrittenen Begriffs*, Frankfurt am Main: Suhrkamp Verlag, 2003, S. 30. 罗尔斯明确指出"konzept"指的是中心意涵"zentrale Bedeutungsgehalt",而"konzeption"涉及的是"spezifische Interpretationen"。

⑤ Heiner Hastedt, *Toleranz: Grundwissen Philosophie* (Reclam Taschenbuch), Reclam, 2012, S.11. 哈舍特从个体和集体、横向和纵向的角度总结了四种不同的宽容主体之间的关系。

认为,种族主义者不应该被宽容,因为种族主义本身不具备对等性的正义,所以应该被拒绝。① 第二,宽容概念具有接受的要素(Akzeptanz-Komponente)。接受的要素是宽容概念中最重要的部分,也是最容易被误解的一个要素。在福斯特看来,宽容若要避免成为斯多亚式的忍受,就必须对接受的内容进行审查。接受不是完全认同,而是与拒绝一样,接受符合规范的正确的行为和态度。因此,拒绝和接受共存于宽容的概念之中。在拒绝和接受的竞争中,宽容的主体必须进行审美、道德和伦理的判断,并提供符合接受或拒绝的正当理由。只有在这个权衡过程中有足够有效的理由使"接受要素"占据优势地位,宽容才有可能发生。第三,宽容概念中涵盖了反对的要素(Zurückweisungs-Komponente)。这一要素一直和拒绝的要素难以区分。② 福斯特十分明确地指出,我们不应该认为拒绝和反对是同义反复,它们应该是宽容主体基于不同的道德或伦理理由进行反对。③ 因此,反对可以凭借道德理由而存在,而不必与拒绝一致。④ 反对的重要性在于,它为接受和拒绝提供了道德依据,并由此划定了宽容的界限。

基于上述的中心语义,福斯特提出了存在于历史和当今社会现实中的四种宽容形式:许可的宽容观、共存的宽容观、尊重的宽容观及敬重的宽容观。⑤ 许可的宽容指的是代表权威的多数派或者统治者基于现实的理由,允许少数群体或者边缘群体按照自己的伦理信仰生活,但前提是承认统治者的政治统治地位。因此,许可的宽容是世界历史中普遍存在的,其本质表现为一种纵向的主体间关系,因而它是一种不具对等性的宽容。共存的宽容往往发生在实力或者权力相当的群体之中,他们基于实用性和工具性的理由选择和平妥协,相互容忍。但是这种宽容并非真正的相互承认,而是相互不信任,因此,这种宽容观的结构并不稳定。

在福斯特眼中,前两种宽容观都是压制性的宽容观,而正义的宽容观是尊重和敬重的宽容观。尊重的宽容是指相互宽容的群体出于对等性的原因彼此尊重各自的平等权利。这种宽容观建立在康德的对人的尊重的观念之上,强调个人的道德自主权以及对等和普

---

① Rainer Forst, *Toleranz im Konflikt. Geschichte, Gehalt und Gegenwart eines umstrittenen Begriffs*, Frankfurt am Main: Suhrkamp Verlag, 2003, S.32 – 35.

② 福斯特在第三十五章中区分了这一点,即意识到语境差异的美德,将基于伦理理由的拒绝转变成基于道德理由的反对。

③ Rainer Forst, *Toleranz im Konflikt. Geschichte, Gehalt und Gegenwart eines umstrittenen Begriffs*, Frankfurt am Main: Suhrkamp Verlag, 2003, S.32 – 41.

④ 在后面一节,福斯特有矛盾的一面,他认为拒绝可以基于伦理理由,而反驳更多地基于道德理由。

⑤ Rainer Forst, *Toleranz im Konflikt. Geschichte, Gehalt und Gegenwart eines umstrittenen Begriffs*, Frankfurt am Main: Suhrkamp Verlag, 2003, S.42 – 48.

遍的辩护的权利。福斯特又将尊重的宽容区分成形式的平等(die formale Gleichheit)和质的平等(die qualitative Gleichheit)。① 他认为将公共领域和私人领域分离的政治平等并非真正的平等,因为道德歧视无法避免。因此,他强调质的平等,其不仅表现在法律和政治上的平等,而且是伦理和文化上的平等。在这个基础上,他进一步提出了最后一个宽容观:敬重的宽容。敬重是从尊重的概念中发展出来的,它是指不仅要尊重差异性文化和宗教在法律和政治上的平等地位,而且要尊重他们的伦理价值和信仰。

上述核心意涵和具体阐释看起来是系统的,但同时似乎又是僵化的,仿佛福斯特只是在给"宽容"制订一套合身的制服。似乎是如果读者要想理解福斯特的整个"宽容"思想,就必须要穿上这套制服。然而,关键的要点在于理解福斯特宽容概念所遵循的两个基本原则。唯有理解这两个基本原则,读者才能在穿上制服之前对这套理论的各个方面进行判断。而这个判断的标准正是符合正义的对等性和普遍性的原则。

宽容最基本的要求在于提供拒绝、接受和反驳的理由,而这些理由必须符合对等的正当性。强调对等的正当性是因为任何强迫行为都需要合理的理由,它既是实践自由的合法性,即对行动自由限制的合法性,同时也是宽容概念和理由的基石。在福斯特的观点中,这种对等的正当性被视为更高层次的道德理由,只有它能确保伦理理由的合法性,因为特定社会条件下的伦理和文化理由不一定能经受普遍性和对等性的检验。福斯特进一步将对等性分为内容的对等性(Reziprozität der Inhalte)和理由的对等性(Reziprozität der Gründe),前者意味着任何人都不能提出他所否定的某些要求,而后者则强调一个人不能简单地假设自己的观点、价值、利益和需求与他人相同,将之作为最高真理的权威。同时,对等的正当性提供的道德理由还要求普遍性,即这种理由应该是可以被普遍认同的,尽管并不一定已经被广泛接受。普遍性的要求在于,规范性的解决方案必须考虑到每个人的要求,因为每个人都有反对和否决权,即他们可以对等地拒绝。因此,普遍性要求我们根据道德规范使自己的信念相对化,并认识到理由之间的差异,找出共同点。② 最后,正义的核心在于辩护权(das Recht auf Rechtfertigung),因为公共辩护的开放性要求对等的宽容。在这个意义上,宽容要求我们使自己的立场相对化,即在捍卫道德真理的同时,也有向他人提供理由的道德义务,而其他人则有权对等地拒绝这个真理。③

---

① Rainer Forst, *Toleranz im Konflikt. Geschichte*, *Gehalt und Gegenwart eines umstrittenen Begriffs*, Frankfurt am Main: Suhrkamp Verlag, 2003, S.46 – 47.

② Ebd., S.594 – 595.

③ Ebd., S.498.

三、规范性宽容的内部批判

费这么多篇幅来解释福斯特的宽容思想确实是十分有必要的,因为理解总是先于批判。对于福斯特宽容思想的全面梳理有助于纠正学界中存在的各种误解,并为深入的批判提供基础。这样的历史性和系统性的总结使得我们能够更清晰地看到福斯特在宽容理论上的贡献,为之后的审查提供了有力的支持。批判并不意味着反对,而是在于检验其基础的预设,从而审查其内部要素的关系。

福斯特的核心工作在于如何超越压制性的许可宽容,通过规范性的路径达到尊重的甚至是敬重的宽容理论。在古代和当代民主社会中,压制性的许可宽容一直占据主导地位,因为许可的概念往往建立在强弱权力关系或者任意统治的等级制度上。在古代,这种宽容表现为君主对少数群体或者基督教对异端的宽容。这种宽容是建立在主体的话语权力中,将宽容视为手段,给予被宽容者有限的自由以维护权威或者统治。因此,这种权力合理化下的宽容是纵向的视角。而在现代民主社会,这种许可的权力被转移到了代表多数人的政党或者个体手中。对于少数群体的宽容,前提往往是少数群体要承认多数的政治统治地位。因此,这种宽容仍然被视为歌德所宣称的"宽容是强者对弱者的羞辱"①。

因此,许可的宽容呈现出了一种两面性,这种两面性在历史的演变过程中从教会过渡到国家或政党,在不同意识形态之间的争执中表现为对于异议者的不宽容的姿态,并强调政治正确。这种虚伪或两面性在一些范例中十分典型:第一个例子是门德尔松(Moses Mendelssohn)认为的,西方国家对待犹太人的政策,既包容又排斥,既保护又羞辱;②第二个例子是温迪·布朗(Wendy brown)批判的西方自由民主国家同质文化的至上性,并强迫他人宽容;③第三个例子是政治正确下容易变得虚伪的道德观或者总被批判的道德双重标准。④ 这些例子突显了在实际应用中宽容概念的复杂性和不一致性,揭示了在表面宽容的背后可能存在的矛盾。这种两面性的存在挑战了真正实现对等的、尊重的和敬重的宽容理论的可能性,因为它常常被权力和意识形态的斗争所左右。

---

① 这也是福斯特解释许可宽容时最常用的例子。

② Rainer Forst, *Toleranz im Konflikt. Geschichte, Gehalt und Gegenwart eines umstrittenen Begriffs*, Frankfurt am Main: Suhrkamp Verlag, 2003, S.409－418.福斯特认为,门德尔松对专制的政治宽容的思考展示了宽容概念的矛盾性。

③ Wendy Brown, *Regulating Aversion: Tolerance in the Age of Identity and Empire*, Princeton: Princeton University Press, 2006, S.3－25.

④ 这里当然也涉及对于自由的批评,尤其是马克思批评了政治自由是虚假的半自由状态,尽管它是历史性的自由,但是自由权利尽管被赋予给了每个公民,但是弱势群体缺少使用这些权利的方法,因此它反而巩固了社会权力的基础,从而加剧了不平等的现实状态。

福斯特对许可宽容的两面性有着深刻的认识,他从对等性的角度批判了这种宽容的不正义性。他接受康德的"无条件地尊重作为目的本身的人"的思想,并认为每个人有权从他人那里获得尊重,那么反过来也有尊重他人的义务。因此,宽容的前提应该是基于道德理由的自我约束。这种自我约束要求在自由的自我立法中对自身的真理进行限制,以使自我真理相对化,从而使他人能够被对等地看待。在这一基础上,宽容不是建立在不平等的权力关系上的,而是一种相互尊重的宽容。宽容的人因此也是相互尊重的人,每个人都尊重他人在道德和认识论上的自主权。这种宽容的基础是平等和相互理解,而不是压制和统治。

但是,在这个相互尊重的理想中存在一些问题:第一,从自我规范的角度看,自己的道德信念与他人的道德信念同质化的过程建立在一个预设的"自我"概念上。这种自我既表现为道德规范的肯定性,又表现为伦理价值的否定性。这导致自我与自我之间的道德和伦理差异被割裂,个体陷入在道德自我和伦理自我之间的摇摆。多样的自我最终将被同一的道德自我以对等性和普遍性之名吞噬。第二,从规范性实践的角度看,尊重的宽容难以实现,因为质的平等难以实现在以宽容为美德的多元社会中,文化和伦理上的差异往往被忽视,多数群体的伦理价值往往占据话语权,自我伦理的普遍化趋势是不可避免的。即便认识到区分伦理和道德的必要性,有特权的一方难免会排斥或歧视其他文化伦理价值。因此,自我伦理的相对化状态只是一种理想化的状态。第三,福斯特支持多元文化的正义,即将伦理价值的观念放进对等的普遍的理由中去检验,从而论证特权和歧视不具备正当性,因此他认为法律、道德和政治应该公平地保护弱势的一方。① 但是问题在于,法律上的承认并不意味着伦理文化上的真正尊重。承认伦理价值的差异是否会将特权合理化,法律是否应该遵循中立,这些问题使得理论系统的实际可行性存疑。虽然福斯特试图通过尊重概念建立真正对等的、普遍的、符合正义的宽容,但许可概念的两面性并没有因"对等的尊重"的出现而消失。这个理论系统在形式和内容上或许严密,但实际上却存在一些悬而未决的问题。

四、宽容与自我:过于自我的宽容②

"宽容"概念的建立有助于辩驳最流行的观点,尤其是普遍流行的"宽容会导致平庸

---

① Rainer Forst, *Toleranz im Konflikt. Geschichte*, *Gehalt und Gegenwart eines umstrittenen Begriffs*, Frankfurt am Main: Suhrkamp Verlag, 2003, S.675 – 708. 福斯特批评了查尔斯·泰勒(Charles Tayler)过于强调差异的政治,进而认为可以给予弱势群体某些特权以表示对他们的尊重。

② 福斯特明确反对多元主义的宽容会导致自身平庸和冷漠的看法,他尤其强调认识真正的价值和确定宽容的界限需要极其强大的判断力。

或冷漠"的观点,这是福斯特明确反对的。尼采是一个典型的代表,他将宽容视为现代人因内心软弱而导致的失去自我的冷漠和自我否定的堕落。① 福斯特指出尼采错误地使用了"宽容"这个词,因为宽容并不等于冷漠。宽容需要更高层次的自主性来履行道德责任,需要通过强大的自我进行道德判断和自我限制。正如他在宽容的核心意涵中所强调的,没有拒绝就没有宽容。因此,宽容实际上是自我强化的过程,而不是自我贬低。②

福斯特非常强调宽容理论中的自主性,因为自主性意味着理解个体身份的不同组成部分和不同的责任,以及要为自己的整全性负责。伦理世界和道德领域的复杂性增加了自我的复杂性,宽容的前提是认识到个体内部和人与人之间的复杂性。在阿多诺(T. W. Adorno)看来,宽容人格与专制人格相对。在拥有专制人格的人的眼中,其他群体或者文化的差异是对自己身份的威胁,因此不宽容成了一种群体美德,因为他们没有能力承受复杂世界的模糊性,于是容易陷入不精确的概念和过于笼统的因果解释中,就自然地容易将人进行简单的区分,然后在对他者的消极态度中得到庇护,这恰恰是专制人格自卑、无能和软弱的表现。③

此外,福斯特认为,尽管宽容一方面需要自我的伦理真理的相对化,但另一方面也需要极高的判断力,否则就可能缺乏对对等性和普遍性的原则的意识。④ 在这个意义上,他过于强调道德意义上自我的宽容。首先,他将所有的信念或者生活方式归类到伦理价值的层面,伦理层面的相对化就演变成了一个价值降序的过程。然后,他强调道德规范意义的自主性,因此道德层面的判断又是一个自我拔高的过程。这种自主性基于道德责任进行着不同的道德判断,尽管这个判断理论上要经受对等性和普遍性的检验,但依旧是一个无法想象的过度的自我,因为这个自我不仅需要拥有丰富的多元伦理价值的经验,而且需要基于实践理性维持着自身判断力的主权。这种过度的自我宽容常常表现为正义下的许可,并将自我判断力等同于对等性和普遍性原则。这种自我不仅存在于自我内部,也体现在自我与他者的关系中,而福斯特也称之为"主体间性的"(Intersubjektivistisch)。

五、自我与他者:非对称性的宽容

无论是纵向的还是横向的,自我与他者的关系是宽容问题最主要的展开域。福斯特

① Rainer Forst, *Toleranz im Konflikt. Geschichte, Gehalt und Gegenwart eines umstrittenen Begriffs*, Frankfurt am Main: Suhrkamp Verlag, 2003, S.667.
② Ebd., S.667 – 669.
③ Ebd., S.671 – 674.
④ 如他在对对等性标准的描述和对以拒绝、反驳要素的总结中要求一种道德的自主性和理性的判断力。

致力于一种横向的、平等的宽容关系,在这种关系中,自我与他人作为同样的主体相互尊重,相互宽容。但这种宽容在现实中是否真的能实现是值得怀疑的,因为政治现实充满了不平等而且复杂的角力,这些权力此消彼长,始终处于一个动态的过程中。任何一种支配这些权力的意识形态都会试图将他者纳入到自身之中,而基于不同意识形态的宽容自然也是压制性的。

尽管福斯特批评了这种意识形态,但他理想化地将"我与你"的平等伦理关系当作了政治规范话语的正当性追求。① 尊重的宽容概念强调对等性和普遍性下的平等关系,不仅是自我与他人,还有自我和集体的关系。在这个意义上,列维纳斯(Emannuel Levinas)批评康德的这种尊重建基于实践理性或者理论理性的认识能力,而认识(Erkennen)意味着对现实的利用和剥削。因此,认识并不是与他者本身发生关系,而是将他者还原为自我。② 这种基于理性认识能力的本体论实际上是权力的哲学。③ 因此,康德的尊重概念最终导向的依旧是同质化之后的自我。

在列维纳斯看来,真正的他者并不来源于自我的自发性(Spontanität)。列维纳斯认为,他者具有超越性,并不是第二个自我,自我并不能将他者融入到我的世界。这就是为什么他者有绝对的差异性。因此,只有无我地被爱上的他者才是真正的他者,这种爱被理解为对于他者的责任。④ 伦理学的唯一原则就是对他者的无限责任,因此他并没有建立任何道德规范,他认为通过爱的角度而非规范的自我才能实现真正的尊重。然而,列维纳斯并没有看到,对他者的尊重的问题始终和他者行使压迫的权力交织在一起。对他者的思考最后也会回到上帝是否作为绝对的他者的问题中。⑤ 因此,保罗·利科(Paul Ricoeur)批评这种"绝对他者"其实是"奴隶主"般的存在,自我在最后容易消弭在对他者的渴求中。⑥

但是,列维纳斯并不认可马丁布伯和利科所认为的"自我与他者"的对称性伦理学,他认为要摆脱通过自我的经验去把握他者的虚假的尊重。因此,宽容真正的尊重概念的

---

① 参见 Martin Buber, *Ich und Du*, Gütersloher Verlagshaus, 1999。马丁·布伯认为,"我和你"的关系存在于两个能动的主体之间,并不是主体对客体的认识,而是两个主动主体的相遇和对话。尽管布伯更强调"你"而不是"您"的作用,但关于主体与主体呈现出对称性的看法与康德和福斯特一致。

② 参见 Lévinas, *Totalität und Unendlichkeit: Versuch über die Exteriorität*, Verlag Karl Alber, 2014, S.68 – 69, S.269 – 270。列维纳斯对本体论进行了批判。

③ Ebd., S.55.

④ Ebd., S.267 – 313.

⑤ Ebd., S.106 – 108.

⑥ 参见 Paul Ricoeur, *Das Selbst als ein Anderer*, Paderborn: Wilhelm Fink Verlag , 2005, S.408。利科也是从自我与他者如何建立对等性的角度来批评列维纳斯的。

实现只能在非对称性的他者的伦理学中实现。① 列维纳斯非对称性的伦理观反对康德和福斯特强调的对等性和规范性。因为政治上和法律意义上的尊重的虚伪容易被掩盖,列维纳斯将自我与他者的非对称关系理解为"我—您"(Ich-Sie)的结构,在这个结构中,他者被视为老师(Meister)来尊重。因此,只有他者的优先性才能保障真正意义上的尊重的可能。②

在他者伦理学的意义上,福斯特的尊重尽管追求一种质的平等,但是这种平等的要求背后隐藏着同一性的要求和帝国主义式的傲慢。尽管他强调尊重伦理文化上的差异,但是对等性的概念本身从自我出发来理解的,并不是真正地站在他者的维度,因为自我是对象的前提,在这个理论中人的尊严本质上是自我的尊严,对于他者的义务也是自我的义务。因此,这种自我尊重并不真正尊重一切非我的事物,所以对待真正的绝对的他者往往表现出一种歧视或者不宽容。最典型的例子就是康德自己,他宣扬世界主义但同时又表现出强烈的欧洲中心主义倾向,并且有着歧视黑人的言论。③

六、作为霸权主义的规范性本身④

在自我与他者的基础上,规范性本身的合法性问题也被暴露了出来。温迪·布朗从多元文化中对正常身份和非正常身份的支配性规范的角度批判了主流视角对于少数文化身份的污名化。她认为,尽管大家宽容了一些少数人的伦理价值上对于善的追求,但是,这是通过规定其身份、将其边缘化的方式行使权力,并将注意力从社会的真正不平等中转移开。⑤ 她也认为这种宽容实际上强调同质文化的至上性,并对差异进行压制性否定。因为有的差异是根深蒂固的,它并不能被同质化,于是就被对等性排除在外。因此,在现代民主社会中,宽容总是被人利用来伤害他者。通过规范的设置强迫他人宽容,并将不能

---

① 参见 Eric S. Nelson, Cosmopolitan Tolerance and Asymmetrical Ethics: Adorno, Levinas, Derrida, Curtis Hutt, Halla Kim, Berel Dov Lerner eds., *Jewish Religious and Philosophical Ethics*, Oxford, England: Routledge, 2018, pp.153 – 172, Ch. 8.

② Lévinas, *Totalität und Unendlichkeit: Versuch über die Exteriorität*, Verlag Karl Alber, 2014, S.142 – 144.

③ 参见 Johann Gottfried von Herder, *Philosophical Writings*, Michael N. Forster ed. and trans., Cambridge University Press, 2002, Introduction xxxiii。

④ 规范性下的宽容,正当性本身是一种正确,但如何去判断正当与否却始终是权力的话语。尽管福斯特强调这种辩解权,但是拥有权力的一方始终占据着更多辩解的机会,同时也对对等性和普遍性有解释的权力。

⑤ 参见 Rainer Forst, *Toleranz im Konflikt. Geschichte, Gehalt und Gegenwart eines umstrittenen Begriffs*, Frankfurt am Main: Suhrkamp Verlag, 2003, S.705 – 708。

被规范的对象排除在宽容的话语之外,这实际上是一种霸权主义规范。① 宽容声称平等,实际上却在羞辱弱者。因此,温迪·布朗反对宽容,她不相信对等性的原则,因为宽容掩盖了差异和黑暗。②

当然,对于温迪·布朗提出的对等性和普遍性的质疑,福斯特认为这是对宽容的一种误读,因为温迪·布朗始终将宽容视为一种许可的压制性的宽容。一方面,温迪·布朗没有看到对等性和普遍性对公共话语的塑造;另一方面,她忽视了一个重要的事实,即正当性原则也会赋予弱者上诉权和否决权。福斯特认为,对等性和普遍性并非排除了多元性,而是为了确保多元性的存在而设立的原则。在他看来,正当性原则旨在保护不同理由和观点的平等参与,而不是为了排斥某些观点。他坚持认为,在宽容的框架内,每个人都有权利提出、捍卫和辩护自己的理由,而这正是对等性和普遍性原则的具体体现。③ 因此,福斯特强调理由的多样性,他认为无论是伦理价值的理由还是道德规范的理由,都不应该被先天地判定为“不合法的”或者是“错误的”。比如他批评罗尔斯对宗教立场的普遍排斥。④ 甚至一些群体被要求放弃自身的伦理文化身份,尽管能够融入政治社会,但在某种意义上被排除在外,或者在伦理或者价值上被污名化。⑤

但是,福斯特面对规范性的诘难并没有作出很好的回应,他始终相信政治能够通过伦理学来改善,通过宽容的表达和实践建构起真正的权力平等的现代民主社会。他认为,人们应该学会正确的宽容,即不能强加不能对等证明的规范。总的来说,福斯特将对等性视为自然合理的正当性,他并没有反驳对等性所内含的压迫性和规范性必然要将所有人带入到同一种公共话语中去。但是对于这种强制的正当性,福斯特的表达却是模糊的。

七、被忽视的东方宽容思想

值得肯定的是,福斯特的宽容理论为那些生活在“非对称伦理”社会中的人们提供了理解现代民主社会的路径。由于民主本身意味着无尽的冲突和争执,他的理论为解决现

---

① 参见 Wendy Brown, Rainer Forst, *The Power of Tolerance. A Debate*, Luca Di Blasi, Christoph F. E. Holzhey eds., Columbia University Press, 2014。这是一场公开辩论的记录稿,在其短短几十页的篇幅中集中呈现了福斯特和布朗的共识和分歧。

② 参见 Brown, pp.78 - 107。

③ Rainer Forst, *Toleranz im Konflikt. Geschichte, Gehalt und Gegenwart eines umstrittenen Begriffs*, Frankfurt am Main: Suhrkamp Verlag, 2003, S.675 - 708.

④ 在这一点上,温迪·布朗其实和福斯特的立场一致,温迪·布朗批评的对象其实也是罗尔斯。

⑤ Rainer Forst, *Toleranz im Konflikt. Geschichte, Gehalt und Gegenwart eines umstrittenen Begriffs*, Frankfurt am Main: Suhrkamp Verlag, 2003, S.615 - 630.

代民主社会中多元伦理价值之间的冲突提供了一条清晰而可辩护的道路。① 然而,令人感到遗憾的是,他在关于宽容历史的叙述中,对于非西方的视角似乎存在一种康德式的傲慢。在《冲突中的宽容》一书中,福斯特主要围绕着基督教内部的冲突,将西方历史中各种宽容思想的来源进行条分缕析。然而,他未涉及任何东方视野下的宽容思想,而是将其简单地视为伦理价值的一部分,之后将其纳入到自我的宽容系统中。② 从对自我、他者以及规范性的霸权的角度来看,我们已经能够理解福斯特为何会忽略东方思想中的"宽容"。

在福斯特的书中,对于宽容的历史性描述未曾包括儒家、道教、佛教以及伊斯兰教的宽容思想。早期儒家思想中,宽容被视为个人美德,例如在《论语》中,孔子强调了他最重要的信条:"其恕乎! 己所不欲,勿施于人。"这不仅强调了尊重他者和承认差异,同时隐含了一个对于自我约束的"对等性"要求。这种对于"宽恕"的看法比斯多亚派所强调的"忍受"更为丰富,而福斯特却未涉及这一思想来源。此外,儒家的宽容也作为一种政治原则而存在,通常表现为强国征服弱国,帝王征服人民的最有效的手段,因为这种宽容是强者对于弱者的许可的宽容。埃里克·内尔森(Eric S. Nelson)认为,宽容因此也被批评是儒家思想中关于世界公民主义和帝国主义的一种掩饰。③ 但是,儒家的宽容不主张一味的容忍或者冷漠,而是建立在内心的仁义判断和外在的道德规范之上的。孔子甚至宣称不能做好好先生(乡愿),因为那是冷漠和良心的缺乏。违背了判断和规范的行为并不应该被宽容。这种道德规范是基于等级秩序建立的,因此宽容并不按照对等性和普遍性的标准运作,宽容的判断依据是由自我的内心出发,这样的接受是将自我投射到他者的位置,进而感同身受,理解并接受他者不同的元素。此外,儒家思想中也存在着横向的主体与主体间的尊重的宽容,但是这里的个体的横向尊重宽容只是一种阶级内的横向,即精英与精英之间对于对方知识和美德的尊重。因此,这种尊重和宽容的结构可能存在不稳定性,需要之后深入探讨。

在道教思想中,宽容的概念既包含了冷漠的因素,又蕴含着力量和强大。老子在《道德经》中一直强调"有容乃大",主张以"虚无"容纳万物,使自我在宽容中得到发展,同时

---

① 他的规范性系统本身至少是完整且有说服力的,他的思考也兼顾了历史性和规范性。

② 书中也提到了伊斯兰教,比如在谈莱辛(Lessin)的"三个戒指"的比喻时,也举了一个关于中国皇帝的例子,还有最后的"头巾"争议。福斯特也强调对待头巾问题应该尊重宗教和民族差异,不要简单地将其指责为伊斯兰教对妇女的压迫。但是他并没有就这些现象背后的宽容思想进行更为深入的探讨。

③ 参见 Eric S. Nelson, Cosmopolitan Tolerance and Asymmetrical Ethics: Adorno, Levinas, Derrida, Curtis Hutt, Halla Kim, Berel Dov Lerner eds., *Jewish Religious and Philosophical Ethics*, Oxford, England: Routledge, 2018, pp.153 – 172, Ch. 8.

不失本真。这种关于包容的思想与福斯特的概念一致。至于佛教和禅宗的宽忍思想，在经文和公案中有着生动的表达，虽然这方面的细节在这里不便详述，但总的来说，福斯特对于东方宽容思想的忽视暴露了一种典型的欧洲中心主义思想，这种观点虽可能是无意识的，却与康德的思想有着相似之处。这种忽视再次突显了规范性宽容的虚伪性，康德自称"世界公民"（Kosmopolit），却在生活中多次发表歧视黑人和女性的言论，揭示了他声称尊重差异的虚伪性，并且也意味着掩盖差异。在国家和文化的层面上，福斯特宽容思想背后的现实基础实际上是全球化的正当性，或者是现代民主国家试图实现的和平的同质化状态。

最后，尽管东方的宽容思想不一定能为福斯特的规范性宽容理论提供支持性的内容，但不能简单地将其视为特殊性的理论，或者强行将其纳入到几种不同类型的宽容中。将东方的宽容思想视为真正的他者，并进行谱系学的研究和系统性的批判是有必要的。只有通过这样的方式，才能真正实现对等性和普遍性的可能。否则，所谓的普遍性和对等性标准下的正当性的虚伪霸权面具将难以被揭示。另外，福斯特的宽容思想给东方思想带来的财富就在于如何通过对等性和普遍性去审视传统思想，帮助我们从道德规范和伦理信仰的分离中澄清一些概念，从而使得传统的思想融入现代，并建立现代民主国家意义上的宽容观。

The Janus Face of Rainer Forst: Reconstructing and Critiquing the Theory of Normative Tolerance

TANG Bo

【Abstract】 This article aims to explore Rainer Forst's theory of normative tolerance, providing a comprehensive explanation, reconstruction, and critical analysis. Initially, Forst's tolerance theory is interpreted and reconstructed from historical and systemic perspectives, emphasizing the establishment of genuine tolerance through reciprocal and universal respect. Subsequently, a critical analysis of Forst's tolerance theory is conducted. Despite Forst's critique of the Janus-faced nature of permissive tolerance and advocacy for a respectful tolerance perspective, he fails to fully overcome the duality of tolerance, merely shifting the facade from "permission" to "respect." Finally, extending beyond the theory itself, the article points out issues and limitations in terms of excessive self-reference, asymmetrical ethics, normative hegemony, and the neglect of tolerance views in the Eastern world.

【Keywords】 Tolerance, Respect, Reciprocity, Normative Hegemony, the Self and the Other

从操控到意志薄弱——孟子意志自由观探析①

余杭洁②

【摘要】 本文试图探讨孟子哲学进路的意志自由观,明晰自由行动的充分必要条件。对孟子而言,自由行动意味着行动者具有:(1)心的反思力;(2)食色欲望;(3)多重选择的可能性。操控问题论证主张,满足相容论自由条件的被操控者在道德上与决定论下的普通人没有任何区别,由于被操控者不应为自己的行为承担道德责任,决定论下的普通人同样不是合适的道德主体。由此提出:(1)心的反思力条件作为自由行动的第一项条件,说明人通过对恻隐、羞恶、辞让、是非四种先验道德情感的反思来实现自由行动,否定了操控问题论证。同时,意志薄弱问题表明,人作为有限的存在者无法不被外部环境与自身欲望所束缚,忽视心灵的指引。食色欲望作为人性的一部分,同样代表了人的真实自我。因此,(2)食色欲望构成了自由行动的第二项条件。最后,两项条件的统一构成了自由的充分必要条件,人同时具有出于心的反思力和食色欲望而行动的可能性,意味着道德主体对自己的行动具有(3)多重选择的可能性。

【关键词】 相容论,操控问题论证,自由意志,意志薄弱,孟子

一、研究现状及思路

(一) 儒家意志自由观研究现状

学界对儒家意志自由观念的看法大致遵循以下几个进路:

(1) 儒家没有意志自由观念,认为儒家"志"的观念与西方的"will"不同,儒家并不强

---

① 本文的上一个版本发表在《哲学评鉴》,在邓安庆教授的进一步建议下修改为当前版本,感谢《伦理学术》与《哲学评鉴》的认可。本文经数次修改,成稿相较初稿有了较大进益,这都要归益于邓安庆教授以及《哲学评鉴》两位匿名评审人的宝贵意见。总是设身处地为学生考虑的袁辉老师以及我的同窗好友刘赛纳也为本文提供了十分有益的帮助,在此致以诚挚的谢意。
② 余杭洁,中国人民大学哲学院博士研究生,主要研究方向为自由意志与道德责任的中西比较,规范性问题的中西比较。

调作出选择的意志。①

（2）从应当如何行动的角度谈意志自由的实现，认为人可以通过修身达到人格的成熟，最终实现自我觉悟。②

（3）从意志力量的角度谈意志自由，认为孔子说"吾欲仁，则仁至矣"体现了意志决定的力量。③

（4）从真实自我观的角度谈意志自由。认为自由主体具有自主的决策机制，问题的核心在于说明该心理机制的内容。④

第一条进路认为儒家伦理中没有关于选择和自我决定的讨论，没有自由的概念。陈汉生（Chad Hansen）认为，道德责任理论的条件是：（a）一系列由规则和公式组成的道德准则。（b）一组定义个体行为者和个体行为的条件。在儒家伦理中没有适合这些条件的话语背景。⑤ 罗思文（Henry Rosemont）和赫伯特·芬格莱特（Herbert Fingarette）认为，儒家伦理中有一种道德的二分法：行为要么是遵循礼的道德行为的，要么是不遵循礼的不道德行为。不会有两种相互冲突的道德行为。因此，在儒家伦理中没有选择的概念。⑥ 这条进路主张不要通过西方的唯一方式来讨论主体性问题。西方通常把主体性问题变成选择与道德责任的问题，儒家伦理则把它变成人与天道的问题。在儒家伦理中，遵循天道而行动的人才是真正的道德主体，自由与道德责任的问题并不重要。它所面临的诘难是，仅通过人与天道的关系来建构道德的基础是不充分的。我们仍然可以有意义地追问：圣人依

① 参见 Chad Hansen, Freedom and Moral Responsibility in Confucian Ethics, *Philosophy East and West*, Vol. 22, No. 2, 1972, pp.169-186. Henry Rosemont, Confucius — The Secular as Sacred, *Philosophy East and West*, Vol. 26, No. 4, 1976, pp. 463-477. Herbert Fingarette, *Confucius*：*The Secular as Sacred*, New York：Harper & Row, 1972, pp.18-36.

② Chenyang Li, The Confucian Conception of Freedom, *Philosophy East and West*, Vol. 64, No. 4, 2014, pp.902-919. Ni Peimin. The Confucian Account of Freedom. Xinyan Jiang ed., *The Examined Life*：*Chinese Perspectives — Essays on Chinese Ethical Traditions*, Binghamton：Global Publications, Binghamton University, 2002, pp.119-139. Kyung-Sig Hwang, Moral Luck, Self-cultivation, and Responsibility：The Confucian Conception of Free Will and Determinism. *Philosophy East and West*, Vol. 63, No. 1, 2013, pp.4-16.

③ 杨国荣：《力命之辨与儒家的自由学说》，《文史哲》，1991 年第 6 期。Rina Marie Camus, I am Not a Sage but an Archer：Confucius on Agency and Freedom, *Philosophy East and West*, Vol. 48, No. 4, 2018, pp.1042-1061.

④ 李泽厚：《回应桑德尔及其他》，北京：生活·读书·新知三联书店，2014 年。唐君毅：《唐君毅全集》（第 24 卷）《哲学概论（下）》，北京：九州出版社，2016 年；《唐君毅全集》（第 4 卷）《道德自我之建立·智慧与道德》，北京：九州出版社，2016 年。牟宗三：《中国哲学的特质》，上海：上海古籍出版社，2008 年；《现象与物自身》，长春：吉林出版集团有限责任公司，2010 年。贺麟：《近代唯心论简释》，上海：上海人民出版社，2009 年。

⑤ Chad Hansen, Freedom and Moral Responsibility in Confucian Ethics, *Philosophy East and West*, Vol. 22, No. 2, 1972, pp.169-186.

⑥ Henry Rosemont. Confucius — The Secular as Sacred, *Philosophy East and West*, Vol. 26, No. 4, 1976, p.468；Herbert Fingarette, *Confucius*：*The Secular as Sacred*. New York：Harper & Row, 1972, pp.18-36.

照天道行事是否出于自由？如果他仅仅因为被决定而依天道行事,他在道德上仍然值得赞扬吗？

第二条进路将"自由如何可能"的问题转化为"自由如何实现"。在李晨阳看来,通过择善的过程来理解儒家自由观至关重要。[①] 倪培民认为,儒家的自由观是通过后天培养形成的自发状态,与康德的绝对自发状态不同。[②] 黄敬植主张,在孔子看来,人类可以通过思和学来拓展自己的可能性。[③] 这条进路认为儒家的自由需要通过学习和思考来实现。这与意志自由的主张并不冲突,但忽视了意志自由问题的核心是探索"自由如何可能",是关于行为属权的形而上学问题。只有自由是可能的,培养并实现自由才是可能的。因此,这条进路留下了一个悬而未决的重要问题。

第三、四条进路进入了形而上学领域,属于意志自由讨论中的相容论。相容论认为即使决定论是对的,人的行动完全是被自己的过去和自然法则所决定的,我们依然可以为自己的行为负道德责任。这一时期的相容论者与不相容论者都认可多重可能性原则(principal of alternative possibilities),承认"自由"是道德责任的必要条件,但这种"自由"概念在对多重可能性的刻画上较自由意志而言更弱。其中第三条进路为假言式相容论,认为决定论与自由相容,其主张以假言命题的形式呈现,认为如果被决定的主体想要做其他选择,就本可以做其他行为(could have done otherwise)。"本可以"[④],指主体过去曾经拥有的一种能力,"做其他选择",指主体进行多重选择的可能性。杨国荣认为,道德主体有内在的力量,体现在做出道德选择的意志能力上。[⑤] 甘海宁(Rina Marie Camus)认为,儒家的自由观重在心灵管理冲动并引导能量集中在特定追求上的能力。[⑥] 这条进路的核心立场是:人们是自由的,因为他们具有择他的意志能力。但该理论面临着如下反例:一名天生害怕金色毛发的行动者在是否与"金发女郎约会"一事上在事实上不可能,但可以同时满足假言式相容论的自由条件。因为,如果他愿意,本可以选择与金发女郎约会;只是对金色毛发的恐惧是如此之深,以至于不可能形成这样的意愿。该反例说明假言式相

① Chenyang Li, The Confucian Conception of Freedom, *Philosophy East and West*, Vol. 64, No. 4, 2014, p.912.

② Ni Peimin, The Confucian Account of Freedom. In Xinyan Jiang ed., *The Examined Life: Chinese Perspectives — Essays on Chinese Ethical Traditions*, Binghamton: Global Publications, Binghamton University, 2002, p.127.

③ Kyung-Sig Hwang, Moral Luck, Self-cultivation, and Responsibility: The Confucian Conception of Free Will and Determinism, *Philosophy East and West*, Vol. 63, No. 1, 2013, p.8.

④ "本可以"是对"could have done"这一虚拟语气的说明,意指"其他选择"并未真实发生,但原本具有发生的可能性。

⑤ 杨国荣:《力命之辨与儒家的自由学说》,《文史哲》,1991 年第 6 期。

⑥ Rina Marie Camus, I am Not a Sage but an Archer: Confucius on Agency and Freedom. *Philosophy East and West*, Vol. 48, No. 4, 2018, p.1054.

容论的意志能力对于自由而言是不充分的。由于这种难以克服的理论缺陷，这一观点被暂时放弃了。

第四条进路是当前主流的"真实自我"派相容论。这一分支的核心主张是，即使决定论是对的，反映行为者"真实自我"的行动还是自由的。哈里·G. 法兰克福（Harry G. Frankfurt）认为，自由的行动者具有反思能力，能够反思自己的一阶欲望，形成二阶欲望来指导行动。① 约翰·马丁·费舍（John Martin Fischer）与马克·拉维扎（Mark Ravizza）认为，自由的行动者具有适中的理由回应机制，能够意识到环境的刺激，认识到理由并且给予适当的回应。② 李泽厚认为，自由的行动者具有一种强制性能力，即通过理性凝聚培育意志，以理主情，由理性通过所认同的善恶观念来控制和培育情欲和主宰行为。③ 他们通过一些自由条件来说明行动确实体现了行动者的真实自我，但面临着棘手的操控问题。操控问题的核心主张是，满足相容论自由条件的被操控者直觉上被认为是不自由的，由于被操控和被决定在道德上没有任何区别，对被操控者的归责直觉可以传递给决定论下的普通人。因此，被决定的行动者无论是否满足相容论条件，都不应承担道德责任，即相容论的自由条件不充分。相容论者们提出了许多新的自由条件，克里斯汀·德米特里奥（Kristin Demetriou）认为，被操控者的神经状态被操控者抑制后，不具有因果完整性；④ R. 杰伊·华莱士（R. Jay Wallace）认为，被操控者无法具备对自己行动的反思自控力；⑤等等。但是，这些条件被证明都可以由被操控者所满足，该问题的解决一时停滞不前。

（二）研究思路

当代的分析哲学家始终在自主决策机制的充分必要条件上做文章却屡屡受挫，因为这些自主决策机制的充分必要条件都可以被修正后的操控案例所满足。比如费舍主张，如果人可以为自己的行为认责（take responsibility），那么该行为就反映了他的真实自我。但此类条件始终未能充分解释真实自我理论，因为人的理性决策机制的所有内容都可能来自外部环境的塑造。本文认为，通过"自主决策机制"来说明"真实自我"，往往存在理论上的跳跃，认为前者的充分必要条件必然等于后者。但操控问题提示我们，仅仅讨论前

---

① Harry G. Frankfurt, Freedom of the Will and the Concept of a Person, *Journal of Philosophy*, Vol. 68, No. 1, 1971, pp.5 - 20.

② John Martin Fischer, Mark Ravizza, *Responsibility and Control: A Theory of Moral Responsibility*, New York: Cambridge University Press, 1998, pp.214 - 221.

③ 李泽厚：《回应桑德尔及其他》，北京：生活·读书·新知三联书店，2014 年，第 73 - 74 页。

④ Kristin Demetriou, The Soft-Line Solution to Pereboom's Four-Case Argument, *Australasian Journal of Philosophy*, Vol. 88, Iss. 4, 2010, pp.595 - 617.

⑤ R. Jay Wallace, *Responsibility and the Moral Sentiments*, Cambridge, MA: Harvard University Press, 1994.

者是不够的,真实自我理论可能还有另外一重面向,即规范性维度。规范性问题可以被如下表述:我应当(ought to)如此这般行动的理由是什么？ 这如何与自由相关呢？ 与当代西方不完全相同,儒家自由观念中具有至善主义的倾向,自由主体的理想模范是孔子在70岁时"从心所欲不逾矩"(《论语·为政》)的状态。他的心理状态是不受束缚的,同时拥有自己应当如此这般行动的道德理由。这些观点同样被新儒家的学者所接受,唐君毅认为,人的自性是意志的原因,意志不是完全被外界所决定的。① 自由的主体就要"不生陷溺之念",依据天机而行动。② 牟宗三认为,西方所谓自由意志,就是中国人所言创造性,指的是天命流动到个体形成的性。③ 这种自由意志不是由感性所影响的意念,而是纯善无恶的心体。④ 贺麟认为,自由的主体不仅具有选择的能力,其选择还需符合良心。⑤ 他们都提出了自由主体应当如何道德地行动的理由,即天命或者良心指引。但对于其中的决策理论部分所言甚少,比如,唐君毅认为应当从饮食起居入手培养自由,贺麟认为应当"求放心"、先于物而主动,等等,又将自由的形而上学问题转化为实践问题。牟宗三虽建立了决策理论,却取消了作为认识对象的物自体,认为"识心之外无现象,真心之外无物自身",消解了道德判断的客观性。⑥ 同时,儒学的研究者大多对决定论和自由意志论的分析哲学争论避而不谈,其中或有研究重点的不同倚重,也有只关注康德哲学而不关注英美分析哲学的研究习惯问题。但是,当代对自由意志问题的研究重心在分析哲学,研究儒家自由观不应对当代的西方研究避而不谈。

在诸多儒家哲学家中,孟子心学提供了丰富的决策理论资源,是探究儒家意志自由观的合适切入点。那么,孟子在自由意志论和相容论中支持哪一者？ 儒家对自由意志问题的系统讨论最初见于新儒家学者如唐君毅、牟宗三等人的著作中,由于此概念经常被提及,许多学者认为儒家主流观点支持自由意志论,即人拥有自由意志,不被自然法则和人的过去完全决定。但细细考察,便会发现唐牟二人并未主张如此强的"自由意志"概念,而是在较弱的意义上说"人之求自由之意志,并非要求超出一切因果律之外,而只是要求此意志之自身能成为原因,以发生结果,而不只是意志之外的原因,加以机械必然的决定者而已"。⑦ 这意味着:(1)因果律(物理决定论)是对的;(2)意志本身可成为一个原

① 唐君毅:《唐君毅全集》(第24卷)《哲学概论(下)》,北京:九州出版社,2016年,第422-423页。
② 唐君毅:《唐君毅全集》(第4卷)《道德自我之建立·智慧与道德》,北京:九州出版社,2016年,第130-132页。
③ 牟宗三:《中国哲学的特质》,上海:上海古籍出版社,2008年,第47-53页。
④ 牟宗三:《现象与物自身》,长春:吉林出版集团有限责任公司,2010年,第67页。
⑤ 贺麟:《近代唯心论简释》,上海:上海人民出版社,2009年,第167页。
⑥ 牟宗三:《牟宗三先生全集》(第21册)《现象与物自身》,台北:联经出版事业股份有限公司,2003年,第40页。
⑦ 唐君毅:《唐君毅全集》(第24卷)《哲学概论(下)》,北京:九州出版社,2016年,第422-423页。

因,与相容论的主张完全一致。在《孟子》文本中,孟子肯定意志能力的同时,也承认命的存在。他认为天下继承是上天注定,而非人力能左右的,"舜、禹、益相去久远,其子之贤不肖,皆天也,非人之所能为也。莫之为而为者,天也;莫之致而至者,命也"。(《孟子·万章上》)又认为君子对于自己的本性不应当完全归结于命运的安排,"有性焉,君子不谓命也"(《孟子·尽心下》)。这为相容论开辟了可能性,因此本文意图采取该立场为孟子的自由观辩护。

本文将分析哲学中的操控问题引入儒家自由观讨论,其中涉及分析哲学对决策理论与规范性问题的探讨,将从孟子的文本出发,考虑孟子对操控问题的可能回应。首先,考察自由行动所依赖的心灵结构是什么样的,将说明先验的道德情感构成了自由的第一项条件。其次是意志薄弱问题。虽然第一项条件指出了自由行动所依赖的心灵结构,但经验生活告诉我们,作为有限的存在者,人总是受到环境和欲望的影响,忽略自己心灵发出的指令。那么,人应该出于欲望的行动负责吗? 这一部分将提出自由行动的第二项条件,即人应当同时具有食色欲望。

二、操控问题论证与先验的道德情感

(一)操控问题论证

操控问题的最强版本由德克·佩里布姆(Derk Pereboom)提出。①

例1:普拉姆1是由脑神经科学家创造的,他们通过类似无线电波的方式控制他,但还是让他尽可能地像一个普通人。脑神经科学家局部地操控普拉姆1的推理过程,以形成或者改变他的欲望——直接创造出他的每一种状态。在普拉姆1开始推理自己的处境之前,脑神经科学家就通过按下一系列按钮来操控他,使他的推理过程是理性利己的。普拉姆1并不会因为不可抗拒的欲望而行动——脑神经科学家不会给他提供不可抗拒的欲望——他的思维和行为也不与性格相反,因为他经常被操控成为理性利己者。同时,他的行为完全满足相容论者提出的自由条件,比如,他想杀死怀特的有效的一阶欲望符合他的二阶欲望;外在的伦理制度、观念通过脑神经科学家的操控在他的内心形成了系统的利己主义道德观,这种观念控制他的行为,而且他同样经过了历史的洗礼和教育的培训,脑神经科学家在他成长的历史过程中不断操

---

① Derk Pereboom, *Living Without Free Will*, New York: Cambridge University Press, 2001, pp.112−117.

控他。在脑神经科学家的操控下,普拉姆1谋杀了怀特。

例2:普拉姆2同样由脑神经科学家创造,不同的是他们并不直接控制他,而是通过设定他推理的方式使他变得理性利己。此外的其他因素都与例1中一样,普拉姆2同样满足相容论者的所有自由条件。最终,普拉姆2谋杀了怀特。

例3:普拉姆3是一个普通的人类,但他被家庭和集体严格地训练实践成为一个理性利己的人。这种训练从他幼年时就开始了,因此他没有机会改变自己的性格。其他的因素都与例1、2中一样。最终,普拉姆3谋杀了怀特。

例4:物理决定论是对的。普拉姆4是一个普通的人类,在正常的环境中出生长大,最终成了一个理性利己的人。其他的因素都与例1、2、3中一样。最终,普拉姆4谋杀了怀特。

佩里布姆的操控问题论证可被概括如下:

(1)普拉姆1、2、3的行动是被操控的,直觉上,他不应为此承担道德责任。

(2)普拉姆1、2、3都满足相容论者的自由条件,他们在道德上与普拉姆4没有任何区别。

(3)因此,决定论下的普通人普拉姆4同样不应当为自己的行为承担道德责任,相容论是错的。

相容论者通常采取两条路径来化解佩里布姆的操控难题,其一是反对前提2,论证普拉姆1、2、3无法满足自由的全部充分必要条件,通常被称为弱线回应(soft-line reply)。其二是反对前提1,从决定论下的主体应当负责的结论出发,反向推出被操控者应当负责的结论,通常被称为强线回应(hard-line reply)。① 下文将提出一种特殊的弱线回应策略来发展儒学式的自由条件——同样采取对自由的真实自我式理解,但放弃从理性进入真实自我的进路。当代西方哲学家们通常将自由奠基于理性之上,如法兰克福的理性反思能力、费舍与拉维扎的理由回应机制等,而笔者将提出道德责任的第一项条件,即先验(a priori)②的道德情感,这体现了行动者进行道德判断的动机结构。佩里布姆将无法通过修正案例使普拉姆1、2、3满足笔者所提出的自由条件,因此前提2是错的,操控问题论证不

---

① 弱线回应与强线回应的分类最初由迈克尔·麦肯纳(Michael Mckenna)提出,他是强线回应的首创者。Michael McKenna, A Hard-line Reply to Pereboom's Four-Case Manipulation Argument, *Philosophy and Phenomenological Research*, Vol. 77, No. 1, 2008, pp.142 – 159.

② 本文所指先验概念是西方哲学中的"a priori",意为在经验之前。在西方哲学传统中,"a priori"一般被译为"先验"。但此概念在康德哲学中被译为"先天",与"transcendental"区分。

成立。

（二）作为自由条件的先验道德情感

对自由的思考最终要落脚于道德责任。在一脉西方哲学传统中，一味听从情感行动的人是不道德的。这不是指听从于情感者是邪恶的，而是指他们遵循理性而行动的能力是缺失的，无法道德地行动。此观点预设了理性是道德行动的唯一来源，因为奠基于（感性）刺激之上的道德行为不具有崇高性，与邪恶行为没有本质区别。① 本文并不试图在此证明该观点是错的，因为思索道德的来源是为了给我们提供一个关心道德的理由，并且合理解释相应的道德推理和道德直觉。本文的工作是提供一个儒学版本的解释，并且将何者是最佳解释的问题开放评论。

反思能力是自由行动的重要条件，但该能力并不仅仅存在于理性之中，而且出于理性的反思未必导致自由行动。换言之，理性能力对自由行动既不充分也不必要。根据法兰克福的观点，理性行动者通过反思驱动行为，行动者拥有一阶欲望"想要 X"，并通过理性反思一阶欲望形成以一阶欲望为对象的二阶欲望"想要想要 X"。行动者将二阶欲望诉诸意志，触发理性行动。② 这种理性主义进路面临以下反例：一名难忍饥饿的流浪汉看到商铺的馒头，产生了"想要偷窃馒头"的一阶欲望。他知道自己如不偷窃就可能饿死，故形成了认可偷窃欲望的二阶欲望"应当偷馒头"。最终，流浪汉将此欲望诉诸意志，实施了偷窃。案例中的偷窃行为符合法兰克福的反思条件，是理性的行动。然而，直觉上，流浪汉并不是"自由地"选择了偷窃，而是遭环境逼迫的无奈行为。流浪汉具有反思自己一阶欲望的理性能力，但只能屈从于自己即将饿死的现实情况，以此为理性权衡的标尺。当代相容论者们多认为独立的理性决策下的行动是行动者"自己的"，也即自由的，并未意识到该理性思维机制受到决定论世界的塑造，实则是"决定论世界的"。因此，理性不是自由的充分必要条件。

理性并非人类心灵中唯一进行的道德决策的能力。在某些时刻，道德行动直接源自行动者的情感，这为情感主义（Sentimentalism）开辟了可能性。情感主义认为，道德判断至少部分是由情感构成的。一些情感主义者持有非认知主义的立场，认为情感是一种非认知的态度，意味着道德判断只表达情感，没有真值。本文以认知主义的立场理解情感，弱的评价性知觉（evaluative perception）理论认为情感是一种类似于感官知觉的知觉，它基于

---

① Immanuel Kant, *Groundwork for the Metaphysics of Morals*, New York: Oxford University Press, 2002, IV 411.5.

② Harry Frankfurt, Freedom of the Will and the Concept of a Person, *Journal of Philosophy*, Vol. 68, No. 1, 1971, pp.5 – 20.

主体的欲望和厌恶而产生,是对评价属性(价值观)产生的知觉经验。知觉具有意向性,指涉超越于自身之外的客观对象。① 相对于将情感视为纯粹感觉(feeling)的传统理论,评价性知觉理论更好地解释了情感的合理性。不道德的暴行通常令人感到愤怒或者悲伤,高尚事迹则令人感动,说明情感的发生有其原因。将情感视为纯粹感觉,意味着愤怒、感动等情感与痛、痒等感觉一样没有理由,这并不符合一般认知。如果有人为纳粹的暴行而感动,为吃到合口味的菜而悲伤,将会被评价为不正常的、奇怪的,这体现了我们对情感发生的合理性的预期。对合理性预期的一种解释是,对情感的普遍理解中预设了情感的意向性,情感不是一种纯粹的内感觉活动,而是对客观对象的认知。如实反映客观对象属性的情感被认为是合理的,错误反映的则被认为是不正常的。②

情感主义的道德判断过程如何发生?谈及心(heart-mind)的官能,孟子提到"耳目之官不思,而蔽于物,物交物,则引之而已矣。心之官则思,思则得之,不思则不得也"(《孟子·告子上》)刻画了此过程。在孟子看来,物与物之间的交互带来的只是遮蔽,心却具有"思"的官能。这一"思"的概念通常被认为有两重含义,即思考和反思。③ 此二者通常被认为是理性的功能,而笔者为何认为是情感的功能反映呢?《孟子》一书中多次提及心的作用,与齐宣王谈及仁政时,孟子认为治理天下不过是"言举斯心加诸彼而已"(《孟子·梁惠王上》)这种推己及人的思想为理解"心"这一概念开放了两种可能性:其一是将自己与他人都视为理性存在者的理性主义进路,其二是感同身受的情感主义进路。作为先验情感的"四端之心"则为情感主义进路开拓了方向,说明道德行动者可以通过四种情感意识到自己应当如何行动的理由。孟子认为,人有仁义礼智四德行,这四德的呈现便是四端之心,即恻隐、羞恶、辞让、是非四种情感。"恻隐之心,仁之端也;羞恶之心,义之端也;辞让之心,礼之端也;是非之心,智之端也。"(《孟子·公孙丑上》)所有人看到孩子要

---

① 此处有争议,见 G. E. M. Anscombe, "The Intentionality of Sensation: a Grammatical Feature", R. J. Butler ed., *Analytical Philosophy*: *First Series*, Oxford: Basil Blackwell, 1965, pp. 143 – 158; F. Strawson. "Perception and its Objects", G. F. Macdonald ed., *Perception and Identity*: *Essays Presented to A. J. Ayer with His Replies to Them*, Ithaca, N. Y.: Cornell University Press, 1979.

② 本文对情感的看法参考了斯坦福哲学百科"情感"词条,尤其是情感中的评价性传统理论。但是,情感理论并不是本文的主要研究对象,只是借用其阶段性成果作为本文的理论基础,此处不多赘述。欲了解情感理论的更多内容,请参见 Andrea Scarantino, Ronald de Sousa, "Emotion", The Stanford Encyclopedia of Philosophy (Summer 2021 Edition), https://plato.stanford.edu/archives/sum2021/entries/emotion/。

③ 徐复观认为,反省性质的"思",实际乃是心自己发现自己,亦即有意识地摆脱了生理欲望的裹胁。牟宗三认为,"思"正是本心所发之超越而总持之妙用,能提住耳目、主宰耳目,而不为耳目所囿所拖累者也。冯契认为此思是一种理性思维。徐复观:《中国人性论史(先秦篇)》,上海:上海三联书店,2001 年,第 150 页;牟宗三:《心体与性体(上)》,长春:吉林出版集团有限责任公司,2013 年,第 243 页;冯契:《中国古代哲学的逻辑发展(上)》,上海:东方出版中心,2009 年,第 122 – 135 页。

掉到井中,都会产生恻隐之心,"今人乍见孺子将入于井,皆有怵惕恻隐之心……"(《孟子·公孙丑上》)恻隐之心是通过共情进行道德判断的过程,通过对恻隐之心的体悟,行动者认知了自己强烈的助人倾向,天然地获得了自己应当救助孺子的理由。此心内在于人自身,并不依赖于外部世界的塑造,是属于人自己的。以此四端之心为内容的四种情感表现了情感主义的反思能力,与普通的经验性情感存在本质上的不同,因此下文中将恻隐、羞恶、辞让、是非称为"道德情感",以便与经验性情感相区分,将通过四端之心进行道德判断的能力称为"心的反思力"。

心的反思力体现了反思的功能,道德情感又被指认为道德判断,这些能力通常被认为是理性所具有的,四端之心是不是一种理性能力呢? 理性主义并不反对情感,但一般通过把握概念、进行推理获得行动理由。情感主义则通过知觉得到关于道德判断的知识。例如,法兰克福同样关心欲望与倾向,认为理性的行动者拥有对自己欲望的值得欲求性(desirability)的信念。但是,行动的理由并不需要通过感受哪种欲望最强烈来获得,而是通过思考"我的一阶欲望应该成为什么样"①这一问题来组建。对情感主义而言,道德的行动者未必要考虑如何为自己的欲望排序来获得行动的方向。以偷窃的乞丐为例,如果他心中没有对偷窃行为的羞愧之心,就无法通过道德情感意识到偷窃是不应当的。即使他拥有关于哪种欲望更加高尚的认知,也不具有情感主义者所认同的自由的行动理由。心的反思力并不鲜见,人具有以观察者的身份反思现象的能力,通过体悟某种道德情感,人为自己提供应当如何行动的理由。

随之而来的反对意见是:以情感作为道德判断的方式使规范性的理由失去了普遍性,不同的行动者对于同样的事实可能产生不同的情感,在最极端的情况下,一些反社会者以施暴为乐,难道这种乐趣也构成了他们应当施暴的理由吗? 这对自由条件同样构成威胁,心的反思力所依赖的情感的显现依赖于环境的刺激,出于此心的行动同样来源于决定论世界,难以被认为是自由的。对此的回应是:该反对意见预设了四端之心所显现的情感是纯粹来源于经验的。如果恻隐、羞恶、辞让、是非的情感都是行动者对环境刺激所作出的生理反应,且这些情感的反应机制受到社会环境的决定性影响,那么它们与反社会者在施暴时所获得的快感就没有道德上的差别。但这种预设未必是对的,区分该情感究竟是纯粹经验还是先验,就要追问该情感所提供的道德判断是否是自明的。以孺子入井一例中产生的道德判断为例,说它是自明的,意味着:(1)如果人们掌握了关于孺子跌落井中的

---

① Harry Frankfurt, Freedom of the Will and the Concept of a Person, *Journal of Philosophy*, Vol. 68, No. 1, 1971, pp.11 - 12.

全部信息,例如知道孩子身体孱弱及其跌入井中的严重后果,恻隐之心就为"应当搭救孩子"这一命题提供了为真的理由;且(2)该理由所提供的支持对于任何理解该情况的人都是显而易见的。孟子对此的回答是肯定的,公都子问性善,孟子曰:"乃若其情,则可以为善矣,乃所谓善也。若夫为不善,非才之罪也。恻隐之心,人皆有之;羞恶之心,人皆有之;恭敬之心,人皆有之;是非之心,人皆有之。"(《孟子·告子上》)这意味着四端之心是普遍的,任何看到"孺子将入于井"的人都会生起恻隐之心,因此对"应当搭救孩子"这一道德判断持有肯定的回答。但是,感觉到痒的时候,放任不管未必是错的,品尝到甜的时候,放纵地去吃也不见得是对的,为什么体悟到恻隐之心就得到了"应当搭救孩子"为真的理由呢? 前文已提到,情感是一种评价性知觉,四端之心不同于纯粹的内感觉,它的显现意味着行动者对某一客观对象已经持有了赞同或者反对的道德判断。反社会者在施暴时所获得的愉悦情感显然不同于四端之心,因为愉悦并不是所有人在施暴时都会获得的评价性判断。由此,恻隐、羞恶、辞让、是非此四种情感因其先验而具有普遍性,为自由行动提供了普遍的规范性理由。

（三） 回应操控问题论证以及相关反对意见

心的反思力条件证明自由行动可能是出自情感而非理性的,这反对了操控问题论证的前提2。不具备心的反思力的被操控者不是自由的,与决定论下的自由主体存在道德上的区别,因此普遍化策略不成立。但本文仍需考虑一种重要的反对意见,即修正的操控案例。佩里布姆可以修正他的案例,使被操控者同样拥有情感驱动道德判断的心理机制。如此,被操控者同样满足心的反思力条件,但因其被操控依旧被认为不应承担道德责任。

在上述佩里布姆的四个案例中,例4中的行动者是决定论下的普通人,例1、2、3中的则是被操控的行动者。例3是操控案例最完美的版本,普遍化策略成功的关键在于从例3过渡到例4,证明被洗脑的普通人与被物理决定没有道德上的区别。我将提出一个以心的反思力条件为充分必要条件的例3*来帮助佩里布姆修正操控案例,然后证明从它过渡到例4是不可能的,因为心的反思力先验地存在于行动者自身,而佩里布姆的操控机制只能模仿作为结果的经验性情感。若果如此,修正后的操控依旧破坏了心的反思力条件,剥夺了行动者进行道德判断的能力。

例3*:普拉姆3*是一个普通人类。在成长过程中,普拉姆3*的家庭和社会通过说教与训练塑造了他情感判断的过程,控制了他的情感反应。每当看到诸如见义勇为等情景时,普拉姆3﹡就被告知这是非常愚蠢的,他逐渐对此类行为产生厌恶的情感。该控制并不违抗普拉姆3﹡的意愿,经过长期的洗脑,他由衷地认为见义勇为是愚蠢的,对此产生厌恶的情感也是理所当然的。经过潜移默化,普拉姆3﹡最终成了一个自私利己的人。这种训练从他幼年时就开始了,因此他没有机会改变自己的性格。其他的因素都与例1、2、3中一样。最终,普拉姆3﹡谋杀了怀特。

佩里布姆可以主张心的反思力是一种通过情感进行道德判断的能力,操控并未破坏普拉姆3﹡的这项条件。诸如见义勇为的情况中,普拉姆3﹡同样通过厌恶的情感表达了自己的道德判断,认为此类行为是错的。杀死怀特同样是基于道德判断的行动,如果该想法令普拉姆3﹡感到满意,普拉姆3﹡就认为杀死怀特在道德上是正确的。因此,普拉姆3﹡应当为谋杀怀特负责。

这种解释并未很好地回应笔者所提出的道德情感的先验性特点。先验性特征意味着基于道德情感的判断有一种先于经验的特殊结构,该结构适用于所有知觉的存在者。最广为人知的先验知识是数学。数学真理并不是通过经验归纳得到的,而是先验存在并通过经验确证的。例如,只要分别知道"1""2""+""="的含义,无需借助新的经验知识,"1+1=2"的真假对于所有人就是自明的。与此相对,澄清了"今天""北方""降温"这三个概念,"今天北方会降温"这一命题的真假对于所有人不是自明的,而是需要额外借助对天气的观察才能知道。基于道德情感的道德判断在此意义上接近于数学知识,行动者并非通过在情景中不断激发情感来获得道德判断的能力,而是通过获得对情景的经验把握确证了本就存在的道德判断。笔者通过"数学家羊"的例子说明这一点。

数学家羊:脑神经科学家在一只羊的脑中植入了数学答案系统。这只羊受过专门的训练,虽然并不理解数字和符号的含义,但能够准确分辨出它们。答案系统将所有数学题目的正确答案内置于羊脑中,当羊看到一道数学题,就能够以查字典式的比对方法来寻找相应的答案。借由该系统,羊能够正确地回答所有数学题。

这只羊并不被认为具有数学知识,因为它不像人类一样理解数学,也不拥有关于正确答案为真的信念。操控破坏了行动者进行道德判断的先天结构,如同切断了人的数学直觉。被操控者进行道德行动,与羊答数学题并无区别。先天结构的破坏意味着行动者失去了作为道德存在者进行道德判断的普遍性基础。因此,被操控的普拉姆3﹡与决定论下的普通人普拉姆 4 之间存在道德上的根本差异,操控问题论证是错的。

将目光调转到第二个问题之前,笔者将总结在前文提出的自由条件。首先,笔者所主张的是一种情感主义的自由观,认为情感是一种评价性的知觉,某些道德情感体现了行动者的真实自我;其次,自由的第一项条件是心的反思力,自由行动是基于四端之心进行道德判断的行动;最后,以上心的反思力条件被限定为先验的,意味着只要行动者具有足够多的经验知识,通过心的反思力形成的道德判断的真值对该行动者就是自明的。

三、意志薄弱与恶的来源问题

四端之心揭示了自由行动所依赖的心灵结构。孟子认为四端之心"人皆有之",且本文主张四端之心是自由行动的充分必要条件,这合逻辑地得出"人人都能自由地行动"这一结论。从经验生活的视角看,这却是十分怪异的。作为有欲望的生物,人往往受到外部环境的影响,偏离"本心"的指导,此即"意志薄弱"现象。该现象曾得到亚里士多德的探讨,他认为,"不能自制的人放弃自己的理性判断,明知他所做的是错的,但受激情的左右还是去做"。① 当代最著名的讨论见于唐纳德·戴维森(Donald Davidson),他认为意志薄弱行为指:(1)行为者有意图地做了 X 行为,且(2)他同时相信存在可替代的 Y 行为向他开放,(3)该行为者认为相比起做 X,做 Y 是更好的选择。②

中国哲学研究中,这被称之为"恶的来源"问题或"道德失败"问题。③ 由于儒家伦理中的"二分法",即一行为要么是道德的,要么是不道德的,不存在中间状态,④此"恶"在当代语境下通常代表品德的败坏,但在传统儒家思想中则指代非道德状态⑤。采取这种儒家观点,恶的来源问题就并非道德败坏的来源问题,而被转化为道德失败的来源问题。类似的观点也见于西方哲学,例如,埃利森(Henry E. Allison)支持康德的观点,将这种特点

---

① Aristotle, *The Nicomachean Ethics*, New York: Oxford University Press, 1926, 1146b 10.

② Donald Davidson, How Is Weakness of the Will Possible? Joel Feinberg ed., *Moral Concepts*, London: Oxford University Press, 1969.

③ 这种区分并不绝对,康德同样讨论根本恶(radical evil)的问题。

④ Henry Rosemont, Confucius — The Secular as Sacred, *Philosophy East and West*, Vol. 26, No. 4, 1976, p.468.

⑤ 此解读也并不一定为所有儒家研究者所赞同。以儒家伦理中对恶的讨论最为著名的荀子研究为例,梁涛以道德败坏为恶,认为荀子仅在《性恶》篇中以好利、疾恶、好声色言人性,也仅在此篇言性恶。参见梁涛:《荀子人性论辨正——论荀子的性恶、心善说》,《哲学研究》,2015 年第 5 期。廖晓炜认为,荀子论性恶都是在没有伪的作用干预下,即没有后天养成的特定行为倾向,以及人类后天所建构之价值规范、政治制度等对人之行为表现的作用与影响。参见廖晓炜:《性恶、性善抑或性朴:荀子人性论重探》,《中国哲学史》,2020 年第 6 期。廖的观点可视为本文所说的以非道德状态指恶。本文采取此种观点,是为了将中国哲学恶之根源问题与西方哲学意志薄弱问题限定在一个范围内。

称之为"严肃主义"①;归伶昌则主张,在阿奎那哲学中,善不仅仅在于善良意志本身,除了拥有善良意志,人还要符合本性地将理性付诸行动才是善的;②贺磊也认为,在康德的观点中,"理性能够以强制的方式按照客观法则规定意志,由此意志才能够是善的"。③ 可见,在许多哲学传统中,"善"都对意志的品格提出了要求,薄弱的意志不可被称为"善"。

那么,应当如何解释恶的来源或道德失败现象呢?郑宗义整理过儒家思想史上对恶之来源的不同见解,尤其支持唐君毅的观点,认为"人的高级罪恶是根源于'主体自己',或'内在的我',或'心灵存在之自体'"。④ 高级罪恶不同于普通欲望,而是指对普通欲望的颠倒,试图将自身的无限性用于欲望,导致欲望的无限化。这种高级罪恶可以被归咎为"心体"的颠倒。但刘旻娇持有不同的观点,认为作为功能、自然倾向的心会导致道德失败,道德心却不会。⑤ 这种道德心,就是郑唐二人所主张的"心灵存在之自体",刘旻娇的观点意味着道德心不是恶的来源,道德主体不应当为此负责。

本文意图探究的是以上中西方观点中的"最小公约问题",即道德失败应该如何归责? 在上述例1—4中,普拉姆都是道德败坏的行动者,而非道德失败的行动者。他不满足戴维森的条件(3),即并不相信不杀怀特比杀死怀特更好。道德失败的行动者应当如下所述:

> 例5:普拉姆5是一个普通人类,在正常的环境中出生长大,其他的因素都与例1、2、3中一样。不同的是,在决定杀死怀特时,普拉姆5想到了怀特的家人、朋友,以及怀特之死将给他们带来的沉痛打击。这引发了他对怀特的恻隐之心,他相信怀特之死将泯灭他人性中的最后一丝仁慈,如不杀怀特,他将成为一个更好的人。然而,挣扎后的普拉姆5仍然选择了听从对怀特的愤恨之情,谋杀了怀特。

例5引发了两个主要问题:第一,普拉姆5谋杀怀特是一种道德失败吗? 第二,普拉

---

① 埃利森较为详细地讨论了这个问题,参见 Henry E. Allison, *Kant's Theory of Freedom*, New York: Cambridge University Press, 1990, pp.146−157.
② 归伶昌:《阿奎那行动理论中的意志与道德运气》,邓安庆主编,《意志自由:文化与自然中的野性与灵魂·伦理学术13》,上海:上海教育出版社,2023 年,第 221 页。
③ 贺磊:《康德的意志概念与道德哲学的奠基》,邓安庆主编,《意志自由:文化与自然中的野性与灵魂·伦理学术13》,上海:上海教育出版社,2023 年,第 235 页。
④ 郑宗义:《恶之形上学——顺唐君毅的开拓进一解》,《中国哲学研究之新方向》,香港:香港中文大学新亚书院,《新亚学术集刊》,第 20 期,2014 年,第 275−307 页。
⑤ 刘旻娇:《论〈孟子〉德性修养过程中的道德失败》,《道德与文明》,2016 年第 6 期。

姆 5 应该为谋杀行为承担道德责任吗？依照戴维森的看法，普拉姆 5 相信不杀怀特是更好的，且该选择对他开放，但仍然选择杀死怀特，符合意志薄弱（道德失败）的定义。该观点会被孟子所同意吗？在《孟子》一书中，与道德失败类似的表述有以下几条：

(1) 人之有是四端也，犹其有四体也。有是四端而自谓不能者，自贼者也；谓其君不能者，贼其君者也。（《孟子·公孙丑上》）

(2) "贼仁者谓之贼，贼义者谓之残，残贼之人谓之一夫。闻诛一夫纣矣，未闻弑君也。"（《孟子·梁惠王下》）

(3) 孟子曰："自暴者，不可与有言也；自弃者，不可与有为也。言非礼义，谓之自暴也；吾身不能居仁由义，谓之自弃也。（《孟子·离娄上》）

(4) 公都子曰："告子曰：'性无善无不善也。'或曰：'性可以为善，可以为不善；是故文武兴，则民好善；幽厉兴，则民好暴。'……"（《孟子·告子上》）

以上都指向不遵从四端之心行动的人，孟子分别将他们形容为"贼""暴""弃"。古人在使用文字时，有时采用不同的词语表述同一事件或行为，有时则以不同概念来区分细微差别。对这三个概念的使用仍需加以辨析，才能明确它们是否都指向道德失败。

孟子认为"贼"就是那些明明有四端，却自谓不能的人。同时，他用"自暴者"与"自弃者"分别形容言语上诋毁非议礼义的人与不能居仁由义的人。二者的区别何在呢？朱熹认为，自暴者"不知礼义之为美而非毁之，虽与之言，必不见信也"，自弃者"犹知仁义之为美，但溺于怠惰，自谓必不能行，与之有为必不能勉也"。（《孟子集注·离娄上》）这即是说自暴者非议礼义是因为他们不知礼义之美，而自弃者不能居仁由义，不是不知，而是明知故犯、溺于怠惰。可见"自弃者"与"贼"的用法相同，都指向那些本可以依照四端之心行动却耽于欲望的人。

分析"自暴者"字义，应当将(3)(4)与孟子的人性论相联系。在孟告之辩中，孟子明确拒绝了告子"生之谓性"的人性观，后者认为"食色，性也"。（《孟子·告子上》）但孟子认为，这会导致人的性与牛犬的性一般，不能真正区分出人所以为人的本性。但这留下了两个重要问题：其一，孟子究竟是否认"生之谓性"，还是否认仅仅以"生之谓性"？其二，孟子认为食色等欲望本身毁坏了人的道德性吗？对于问题一，学界有两种主流观点：以梁涛为代表，认为孟子不仅没有反对"生之谓性"，而且继承发展了这种观点，只是将目光从人的食色欲望转向了人天生的道德性上;①以丁为祥为代表,认为孟子拒绝了"生之谓性",反对从外在言性,而是从内在的先天的道德性言性。② 但这两种观点在核心思想上并无分歧,即孟子重道德性,轻食色之欲,这为问题一提供了解释空间。如果主张孟子完全否认生之谓性,就要说明所谓先天的道德性与天生的食色欲之间究竟有什么区别。所谓先天与天生,在传统讨论中都指代"我固有之""天所予我"的本性,在生来就有这一层面上,二者并没有本质区别。因此,对问题一作宽泛解释更有利于理解孟子文本,即孟子并非完全否定了食色欲望作为人的本性,而是反对仅仅以食色欲望作为人的本性。

孟子不仅没有反对人之欲,反而认为欲望的合理满足有利于道德。他认为,"富岁,子弟多赖;凶岁,子弟多暴,非天之降才尔殊也,其所以陷溺其心者然也"(《孟子·告子上》)。在丰衣足食的年代,百姓生活有所依靠,就可以为善;衣食不足时,就会陷溺其心以为暴。结合朱熹对"自暴者"的分析,可见孟子认为欲望的不满足会抑制人的道德知觉,因此"自暴者"描述的是那些一开始就未能行使心的反思力而耽于欲望的人。

综上,在《孟子》中,"贼"与"自弃者"指向那些本可以依照心的反思力行动却耽于欲望的行动者,这意味着该行动者明知存在一个更好的选择向其开放,却有意做了较差的行为,满足意志薄弱的条件。由于生活所迫,"自暴者"通常并不相信更好的选择向自己开放,不是真正的意志薄弱者。在例 5 中,普拉姆 5 经历了恻隐之心的反思过程,但最终选择了听从欲望的指引,更加符合孟子对"贼"与"自弃者"的刻画。类似的人物肖像在西方哲学中也并不鲜见,陈玮考察爱比克泰德的观点,认为真正能够运用理性选择的人不可能被激情压制而作出错误选择,而是因为错误地赞同了不该赞同的对象,即对理性的误用导致了道德失败。③ 这说明在中西方哲学中,真正的道德失败都不是以欲望为主导的不自主行动,而是行动者对欲望的自主选择。

既然普拉姆 5 没有依照心的反思力行动,是否不应当为自己谋杀怀特承担道德责任呢? 让我们回到关于"真实自我"派相容论的解释。相容论者们认为行动者应当为代表了其"真实自我"的行为负责,因为该行为真正属于行动者。"真实自我"理论被视为形而上学理论,因为它关注行动来源与属权问题。在中国哲学中,这被转化为人性论问题,孟子言性善,意味着善真正属于人,源于人的本然。在前文,我们对孟子之"性"作出了宽泛

---

① 梁涛:《"以生言性"的传统与孟子性善论》,《哲学研究》,2007 年第 7 期。

② 丁为祥:《孟子如何"道性善"? ——孟子与告子的人性之辩及其不同取向》,《哲学研究》,2012 年第 12 期。

③ 陈玮:《爱比克泰德的"选择"概念》,邓安庆主编:《意志自由:文化与自然中的野性与灵魂·伦理学术 13》,上海:上海教育出版社,2022 年,第 192 页。

解释,认为孟子反对仅仅以食色欲望作为人的本性。换言之,孟子认为食色欲望与道德性都是人的本性,也即都反映了人的真实自我。

值得强调的是,孟子虽然接受食色欲望作为人之性的一部分,但却反对将食色欲望直接等同于人之性。后者代表了告子的观点,孟子对此的回复是"牛之性,犹人之性与?"(《孟子·告子上》)既然人性论是中国哲学对真实自我理论的回答方式,真实自我理论又关注道德责任的充分必要条件,人性论的内容就构成了道德责任的条件。因此,我们可以合逻辑地说,单独的食色欲望构成了道德责任的必要不充分条件。食色欲望与心的反思力共同构成了孟子人性论的内容,也就构成了道德责任的充分必要条件。这意味着我们重启了多重可能性原则(principle of alternative possibilities),认为道德主体在自由行动时应当具备选择的多重可能性。虽然在决定论的背景下选择可能性并不是对行动者真实敞开的,即行动者的行为事实上只有一个物理结果,但在较弱的意义上,他/她具有选择的意志力量,如果他/她想,"本可以作出其他选择"。类似的观点也见于亚里士多德,他认为一个造成过失的人应当为自己变成那样一个人负责。邓安庆在此将其解释为"变成一个具有什么品质的人不是天生注定的,而是自己的行为长期养成的,因此要自己负责"。①

普拉姆 5 是一名合格的道德主体。出于恻隐之心的反思选项与出于食色欲望的行动共同构成了他谋杀怀特的行为。最终决策时,他知觉到恻隐之心,虽然并未听从其指示,但"本可以"如此行动。最终,食色欲望为他提供了谋杀怀特的理由,他应当为此负责。由此我们得到了道德责任条件:(1)行动者具有心的反思力,即出于四端之心的先天道德情感;(2)行动者具有食色欲望,即自然的生理欲望;(3)行动者相信自己具有选择的多重可能性,即当他依照(1)或(2)行动时,如果他/她想,就本可以依其中的一者行动。

随之而来的是"自暴者"的邪恶行为无法归责的问题。自暴者不满足心的反思力条件,其邪恶行为是不自由的。这导致孟子所说的"岁凶,子弟多暴"中的那些人可以将自己的罪行推脱给环境与他人。我们甚至不应赞扬某些善良行动,因为善良的品格可能来自家庭与社会的养育,并不真正出自心的反思力,也是不自由的。笔者对此的回应是,在属权自由概念的意义上,"自暴者"的邪恶行为确实是不自由的。属权自由概念解释了自由行动的终极来源,意味着自由行动表达了行动者的真实自我。从孟子的观点出发,真正纯粹善的自由可能性存在于所有人身上,绝不能被下降至浅薄的行动自

---

① [古希腊]亚里士多德:《尼各马可伦理学》(注释导读本),邓安庆译,北京:人民出版社,2010 年,第 115 页。

由层面。

四、结语

本文试图探讨孟子哲学进路的儒家自由观,明晰自由行动的充分必要条件。对孟子而言,自由行动意味着行动者具有:(1)心的反思力;(2)食色欲望;(3)多重选择的可能性。操控问题论证主张,满足相容论自由条件的被操控者在道德上与决定论下的普通人没有任何区别,但被操控者不应为自己的行为承担道德责任,因此决定论下的普通人同样不是合适的道德主体。由此提出:(1)心的反思力条件作为自由行动的第一项条件,说明人通过对侧隐、羞恶、辞让、是非四种先验道德情感的反思来实现自由行动,否定了操控问题论证。同时,意志薄弱问题表明,人作为有限的存在者无法不被外部环境与自身欲望所束缚,忽视心灵的指引。食色欲望作为人性的一部分,同样代表了人的真实自我。因此,(2)食色欲望构成了自由行动的第二项条件。最后,两项条件的统一构成了自由的充分必要条件,人同时具有出于心的反思力和食色欲望而行动的可能性,意味着道德主体对自己的行动具有(3)多重选择的可能性。

From Manipulation to Weakness of Will: An Analysis of Mencian Concept of Freedom

YU Hangjie

【Abstract】This paper aims to explore the concept of freedom in Mencius' philosophy and elucidate the necessary and sufficient conditions for free action. It is my intention to demonstrate that, in the view of Mencius, free action entails (1) reflection of the heart-mind, (2) natural desires, and (3) alternative possibilities. The manipulation argument posits that individuals who satisfy the compatibilists conditions of free actions are morally equivalent to ordinary people under determinism, the manipulated agents should not be held morally responsible for their actions, thus ordinary people under determinism are also not appropriate moral agents. I propose that the reflection of the heart-mind condition serves as the primary requirement for free action, demonstrating that humans can achieve free action by reflecting on four a priori moral sentiments including compassion, shame, politeness, and righteousness. This refutes the manipulation argument. Additionally, the problem of weakness of will reveals that humans, as finite beings, cannot help but be constrained by external environments and their own desires, thereby ignoring the guidance of the heart-mind. It is important to note that natural desires, as an integral part of human nature, also represent an agent's real self. Therefore, natural desires constitute the second condition for free action. Ultimately, the synthesis of these two conditions forms a requisite and sufficient condition for freedom, implying that humans have the possibility of acting based on both reflection of the heart-mind and natural desires, which implies that moral agents possess alternative possibilities for their actions.

【Keywords】 Compatibilism, Manipulation Argument, Weakness of Will, Freedom, Mencius

福柯的"直言":对抗权力的伦理实践

毛成玥①

【摘要】福柯在 20 世纪 80 年代从权力理论转向了自我实践的伦理学,其核心是古希腊—罗马伦理中勇于说真话的"直言"概念。直言行为中言说者与自身的伦理关系处在关心自我的基本原则之下。经由对直言的分析,福柯表明在权力关系内在于主体构形的理解下,自我才是他者权力的限度边界。直言及转向自身的自我实践是对抗权力的一条伦理路径。

【关键词】直言,关心自我,权力,伦理实践

18 世纪末,康德在《什么是启蒙》一文中指出,要有勇气公开运用自己的理性,唯有如此才能带来启蒙。两个世纪后,福柯从权力谱系学逐渐转向了一种以自我实践为中心的伦理学。他在相当长的一段时间内致力于研究古希腊—罗马伦理中的"直言"(parrhēsia)概念。"直言"在内涵上十分接近康德的启蒙主张:处于弱势的言说者愿意冒着风险,鼓起勇气,坦诚地说出真相。它是关心自我(epimēleia heautou)原则下的真言行动,衔接了福柯的权力分析与伦理主张。福柯的"直言"概念在现代性下仍然起到了重唤启蒙的效果:人应当反观自身,坦陈真理,因为自我才是限制权力的根本之处。

福柯通过 70 年代的权力理论实现了对权力乃至主体概念的颠覆性分析,由此,权力关系作为个体与他者关系的必然产物内在于主体建构中。但如果不对权力关系产生的效果加以限制,它将无限趋近于静止的宰制状态,彻底剥夺个体自由。因此,与权力展开角力的方式不再是与某些群体他者斗争,而是返回自身的伦理,关注自我实践的主体自构形。福柯发现在权力的强制性实践之外,还存在着个体经过自我实践而产生的主体形式。如福柯所言:"我认为有关治理的分析——也即对作为一整套可逆关系的权力的分析——必须与一种用修身关系来界定的主体的伦理学有关。"②从"当下的人是怎样生活的"到"人应当如何过一种幸福的伦理生活",福柯提出了围绕直言和关心自我展开的自我伦理学,展现了一条跳出政治维度的、限制权力的可能路径:自我正是无限权力的有限边界。

---

① 作者简介:毛成玥,复旦大学哲学学院博士生,主要研究方向为马克思主义哲学、社会哲学。
② [法]米歇尔·福柯:《主体解释学》,佘碧平译,上海:上海人民出版社,2018 年,第 296 页。

当权力关系内在于主体构成时,"拯救"(sozein)自我就成为个体自身的义务与责任。围绕自我展开修身实践既具有政治上的斗争性,也在伦理上建构起人的主体形式。

一、何谓"直言"?

"直言"是福柯从权力理论转向自我伦理学的核心概念。从词源上看,直言指"说出一切",但福柯认为重点不在于言说者知无不言,而在于言说者的"坦率、自由、开放","让人在需要说出它时以有必要说出它的方式说出需要说出的内容"①。因此,福柯从坦陈(franc-parler)的意义上使用直言,即言说者无意隐瞒,而是坦率直接地说出他的想法,不加任何粉饰,也不出自任何利益上的目的。比起对内容完整性的陈述,福柯更强调言说者在言说时相信自己在陈述真理的信念。在古代哲学中,真理总是由人所具有的道德品质担保的,"当某人拥有某些道德品质时,那便是他通达真理的证据",②因而直言成为一种伦理意义上的求真方式。

福柯用矩形的四角结构阐释了直言在各个层面上的条件。③ 第一个顶点是平等的民主与它所保障的公民言说自由,这是直言能够实现的形式条件。第二个顶点是作为事实条件的优势游戏(jeu de la supériorité),是指在力量等方面具有优势的少数人,他们能够使其他人愿意聆听言说者的直言。第三个顶点是真理条件,即理性逻各斯的必然性。人人都相信真理的必然性,言说者运用理性作出的直言才获得有效性。第四个顶点是福柯着重强调的伦理条件,那就是言说者敢于辩论争锋的斗争勇气。"直言是在危险而自由的行为中说实话的伦理"④,并非所有坦陈都是直言,只有言说者知晓自己面临着某种明确或不明确的社交、政治乃至生命上的风险,但仍然选择将他认为的真理宣之于口时,此言说者才能够被认定为直言者。⑤

即使面对风险也要言说真理,这就是福柯所谓的"说真话的勇气"。直言者认为在某种必要的场合下充满勇气地言说真理是自身天然的责任与义务,他愿为履行此种关乎自身的原则而冒险。直言的风险是多种多样的。首先,直言并非一种人人可行的方式,它实质上是一种能够自由言说的特权,这决定了直言无法从政治属性中脱离出去。在雅典民

---

① [法]米歇尔·福柯:《主体解释学》,佘碧平译,上海:上海人民出版社,2018 年,第 435 页。
② [法]米歇尔·福柯:《何谓直言?》,杜玉生,尉光吉译,汪民安编:《福柯文选 III:自我技术》,北京:北京大学出版社,2015 年,第 291 页。
③ [法]米歇尔·福柯:《治理自我与治理他者》,于奇智译,上海:上海人民出版社,2020 年,第 221 页。
④ 同上书,第 85 页。
⑤ [法]米歇尔·福柯:《何谓直言?》,杜玉生,尉光吉译,汪民安编:《福柯文选 III:自我技术》,北京:北京大学出版社,2015 年,第 292 页。

主制下,在政治上被辨识为公民的男性才有资格直言。反过来说,公开表达有违大众认知的直言会使直言者面临被取消自由言说特权的风险,甚至被城邦放逐。其次,无论言说者和听者之间是何种关系,直言者往往处在一对地位不等的权力关系中的下位,总是弱势的一方。当苏格拉底面对充满政治野心的阿尔西比亚德时,尽管想要获得对方的垂青,苏格拉底仍然劝诫阿尔西比亚德关心雅典之前应当先关心自己。臣民向君主劝谏、单个公民向城邦整体挑战和学生向他的指导者指出错误,都是坦率的直言。

在福柯的大量相关陈述中,我们可以总结出直言行为中的言说主体实际上存在三种关系:言说主体与其所说的真理之间的阐释关系、言说主体与比他强势的言说对象之间的权力关系和言说主体与自身的伦理关系。第一种关系中,除了言说主体与被阐释的言说内容之外,福柯认为还存在着一种"相信阐释的主体"①。言说者既是进行言说行为的主体,又是相信此番言说的主体,他在脱口而出时判断自己所言为真。相反,言说主体与相信阐释的主体二者分离的言说行为乃是作为直言对手的"修辞"。个体在使用修辞术奉承优势方时,其所言相悖于其所想。因为修辞术的目的在于说服对方,扭转对方的想法,将自身的信念强力覆盖于对方的信念之上,最终使自己的言说获得有效性。在修辞中,言说者与他言说的内容之间没有任何信念联结,二者彻底割裂,言辞是言说者达成自身利益的途径与工具。但在直言行为中,直言者与他言说的真理之间"建立了一种强烈的、必要的和建构性的连接"②。

第二种关系关乎言说主体与比他强势的言说对象之间的协约关系。在直言发生的场合,言说主体相对于其要直言的对象总是处于弱势,因此客观上存在各种各样的风险。这也就要求言说主体与言说对象之间达成如"面刺寡人之过者,受上赏"一般的协约。在此协约中,言说主体承担冒犯、激怒并受到对方暴力处置的风险,而作为听者的言说对象,则要允许比自己弱势的人向自己讲明真相,无论此真相使他感到多么愤怒。这种个人与他者之间的协约关系在福柯看来乃是"直言游戏"的核心之处。③

完全由道德品格保证的双方协约无疑是脆弱的,那么言说者是否可以选择不进行直言或奉承迎合上位者以换取生命安全?事实上,直言所面对的风险根本上来源于直言者对自身的伦理要求,也就是直言中的第三种关系:直言者与自身的伦理关系。直言是一种

---

① [法]米歇尔·福柯:《何谓直言?》,杜玉生,尉光吉译,汪民安编:《福柯文选 Ⅲ:自我技术》,北京:北京大学出版社,2015 年,第 289 页。

② [法]米歇尔·福柯:《说真话的勇气》,蒋洪生译,汪民安编:《福柯文选 Ⅲ:自我技术》,北京:北京大学出版社,2015 年,第 402 页。

③ 同上书,第 400 页。

近乎德性的自我实践方式,言说真理之于自身是一种义务。对于追求人格完满的个体来说,直言行为符合一条最根本的伦理法则:关心自我。

二、个体与自身的伦理关系:关心自我

在直言的三种关系中,最关键的无疑是言说主体与自身的关系。个体与自身的关系在哲学诞生伊始就是一个根本问题。刻在德尔斐神庙上的著名神谕"认识你自己"(gnōthi seauton)一直以来都是伦理学的道德基础。福柯则认为,"认识你自己"应当被置于"关心你自己"(epimēleia heautou)这一更高级的哲学法则之下。① 人关心自我即关注自身,认识自我是实现关心自我的具体方式之一。进一步说,关心自我是包括古希腊和古罗马文化在内的古代哲学的基本原则。

通过对柏拉图的《阿尔西比亚德篇》等文本的重新解读,福柯聚焦于"关心自我"这一伦理法则。年轻英俊的阿尔西比亚德不满足于他当下的财富与容貌,希望改变其身份,获得治理其他人的地位和能力。苏格拉底认为阿尔西比亚德还没有获得能够治理城邦和他者的技艺,因而劝诫阿尔西比亚德应当首先关心自我。福柯指出,此时苏格拉底作为倾慕者的直言已点明关心自己是一条首要的伦理律令。人要首先向内自视,认识自己是关心自我的第一步。但值得注意的是,在柏拉图的《阿尔西比亚德篇》中,人关心自己是因为必须关心其他人。② 为了更好地治理城邦、关心你的公民与同胞,关心自我是首要且必须的,但在目的上最终导向了对他人的关心。③ 在苏格拉底对阿尔西比亚德的建议中,阿尔西比亚德应当先了解自己,必须界定自己和关心自己,"从而由此能够得出治理其他人所必要的本领",④关心自我实际上是关心他人的手段与环节。福柯认为,在伊壁鸠鲁和斯多亚主义乃至公元1—2世纪的思想中出现了关心自我与关心他人的"关系倒置":"人必须关心自己,因为人就是自己,而且只是为了自己。"⑤关心他人成为关心自我的副产品,人开始转向自身,不必顾及他人,关心自我终于以自身为最终目的。

什么是关心自我? 关心自我不只停留于关切自身的意识,更是一种培养自我的修身方式,一种贯彻终身的伦理实践。关心自我是个体对自身的主动塑形,它既面对了充满不确定性的外部,又对内部自身提出要求。在此语境中,福柯考察了"拯救"(sozein)的多种

① [法]米歇尔·福柯:《主体解释学》,佘碧平译,上海:上海人民出版社,2018 年,第 7 页。
② 同上书,第 228 页。
③ 同上书,第 208 页。
④ 同上书,第 62 页。
⑤ 同上书,第 228 页。

词义,强调其三种不同的内涵。"拯救"的基本词义是抵御外敌,使个体从危险的境地中脱离出来,规避风险与不洁。"拯救"还可以指自身不受任何好坏善恶的外部影响,维持原有或现存状态。① "拯救"同时符合善的原则,它也指做善事,使个体向更好的方向发展。福柯认为关心自我的"自救"即同"拯救",个体不仅能够在"处于警惕、抵抗、自制的状态下"时刻准备保护自己不受伤害,还能"避免被统治或奴役,避免受到胁迫,确立自己的权利,找回自己的自由",保持自身的常态。更重要的是,自救的另外一层目的是"达到自己一开始没有的善境","确保自己的幸福和宁静"。② 因此,关心自我就在这三种内涵上围绕自身展开:保护自己免受外部伤害、掌控自我并节制欲望,以及向善的方向培养自我。"人是为了自己、通过自己并以自身为目的而自救的。"③关心自我即个体可以掌握他对自我的控制权,他对生活的满足来自自身而非他人给予。个体最终要转向自身,取消他者之于自我的优先性,关注自身的完整主体。

然而,在福柯看来,与他者的关系终究构成个体自我实践的一部分。个体一方面要抵御负面的外部关系,另一方面又要经由与他者发生的持续联结映照自身,认识自己并更好地关心自我。在直言中,直言者与他者和自身的关系都处在关心自我这一法则的指导之下,这在奉承与修辞的参照下更加明显。运用修辞术的奉承在个体与他者之间事实上生产了一种反向权力关系。因言说者本身有求于听者,二者之间存在天然的力量差异,因而产生了奉承的可能性。奉承之所以可以扭转此种局面,使被奉承者愿意按照奉承者的信念行事,是因为双方都违背了关心自我的原则。被奉承者与自身之间出现了一处空白:"在这种无法与自身确立恰如其分关系的状态下,他人就介入了。"④因此,在缺乏自我实践的情况下,被奉承者无法以自身为目的,只能依赖于奉承者的谎言。奉承者为了逆转自身与他人的力量差异,选择运用修辞术来说服对方。其言说无益于呈现真理,而是为了实现某些利益相关的意图。自我伦理实践的不足会导致权力效果的实质性发生。奉承和修辞都生产着言说者与听者之间不平衡的权力关系,最终影响了听者的行动选择。

直言则消解了奉承与修辞试图生产的他者与自身的力量差异关系,集中表现了关心自我的原则。从言说对象的角度来看,对方的直言能够消解他者在双方关系中的主体性,从而保证了听者的自主性。由于言说者直率坦诚地说出了他认为真实的话,那么听者与

---

① [法]米歇尔·福柯:《主体解释学》,佘碧平译,上海:上海人民出版社,2018年,第216-217页。
② 同上书,第218页。
③ 同上书,第219页。
④ 同上书,第441页。

言说者之间只有真理的传递,消除了言说行为中潜在的权力关系。从言说者的角度来看,自己的直言不为说服他人,主观上不对自己所认为的真实加以修饰和隐瞒。当说话者声明"我说的是真的"时,他履行对自身的承诺,为"说话主体与他自己之间的协约"①负责。关心自我的直言虽对他者施加了影响,其目的却不出于自身利益的最大化,而在于完善自我的修身实践。

由此可见,关心自我不仅是伦理原则,也是对抗权力的政治姿态,是"限制和控制权力的一种方式"②。关心自我原则下的反观自身,不仅要求个体将目光从他者身上转回,注视并认识自身,更要求人修行塑造自身,将自身视作包括行动和话语在内的多种主体形式。个体的自我不应当被理解为不断反思分析的客体对象,而是从自身到自身的终极目的。"这就是把自己要达到的目标看得清清楚楚,而且对这个目标及其应做的事情、可能性有着清醒的意识。"③在福柯看来,古代哲学中围绕人自身展开的一系列兼具伦理和政治属性的自我实践,都是主体塑形的重要部分。

三、权力与自由:他者与自我的角力

经由直言与它背后的关心自我的原则,福柯重新唤醒了古代希腊—罗马哲学中以自我为核心的伦理法则,并将之与当代主体概念紧密结合。福柯自认为研究的总主题"不是权力,而是主体"④。因此,福柯先对个体受他者影响的权力关系作出考察,继而对个体与自身关系的自我伦理展开研究。他者与自我在主体形成的场域中同台角力,这也是内在其中的权力与自由的持续斗争。

福柯晚年曾将自己的研究脉络总结为三轴心关系:"知识构成与诚言实践轴心""行为规范性与权力工艺学轴心"与"始于自我实践的主体存在方式结构轴心"。⑤ 三轴心分别对应了他的话语与知识研究、权力研究和有关自我与他者的治理研究。它们看似主题相异,实则彼此交织构成了福柯一生理论研究的母题:在与自我的关系和与他者的关系的流动变化中,个体如何不断地被构成为各种主体形式?⑥

---

① [法]米歇尔·福柯:《治理自我与治理他者》,于奇智译,上海:上海人民出版社,2020年,第83页。
② [法]米歇尔·福柯:《自我关注的伦理学是一种自由实践》,刘耀辉译,汪民安编:《福柯文选 III:自我技术》,北京:北京大学出版社,2015年,第243页。
③ [法]米歇尔·福柯:《主体解释学》,佘碧平译,上海:上海人民出版社,2018年,第262页。
④ [法]米歇尔·福柯:《主体与权力》,汪民安译,汪民安编:《福柯文选 III:自我技术》,北京:北京大学出版社,2015年,第108页。
⑤ [法]米歇尔·福柯:《治理自我与治理他者》,于奇智译,上海:上海人民出版社,2020年,第53页。
⑥ 同上。

个体与他者的关系实质上即二者之间的权力关系,但福柯彻底颠覆了权力的概念。"权力关系深深地根植于社会关系中,它不是凌驾于社会之上的。"①权力关系是个体与他者交往的必然产物,是一个人的行为结果作用于另一个人。权力关系自身无善恶,但因各种因素的力量差异导致不同的权力效果。角力时占据上风的一方制定"真理法则",征服支配弱势方并使之遵循强势方的真理。但权力关系是可逆的,统治者与被统治者的角色不断更替,任何人或群体都无法将权力效果如财产一般占有。也就是说,权力关系已经内在于社会之中,"没有权力关系的社会只能是一种抽象",②权力关系天然是主体构成的一部分。个体自由的最大对手不是某个固定的强权群体,而是个体与他者搭建关系时必然出现的外部影响。那么,对抗权力的主要方式应当是在与他者的关系中保持自身,即关心自我。

个体与自我的关系在伦理和政治上都导向关心自我的自由实践。自由不是权力的对立面,而是与之共生。"权力关系和拒绝屈从的自由不能分离开来。"③权力效果只有作用于自由的个体才能起效。正因自由无处不在,权力才无孔不入。只有一种情况下弱势方的自由才被彻底剥夺,那就是原本可逆的权力关系在某些时刻下处于静止状态,某个社会群体"以经济、政治和军事手段阻止一切可逆的运动"④。这种静止状态被福柯称为权力的"宰制状态"⑤。在宰制状态下,个体的伦理生活近乎真空,与他者的关系占据个体生活的全部,这使个体逐渐丧失自我。福柯认为,权力形式对主体的征服表现为两种方式:"凭借控制和依赖而屈从于他人;通过良心和自我认知而束缚于他自身的认同。"⑥如果来自他者的影响不经过自我的审查,来自外部的他者信念会逐渐内化为自我的组成部分,继而反过来使个体受到自身约束。无论是他者控制还是自身束缚,二者都基于个体对自我关注的缺失,不能在与他者交往时保有自身的主体性。因此,关心自我并勇于在直言行为中说出有关自我的真理,是个体对抗权力宰制状态的关键。

我们由此可以发现福柯在权力分析后期向伦理学过渡的必然性。当权力关系内在于

① [法]米歇尔·福柯:《主体与权力》,汪民安译,汪民安编:《福柯文选 III:自我技术》,北京:北京大学出版社,2015年,第 132 页。
② 同上。
③ 同上书,第 130 页。
④ [法]米歇尔·福柯:《自我关注的伦理学是一种自由实践》,刘耀辉译,汪民安编:《福柯文选 III:自我技术》,北京:北京大学出版社,2015 年,第 243 页。
⑤ 同上。
⑥ [法]米歇尔·福柯:《主体与权力》,汪民安译,汪民安编:《福柯文选 III:自我技术》,北京:北京大学出版社,2015年,第 114 页。

主体构成时,"拯救"自我就成为个体自身的义务与责任。围绕自我展开修身实践既具有政治上的斗争性,也在伦理上建构起人的主体形式。政治哲学过分重视个体的政治主体形式,会导致伦理主体形式持续缺席,最终使得主体的自我越发被忽视,人会逐渐被理解为权力的客体。福柯对传统权力概念展开批判的关键一步,就是拒斥对权力的法权形式理解。"就19世纪的政治思想而言,政治主体本质上被构想为法律主体。在我看来,当代政治思想很少讨论伦理主体问题。"①当法和真理在事实上分离,那么人要去哪里发现真理并指导自己的生活呢? 福柯的回答是在伦理中。"'关注你自己',换句话说就是,'通过掌握自我,让自由成为你的基本原则'。"②在自我和他者的角力中掌握自我,一方面是指不使他者的信念凌驾于自我之上,免受权力的宰制;另一方面指节制自身欲望,通过修身不断完善自己,实现真正的自由。福柯于是将"人应当如何生活"的答案重新聚焦于个体对自我的关注,并使个体从权力的产物这一被动形象中解放出来,通过对直言概念的分析,使伦理主体回到对抗权力的场域之中。

四、自我的"直言":对抗权力的伦理实践

福柯将直言置于权力与自由、他者与自我的角力关系中重新审视,使"人应当怎样生活"与"人如何免受权力宰制"这两个哲学和政治问题结合成一个伦理问题。从直言进入权力议题,代表着福柯跳出了政治哲学的单一范畴,将伦理性视作比政治性更先行的个体属性。权力关系的内在性决定了个体无法与之彻底割席,那么抵御权力效果的影响就应当"转向自身"。与权力相抗既是政治问题,也是个体进行自我实践的重要组成部分。福柯尖锐地指出,"一个人对另一个人施加权力总是危险的,而这并不是说权力的本质是邪恶的,而是指权力及其机制是无限的"③。在法律形式上如何限制权力都不够严格,那么,与权力斗争的战场实际上处在个体内部,真正能够反抗和限制权力效果的是作为权力施行对象的个体自身。也就是说,自我才是他者权力的边界。自我越坚不可摧,权力关系就越难越界而行。

这样,在福柯那里,问题就从"人如何免受权力影响"转变为"人如何在与权力共生的情况下限制权力效果,并主动构建自身"。这一问题的回答必然是既与关心自我原则相

---

① [法]米歇尔·福柯:《自我关注的伦理学是一种自由实践》,刘耀辉译,汪民安编:《福柯文选Ⅲ:自我技术》,北京:北京大学出版社,2015年,第271页。
② 同上书,第283页。
③ Michel Foucault,James Bernauer, "Is It Useless to Revolt?", *Philosophy & Social Criticism*, Vol. 8, No. 1, 1981, pp.2-4.

关,又与此原则下的直言实践紧密结合：了解自身与自身所处的境况，在他者带来的权力效果中保护自己，保持自我的状态，并勇于说真话，培育自己高尚的品格。

直言的方式决定了它天然具有批判和反抗的性质，能够从他者带来的权力效果中突围而出，限制权力效果的有害扩张。福柯以古希腊戏剧《腓尼基女人》为例，俄狄浦斯的妻子伊俄卡斯特劝说她流亡异乡的儿子波吕尼刻斯与其兄议和。伊俄卡斯特询问叛乱的儿子在流亡中最难以忍受的痛苦是什么，波吕尼刻斯回答她，是被放逐后失去了直言的权利，要"参与蠢人的蠢事"。① 也就是说，直言最主要的目的就是批判，它能够对他人的言行起到监督作用，并在坦陈的过程中平衡双方之间的权力差异。直言可以遏制权力关系趋向静止的宰制状态。反过来说，正因为存在着甘愿冒风险也要言说真理的直言者，暂时占据统治地位的优势方才能清醒理智地制定规则，权威才只是权威，而不是奴隶主。

更关键的是，直言所言说的真理不是有关事物的放之四海而皆准的存在真理，而是作为限制权力策略的、具体的言说对策。权力关系通过要素配置(dispositif)具体地干涉个体的选择与行动，直言的反抗方式亦然，它"按照个体、情势和时机的独异性"②言说真理。当福柯研究权力时，他意在揭示人在当下的处境，呈现权力配置的策略下人存在的真实面貌。从这种意义上说，福柯一生的研究都可视作他对全体公众的"直言"，因为直言正是"旨在向个体说出关于他们自己，可是他们自己的眼睛看不到的真相，旨在向他们揭示他们当下的情势、他们的特性、弱点、他们行为的价值，以及他们的选择之可能的结果"③。个体基于自身的道德要求，冒着风险坦诚地说出自身与听者所处的形势与真相，这种言说行为本身就是对权力策略的破除，因为认识自己及自己所处的境况是关心自己的首要条件。

在此意义上，"认识你自己"也不再仅限于德尔斐神谕最初的内涵，它代表着人要全神贯注地注意从自身到自身的、不经由他人的路径，并以关心自身为最终导向。"人现在必须关注的不是作为认识对象的自身，而是与自身的这个距离，因为人是行为的主体，他有着达到自身的手段，而且达到自身是他的律令。"④从自身出发，也以自身为目的，关切与自身相关的一切要素。在这一点上福柯与阿多(Pierre Hadot)是一致的，反观自身"不能被混同为那种把世界收缩为自我大小的心理化和美学化过程，而是应该看作将自身扩

---

① [法]米歇尔·福柯:《何谓直言?》,杜玉生,尉光吉译,汪民安编:《福柯文选 III:自我技术》,北京:北京大学出版社,2015 年,第 307 页。

② [法]米歇尔·福柯:《说真话的勇气》,蒋洪生译,汪民安编:《福柯文选 III:自我技术》,北京:北京大学出版社,2015 年,第 411 页。

③ 同上书,第 411－412 页。

④ [法]米歇尔·福柯:《主体解释学》,佘碧平译,上海:上海人民出版社,2018 年,第 263 页。

张到自身之外"①,不为他者改变自我本身的信念。个体存在的真正意义是实现自我,享受快乐,成为真正自由的主体。权力关系也不再被视作完全外在于个体的洪水猛兽,它将作为个体构建自身的桥梁,成为伦理实践的一部分。

因此,福柯更愿意把直言理解为一种有关生活根本的美德。"直言(parrhēsia)不是一种技巧……它是一种立场,一种近于德性、近于一种行动模式的生存方式。"②我们作为行动和言说的主体,应当从被过分夸大的权力手中夺回塑造自身的主动权。"人的主体性正是通过一次次反抗将自身置于历史之中。"③这个人可以是任何个体,无论是罪犯、疯人还是被压迫的民族,在一个或多个他者的挤压之下丧失了自我时,关心自我使他们在历史中留下声音,勇于直言并实践自身认识到的真理。

主体向自身的回归,在福柯看来,犹如奥德赛传奇故事一般:我们总是航行在危险的海域之中,航线中藏匿着不可预知的风险,但对母港的渴望使此番航行义无反顾。而要最终抵达港湾,关键在于甘愿忍受风险,拉起自我的风帆,投入到对抗权力的伦理实践中,而这也正是直言的意义之所在。④

Foucault's Parrhēsia: Ethical Practice Against Power

MAO Chengyue

【Abstract】 Foucault turned from power theory to self-practice ethics in 1980s, and its core is the concept of "parrhēsia" in ancient Greek-Roman ethics. The ethical relationship between the speaker and himself in the behavior of parrhēsia is under the basic principle of care of the self. Through his analysis of parrhēsia, Foucault shows that it is the self that is the limiting boundary of the power of the other, in the understanding that power relations are internalized in the constitution of the subject. Parrhēsia and the practice of turning to one's own self is an ethical way to confront power.

【Keywords】 Parrhēsia, Care of the Self, Power, Ethical Practice

---

① 阿诺德·I. 戴维森:《作为苦行的伦理:福柯、伦理史与古代思想》,[美]盖伊·古廷编:《剑桥福柯研究指南(第二版)》,辛智慧、林建武译,北京:北京师范大学出版社,2020 年,第 159 页。
② [法]米歇尔·福柯:《说真话的勇气》,蒋洪生译,汪民安编:《福柯文选 III:自我技术》,北京:北京大学出版社,2015 年,第 403 页。
③ Michel Foucault, James Bernauer, "Is It Useless to Revolt?", *Philosophy & Social Criticism*, Vol. 8, No. 1, 1981, pp.2 – 4.
④ [法]米歇尔·福柯:《主体解释学》,佘碧平译,上海:上海人民出版社,2018 年,第 292 页。

全球伦理圆桌会议暨第二届全球伦理国际论坛在罗马成功举办

钱　康　沈　捷　龚宇充①

2024 年 8 月 5 日,全球伦理圆桌会议暨第二届全球伦理国际论坛在意大利罗马大学顺利举行。论坛以"全球危机之下,如何重启全球伦理?"(Global Ethics:How to Relaunch this Discussion in the Face of Global Crises?)为主题,作为第 25 届世界哲学大会"跨越边界的哲学"(Philosophy across Boundaries)圆桌会议之一。复旦大学全球伦理研究中心委员会成员和来自世界各地的学者一同参与了讨论。与会者有复旦大学全球伦理研究中心主任邓安庆教授,复旦大学全球伦理研究中心副主任王金林教授,复旦大学全球伦理研究中心副主任汪行福教授,复旦大学全球伦理研究中心秘书长钱康青年副研究员,复旦大学全球伦理研究中心学术委员会成员、纽约州立大学奥尔巴尼分校乔恩·曼德尔(Jon Mandle)教授,特邀嘉宾同济大学张念教授,以及国内外对全球伦理怀以兴趣、抱以关切的来自诸多国家的学者们。会议分为上下两个半场,每个半场由专题研讨和自由讨论构成。

在开场环节,钱康青年副研究员对复旦大学全球伦理研究中心(后文简称"中心")的宗旨、性质与架构进行了介绍。他强调,中心基于全球社会面临的伦理挑战,旨在在哲学的层面上深入全球伦理的理论基础,探讨全球伦理的普遍原则与理性根据。鉴于过去数十年来全球伦理在推进和发展的过程中所遭遇到的阻力,中心的创立者们深刻意识到,要想在尊重世界文化多元性的情况下具体地确定某种全球性的伦理规则是极其困难的。因此,中心更多地将自身定位为对全球伦理的理论基础进行深入反思,并且搭建能够促进世界各地的哲学家展开相互对话和交流的平台。经由 2023 年在上海举办的第一届全球伦理国际会议,中心得到了国际学者的大力支持,其中包括来自世界哲学大会主席卢卡教授

①　钱康,复旦大学哲学学院青年副研究员,主要研究方向为康德哲学、西方伦理学史与元伦理学。
沈捷,复旦大学哲学学院硕士研究生,主要研究方向为黑格尔艺术哲学、实践哲学。
龚宇充,复旦大学哲学学院硕士研究生,主要研究方向为西方伦理学。

的认可,并受邀来到罗马参加世界哲学大会并主持全球伦理分会场。作为伦理学和哲学领域的国际学术交流和合作研究的平台,中心希望打破国界与学科的隔阂,将伦理议题拓展至全球范围,邀请更多学者重启全球伦理的讨论。

在上半场会议的专题研讨部分,共有 3 位学者进行了主题报告。第一位报告人是纽约州立大学奥尔巴尼分校的乔恩·曼德尔教授,他从哲学的方法论出发对全球伦理的讨论进行了反思。他指出,目前存在两种广为接受的伦理学研究方式:一种可以被称为道德人类学路径,采取这一路径的学者重视实践形态与道德原则的多样性,他们试图对世界各地不同社会、不同社区、不同文化中的道德进行描述;另一种则被归于规范理论,采取这一路径的学者旨在确立合理的道德原则,认为普遍的道德原则可以应用于不同的文化群体,乃至推广至全球范围。但是,这两种研究路径都存在理论上的风险:道德人类学无法从现存的事实出发推导出道德性的规范原则,因此反而有可能为特定社会中存在的不公辩护;而规范理论家则忽视了不同社会、文化和群体分享着彼此差异与多样的价值,为了高度抽象的概念与理论牺牲了生活经验的复杂性。曼德尔教授指出,道德人类学家和规范理论家需要相互学习,尤其是对于采取后一路径的哲学家而言,应当基于人类学对现实社会的经验考察,以使得诸如自由与平等的抽象概念获得具体的内容。

在会议结束后,曼德尔教授接受了中心的采访,并进一步补充了自己的观点。首先,曼德尔教授肯定了 1993 年《全球伦理宣言》的积极价值。他认为,《宣言》代表着建立一个共享的、全球性的伦理规范的努力,这有助于不同的文化、不同的宗教相互理解,在一定程度上建立信任和增强熟悉度。尽管在过去、现在和将来,想要形成这样一种全球性的共识都不可避免地会遭遇到各种冲突和分歧,但至少大家可以在一种共同推进的努力中探索可以分享共同利益和价值观的领域。换言之,即便这种探索无法即刻产生实际的影响,但从长远来看,一定是能够对全球伦理的工作产生助益的。接着,曼德尔教授指出了重建全球伦理的两重挑战:第一,理论困难,即在承认多样性的前提之下如何构建共同价值观与共同的规范原则;第二,现实障碍,即由于当下广泛存在的信任危机,跨国联结变得困难。哲学家更多考虑的是第一点,也就是探寻普遍的规范原则。然而,单纯对不同的观点进行分类,然后试图找到共识或重叠是不可行的,因为全球性的伦理规范需要被建构而非单纯地被发现。换言之,曼德尔教授并不认为有一个全球性的道德规范等待被发现,全球伦理研究的方法应该是一种能够包容和尊重多元价值的哲学重构。所以,解决理论困境的正确途径是在平等和尊重的基础上,促进不同传统之间的对话。在这个意义上,建构全球伦理的关键在于在统一中保持多样性,在以相互尊重为前提的对话中看到其他观点的合法性;一方面坚持自己的观点,另一方面在与他人的互动中跨越自身主观性的限制。其次,曼德尔教授强调共同原则的合法性在于理性的公共使用,即承认不同观点的平等合法性,并允许这些彼此相异的特定视角与价值被纳入共享视角的构建中。在这种建构中,类似于罗尔斯所提出的"理性的公共使用"是至关重要的。最后,他对中心表达了赞许,认为中心使得世界各地的学者们可以从不同的文化出发,同时立足于哲学,从而展开真正的讨论与相互的学习。

第二位报告人是复旦大学邓安庆教授,他的报告以"'共存性正义'与'个体性自由':全球伦理的基础与目标"为题,对作为全球伦理之基础的"存在论正义"概念加以进一步阐释与深化。邓安庆教授指出,在他的论义《全球伦理新构想》中,他通过对于"存在论正义"的阐发超越了政治哲学的"全球正义"概念,并以此为基础证明了从存在之正义可以构成一种无中心、无强制的自然自由的全球性规范秩序;而本次发言将具体地论证如此这般自由的规范秩序通过何种有别于国内法的"立法程序"而成为普遍有效的规范机制,即从"世界公民"身份的"思想程序",证明从不同文化的道德哲学中,可以通达一种普遍性的"共存性正义",并以此作为全球伦理的基础。他的论证通过以下三个层次逐步展开:第一,全球伦理讨论需要从哲学上而不是宗教上为人类共存之正义奠基,因为唯有从存在论上对于正义的思辨出发,我们才能从各自所处的特殊文化和宗教的信念中抽身退出,进而使用公共理性思考世界之共存这一全球伦理的基础。第二,从多元文明的特殊伦理原则中可以推导出共同指向的人类"共存性正义",因为若将地方性的伦理知识视为特定民族对于世界之存在机制的哲学探索,那么不同文明所确立的道德原则实则是对普遍有效的"共存性正义"观念的表达。第三,立足于"世界公民"的"共存性正义"秩序,才能保障"个体性自由"的充分发展,因为全球范围内的冲突从根本上说是现代文明与前现代文明间的冲突;而对于个体自由的保障作为现代文明的基本要素,构成了全球文明正当性的基石和判准。只有在此标准之下,民族精神才能得以实现世界化而进入世界历史,表达出特定民族对于全球伦理共存性正义的领会。因此,全球伦理的基础在于共存性正义,而目标依然是个体性自由的充分而自主的发展。

第三位报告人是复旦大学汪行福教授,他的报告以"View from Nowhere—A Global Ethic for All Human Beings and Our Common Habitat"为题,分析了两种竞争性的全球伦理理论,提出了一种"不带有任何地方性色彩的全球伦理"的概念。首先,他指出了当前全球危机之下思考全球伦理的紧迫性和必要性。其次,他将汉斯·昆(Hans Küng)和希瑟·维多斯(Heather Widdows)的理论视为全球伦理考察中两种对立的研究取向。其中,汉斯·昆持有一种"最低限度的全球伦理观",认为全球伦理的普遍原则可以从诸多主流宗教的基本共识中引出;而希瑟·维多斯则支持一种"综合的全球伦理观",要求全球伦理将广泛的全球性问题纳入考虑,涵盖战争、移民和气候变化等诸多领域。然而,这两种立场都有其局限性。对此,汪行福教授指出全球伦理面临的核心挑战在于一方面在现代性的基础上说明其合法性基础,另一方面在现代文化和制度背景下展示其可行性。因此,全球伦理的基本原则和规范应该基于内格尔(Thomas Nagel)提出的"本然的视角"(view from nowhere),它要求个体放弃自己的特殊立场与主观意见,进而获得人类整体的普遍与客观视角。汪行福教授认为,"本然的视角"对全球伦理具有重要意义。首先,它为全球伦理的原则提供了认识论基础;其次,它可以作为区分全球性伦理问题与地方性伦理问题的标准;最后,它提供了对于全球秩序的批判性视角。

在上半场会议的自由讨论部分,与会者基于以上三个报告的内容进行了讨论。第一位是曼德尔教授,他对汪行福教授倡导的"本然的视角"提出了质疑。首先,曼德尔教授指出自己在发言中强调了一种能够兼容具体经验的规范性理论的重要性,这恰恰批判了排除一切特殊性的中立视角。其次,"本然的视角"可以以另一种方式获得理解,正如罗尔斯在《正义论》中所说的那样,只有在承认个体的差异性与独立性的条件之下,我们才能做到不偏不倚。在这样的理解之下,"本然的视角"并非超然世外的立场,而是每个有理性的人可以在世界中采用的思维方式;以此为基础的伦理原则也并非源自对于特殊性的忽视或否认,而是将特殊性充分纳入其中的调节性原则。因此,如此被理解的"本然的视角"实质上是"view from everywhere"。汪行福教授对曼德尔的质疑进行了回应。他指出,"本然的视角"作为一种思维方式,要求人们以与主观偏好相疏离的方式思考,尝试将自己置于中立与公正的位置上,因而不能等同于"view from everywhere"。

第二位来自欧洲某国的讨论人关注的问题是:我们需要全球伦理(global ethics)还是全球道德(global morality)? 曼德尔肯定了两者的区分,认为全球伦理研究需要将具体的伦理规范和更为基础性的道德原则区分开来,清晰地定义目前我们能够处理的工作。

第三位讨论人是来自瑞典的哲学家安德烈亚斯·弗勒斯达尔(Andreas Føllesdal)教授,他一方面认为我们启动的全球伦理讨论十分有必要和有意义,另一方面提出了一系列质疑性的问题:如果全球伦理是解决方案,那么它所针对的问题到底是什么? 怎样的问题需要全球伦理来解决? 在处理具体问题时,如气候问题,我们如何化解分歧? 曼德尔教授认为,我们不能高估哲学家所能产生的直接政治影响,因为哲学所能做的充其量是逐渐地、慢慢地影响和塑造人们的背景、文化和取向。我们诚然应当对气候变化的原则和管理责任进行批判性反思,但是不能指望哲学家解决具体的伦理困境。汪行福教授就如何解决分歧、达成普遍原则进行了补充。他认为,我们或可通过像在会议中进行的辩论来达成共识,或可汲取历史经验来寻求共识。

第四位讨论者想进一步了解汪行福教授所言的"本然的视角"与中国的"天下"概念之间的相似之处。汪行福教授指出"天下"具有两重含义:第一,生活在不同地域的所有的人;第二,共同的规范性原则。在这个意义上,中国的"天下"可以作为全球伦理的思想资源,因为它促使我们站在普遍性的高度思考伦理问题。但是,也要警惕一些中国学者对于"天下"概念的原教旨主义式的复兴,因为在这些学者看来,"天下"意味着一个具有中心化结构的世界帝国,国与国之间存在亲疏远近的等级关系,这是需要被否定的。

在短暂的休息之后,下半场会议的专题报告部分开始。首先,复旦大学王金林教授作了以"客观精神的'萌芽'——全球伦理刍议"为题的报告,他借用黑格尔思想资源重新审视了30年前通过的《世界伦理宣言》。报告分为以下四个部分:第一,对全球伦理的讨论进行了历史性回顾,阐述了该宣言发表以来,全球伦理的理论框架及其概念遭遇的批评与挑战;第二,基于当下人类生存处境的重大变化,要求对全球伦理进行重新定性;第三,指出虽然《宣言》中的全球伦理概念可被定位为全球化时代社会性客观精神的"萌芽",但它对概念中蕴含的历史性尚缺乏充分的自觉,未能真正突显全球尺度上人类迄今的道德文明之成就。若要有效地回应当今危机与挑战,全球伦理必须具有历史性、全球性、伦理性与方向性;第四,考察了全球伦理面临的三大主要障碍,即特殊主义、主权主义、发展主义,并指出对文化多样性的尊重、对国家主权的尊重、对经济与技术发展的企求不应当损害全球伦理的基本原则。

其次,同济大学人文学院的张念教授从女性主义视角对全球伦理进行了反思。张教授首先从"什么是多样性?"出发,指出我们通常在文化与政治语境下考察"多样性",这意味着对于"多样性"的讨论被限制在理性主义的哲学范式之下。然而,如果从感性哲学的角度出发,"多样性"则意味着感性的丰富与具体。那么,对于感性主体而言,我们如何确立普遍原则? 理性的逻辑对于解决伦理冲突而言是否充分? 感性的逻辑对于伦理而言意味着什么? 或许女权主义实践已经表明了这种可能性,我们应该学会使用我们的感觉,去爱一个具体的他人,并通过他们的面容、声音和姿势与他们建立联系、寻求理解,因而从女性主义去发展情感伦理和关怀伦理,或许是一个比理性主义更有效的全球伦理进路。

在下半场会议的自由讨论部分,与会者基于以上两个报告的内容进行了讨论。第一位发言人为来自波兰的德国柏林洪堡大学哲学系在读博士生,她指出跨语言的沟通在全球伦理研究中的重要性。她认为只有对全球伦理中的核心概念与关键著作进行更多的翻译,国际学术交流与合作才能顺利实现。因为翻译不仅仅是直译或试图表达意思并传达它们,而是发生于不同文化视野之间的思想碰撞。第二位发言人是一位来自罗马的音乐家,他认为语言系统的多样性反而是全球伦理讨论的一个重要构成部分,跨文化交流并非增加了沟通上的困难,而是增添了讨论的丰富性。第三位发言者是复旦大学的在读博士生,她指出如果我们仅仅使用英语讨论全球伦理,那么不可避免地会产生概念上的模糊。

弗勒斯达尔教授进一步强调了重建全球伦理的关键,在于从不同的文化传统中获取思想资源,因为每个文化传统都有自己特定的视域与问题,哲学家要做的是理解这些差异,以此为基础展开学习与批判。比如,一些西方哲学传统确实非常认真地对待全球范围内的道德的深刻分歧,但这并非考察问题的唯一视角。孙向晨教授对于中国家庭观念的讨论就能让我们了解到中国哲学中的共同体视角,而西方哲学家大多没有对此给予足够的重视,这种文化差异是我们需要更多思考的领域。

来自美国天普大学的一位博士后从公共卫生领域出发对全球伦理进行了反思。他对全球伦理的兴趣来自新冠疫情引发的全球正义和健康正义的问题,但是,他强调,全球伦理的价值并不在于切实地解决我们当下面临的全球问题,而在于提供一般性的原则,使全球化进程中的所有参与者得以在遵循这些原则的基础之上,提出切实可行的政治解决方案。

来自上海社会科学院宗教研究所的一位助理研究员基于自身的研究背景表达了对于全球伦理的看法。他认为,公共性是全球伦理的核心特征,因为全球伦理实质上旨在为全人类提供一种公认的对世界、对生活的态度,为国际合作与交流提供基础性共识。而这样的理论目标为诸多哲学流派所分享,他所研究的印度宗教哲学中的吠檀多学派,其核心思想可以概括为人和世界终极本源在根本上的一致性。在这个意义上,它探讨了存在于不同个体之间相同的根本与基础,为寻求共识提供了一种不同的思考路径。

邓安庆教授对本次会议进行了总结。邓安庆教授首先指出本次会议的要旨在于以哲学的路径开启对于全球伦理的讨论,因为以理性为基础是全球伦理的题中之义。30年前的全球伦理探索试图从主流宗教共享的道德原则引出全球伦理原则,但是每个宗教过于强烈地信仰自身宗教的绝对神明,以此来为伦理与道德立法,使得它很难突破信仰的边界,跨越文化的差异,产生跨越宗教和政治的世界伦理共识。唯有哲学才能凝聚世界理性的力量,让不同观点的对话得以可能;只有将各民族理性精神中体现的道德原则提取出来,通过罗尔斯式的道德直觉,才能获得全球人类共同生存的规范秩序建构的全球视野。

正如他在报告中将"共存性正义"与"个体性自由"作为全球伦理的两大关键要素,前者意味着全球伦理必须跨越本民族的边界,以世界精神为指向,找到本民族伦理原则与全人类共通共享的共同价值,将共存性正义作为全球伦理的基石与单个民族在世界上获得立足的道德条件;后者意味着使现代性所要求的个体自由落实于每个世界公民与单个民族国家之上,不仅在观念上建构起全球伦理共识,还要以自由自愿为基础,凭借有效的具体机制来规范自由自主的地方性行动。最后,邓安庆教授将会议的圆满成功归于两点:第一,启动全球伦理的讨论与世界哲学大会"跨越边界"的努力高度一致,因为全球伦理的讨论必然具有引导学者超越所属民族与国家的世界伦理立场,一方面冲击本民族伦理的边界,另一方面挖掘出特定文化与民族所具有的"跨越边界"的普遍主义天赋。第二,将超越单个民族的公共理性作为讨论全球伦理的基点,这一基本路径引来了国际学者的广泛认可,吸引他们积极参与讨论。这也是本次会议比第一届全球伦理国际论坛更进一步的地方,学者们开始有意识地从方法论的角度展开讨论,从哲学的角度分析不同文明建立伦理原则的理性基础。

康德的现代遗产与其现实意义

——托比亚斯·罗泽菲尔特访谈

[德]托比亚斯·罗泽菲尔特 白健行 龙 腾①

托比亚斯·罗泽菲尔特(Tobias Rosefeldt)教授是柏林洪堡大学"德国古典哲学"(Klassische Deutsche Philosophie)教席的讲席教授(自 2010 年起),他在 2020—2022 年间曾担任哲学系主任一职。他的主要研究兴趣包括康德、德国古典哲学、当代形而上学和语言哲学。他就这些主题发表了大量论文,著作有《逻辑的自我:康德论自我概念的内涵》(,,Das logische Ich: Kant über den Gehalt des Begriffes von Sich selbst"),《不存在之物:关于存在概念的一项研究》(,,Was es nicht gibt: Eine Untersuchung des Begriffes der Existenz")。自 2018 年以来,他一直是柏林-勃兰登堡科学与人文学院康德委员会的成员。2024 年是康德诞辰三百周年纪念,罗泽菲尔特教授在德国也筹备了系列学术会议与哲学活动,本次采访是对柏林洪堡大学乃至勃兰登堡地区的康德研究的特别访谈。

本采访将分为两个部分。第一部分围绕罗泽菲尔特教授本人的学术历程展开,系统介绍了他的研究方向及学术兴趣;第二部分则以康德诞辰三百周年为基点,邀请罗泽菲尔特教授谈论康德哲学在今天对当代哲学、当前德国乃至全球社会伦理而言可能具有的意义和价值遗产。

第一部分

问:从过往的访谈中,您谈及自己很早就确定了对于哲学的兴趣。是什么让您决定踏上哲学之路,并以之作为自己大学生涯的主要专业? 又是什么推动着您选择康德作为博士期间的主要研究对象?

答:在进入大学之前,我就对哲学问题产生了兴趣。我最初的哲学体验发生在八岁那一年。我站在一堵墙面前,在墙面上移动自己的手指,然后突然意识到,尽管我的手指在

---

① 作者简介:托比亚斯·罗泽菲尔特,柏林洪堡大学"德国古典哲学"讲席教授,主要研究方向为康德哲学、德国古典哲学,当代形而上学和语言哲学。

白健行,复旦大学—柏林洪堡大学联合培养博士候选人,主要研究方向为康德哲学、伦理学、政治哲学。

龙腾,柏林洪堡大学博士研究生,主要研究方向为黑格尔实践哲学和法哲学。

持续地移动,但它一定会在一个特定的时刻,一个特定的位置保持静止,因为它不能在同一时刻居于两个位置。但这是如何可能的呢?这种想法令我非常迷惑,我和当时站在我身边的叔叔分享了它,但我的叔叔却不能很好地理解这个问题。后来,我才意识到,它就是芝诺悖论中飞箭悖论的一种变体。对许多孩子而言,哲学问题都会自然而然地出现,特别是围绕着时间、死亡,围绕着一个人出生之前是否存在,以及死后将会处于何方等主题。我想我并不是一个特例。

在中学时期,我对文学特别感兴趣。我阅读了一系列俄国小说,并且特别钟爱陀思妥耶夫斯基、托尔斯泰和契诃夫。这些作品已经涉及一些哲学命题,并最终激励我在大学时期选择攻读哲学。起初,我不确定自己是否会坚持读完哲学,只是单纯对它特别感兴趣。不过很讽刺的是,我自己一开始并不想研究康德,因为在中学时期,我读了一些康德的作品,但并不喜欢这位哲学家。那时,我喜欢的哲学家是尼采和叔本华,而且还对佛教很感兴趣。不过在几个学期过后,我意识到自己应该研究一下康德,因为尼采和叔本华经常用批评的态度提到这位哲学家。于是我选修了一门由迪特·亨利希(Dieter Henrich)开设的研讨课,并且当即深深被其中的智性程度所吸引。于是我投入了康德研究,并坚持到了今天。

问:在埃卡特·福斯特①(Eckart Förster)和迪特·亨利希的指导下,您在慕尼黑大学完成了博士论文,并以"逻辑的自我:康德论自身概念的内容"为题将之出版。在这项研究中,您从 1781/1782 年康德人类学讲座的后记中引用了一段话作为开端。这段引言有点像一个思维实验:"自我是将人类区别于单纯动物的关键。当一匹马能够领悟关于自我的观念,我就必须翻身下马,将它作为自己的同伴加以对待。"(AA XXV S.859)您如何解释这句引文?它和您的博士论文之间又有着什么样的联系?

答:这句引文背后的思想在我的博士论文中其实并不占据主体地位,我只是出于单纯的喜欢而将它置于篇首。它与康德自身意识理论中的如下方面相关:一旦我们拥有了自身意识的形式,我们就同时拥有意志自由的一种确切形式。这是因为,一旦我们通过反思的形式与自身欲望拉开了距离,我们就拥有了一种特定的自律。根据康德,这种自由和自律构成了人类尊严概念的核心。因此,一旦一头动物能拥有自身意识,它也就拥有上述的自律形式,由此不再应该被仅仅当成手段,而是一种理性存在,并值得被加以尊重。我的

① 埃卡特·福斯特于 1996 年接替亨利希退休后空出的慕尼黑大学理论哲学教席,现于美国约翰·霍普金斯大学担任教授。他以对德国古典哲学的历史—语境性研究见长,其专著《哲学的二十五年》深入研究了后康德时期德国哲学的变化脉络,并于 2017 年荣获库诺·费舍尔奖。

博士论文涉及该面向,但没有对之深入处理。

我主要的理论探索围绕《纯粹理性批判》中的"谬误推理"部分展开,但发源于先验推理语境中的一些问题。在迪特·亨利希开设的一系列研讨班中,我们一起阅读了先验推理部分,我还为此写出了硕士论文。在那时,一个仍旧困扰我的问题是:康德在先验演绎部分谈到了一种同一的自身或自我,还主张我能够先天地获知这种同一性;然而,他如何能做出此种论断,以及该论断有何意味,这些在当时尚且不明。根据康德的认知理论,为了认知一个客体,我们需要相对应的直观——但自我不可能是一个实在的客体,因为我们根本不拥有对其同一性的直观。那它究竟是什么呢? 在亨利希学派的看法下,康德似乎没法为上述问题提供确切答案。我们必须假定,康德无法充分解释自身意识中的某些确切面向,而费希特随后给出了更好的解释。也就是说,对于上述问题,亨利希学派主张康德缺少必要的理论支撑。然而,对我而言,这种解读忽视了康德哲学中的一些理论潜力。

在谬误推理部分,康德对理性主义的自我概念做出了批判,不过,在该批判中,人们可以发现作为背景的一种特定的客体理论,它涉及一种并非实在和全面的客观性。康德本人允许谈论一种逻辑的但非实在的客体。与此相应,我的博士论文在重构谬误推理部分的理性主义批判的同时,还对一种关于自身之为逻辑客体的理论进行了解释和重构。也正是如此,我的书随后以"逻辑的自我"作为题眼。

如今回想起来,我觉得自己当初也受到了一部分现象学传统的影响。在该问题上,萨特那本《自我的超越性》扮演了一个重要角色。萨特认为,在缺少主体的(subjectless)意识和自身意识之外,自我还充当着一种客体的角色,它虽然不是一种实在的客体,但仍然在某种意义上身为客体。总的说来,我的博士论文就是在自身意识结构下处理了这样的客体性概念。

问:我们都知道在博士研究的过程中,导师的言传身教同样会或多或少影响自己学习或感兴趣的内容。您认为您从福斯特、亨利希及亨利希学派中都受到了什么样的影响?

答:我认为自己更多地受到亨利希工作的启发,因为自身意识概念在亨利希对先验演绎的重构中起到了关键作用。而如果你拥有一位自己十分钦佩的导师,你就会不由得想要发展一种与之不同的理论。所以,我的博士论文一方面发扬了亨利希在这些议题上的工作,另一方面也想要证明,他在一些问题上犯了错。而在方法论层面,他能够在进行文本细读的同时(我们认真对待了康德笔下的每一个代词和句子中的每一个细节),又不拘泥于文本本身,而是对之加以解释,在其基础上重构出可行的理论,以期对文本做出更好的理解。这种微妙的兼顾和平衡深深影响了我。

在我撰写博士论文的那段时间,埃卡特·福斯特刚好来到慕尼黑大学任教,并成为我的第一导师。从他身上,我学到了如何将康德的思想置入历史语境,还对后康德哲学的发展有了更深入的了解。同时,他帮助我拓宽了对康德哲学其他诸多面向的认知。

问:在您攻读博士学位期间,我们注意到您作为访问学生在牛津大学进行了为期一年的研究。在不同于德国古典哲学的研究环境中,您从那边的智性环境中学到了什么?那时的牛津学者们给您留下了什么印象?

答:在那段时间,晚期维特根斯坦哲学对我而言非常重要,所以我决定前往彼得·哈克①(Peter Hacker)门下进行访问,他是维特根斯坦作品最为杰出的评注者之一。哈克邀请我参与了他主持的一个读书会——我们每隔两周于傍晚讨论一篇论文,而参与者包括彼得·斯特劳森②,安东尼·肯尼③(Anthony Kenny),约瑟夫·拉兹④(Joseph Raz),汉斯-约翰·格洛克⑤(Hans-Johann Glock)、乔那坦·丹希⑥(Jonathan Dancy)等人。对一个刚开始博士研究的学生来说,和这些哲学英雄相伴有着很大的影响。他们讨论哲学问题的方式非同寻常,但同时为人又极其友好,毫无自负之气。特别是斯特劳森,他极其友善,完全平等地对待别人,即便对方只是一位博士生。这些经历给我留下了深刻的印象。

我还参加了德里克·帕菲特⑦(Derek Parfit)开设的研讨课。他是一位令人印象深刻的教师,对哲学有着无与伦比的热情——当学生围绕道德哲学提出各种各样的问题时,你会从他的眼神中看出,他对该领域的每一个问题都抱有极大的热情和兴趣。

问:在您的博士研究和教授资格研究之间,似乎有一个学术研究的断层。您离开了慕

---

① 彼得·哈克自1966年起一直担任牛津大学圣约翰学院的研究员。他为维特根斯坦的《哲学研究》写出了四卷本的分析性评注,此外还围绕维特根斯坦思想出版了诸多专著。本世纪以来,他的研究重心转向哲学人类学,目前仍不断有新作品问世。

② 彼得·斯特劳森(1919—2006)在牛津大学度过了大部分学术生涯,并且位列日常语言哲学牛津学派的代表之一。在出版与罗素论战的文章《论指称》之后,他开启了对描述性形而上学的研究,在语言哲学和形而上学领域作出了卓越贡献。此外,他还是一位有极大影响的康德学者,其《感觉的界限》一书对康德的"第一批判"作出了深入研究。

③ 安东尼·肯尼是知名的牛津哲学家之一。作为一位研究兴趣极其广泛的学者,他跨越了传统与当代哲学的界限,在行动哲学、宗教哲学等领域发表了众多作品。他还撰写了影响巨大的四卷本《牛津西方哲学史》。

④ 约瑟夫·拉兹(1939—2022)是声誉卓著的法哲学家。他师从哈特,且同样把大部分学术生涯献给了牛津大学,也同样发展了由哈特领衔的法律实证主义。

⑤ 汉斯-约翰·格洛克目前在苏黎世大学哲学系担任教授。他在牛津大学获得了博士学位,主要研究方向包括语言哲学和心灵哲学,且以研究维特根斯坦哲学为专长。

⑥ 乔那坦·丹希目前在德克萨斯州奥斯汀分校担任哲学教授。他的主要研究领域包括认识论(尤其围绕幻觉问题)和当代道德哲学。

⑦ 德里克·帕菲特(1942—2017)在退休前一直在牛津大学万灵学院担任研究员。通过《理与人》和《论重要之事》两部作品,他成为本世纪影响最大的道德哲学家之一。

尼黑,前往海德堡大学的安德烈亚斯·凯莫林①(Andreas Kemmerling)门下写作教授资格论文。该论文围绕"实存"问题展开。根据迈农(Meinong)的假设,存有着一些并不实存的东西(there is something which doesn't exist);而根据蒯因(Quine),所有存有的东西都必须实存。为了解决这个悖论,您进行了长达数年的理论探索。从中您获得了什么样的主要结论,又是如何具体解决了上述悖论?

答:我的研究转向基于两点主要原因。第一点涉及方法论层面。在博士论文之后,我想研究一些不那么具有历史性的东西,从而也不再像先前那样,主要基于对文本的诠释,而是致力于独立解决一个哲学问题,当然,其他哲学家也对此提供了关键的思想资源。

第二点则是我那时深深地被实存问题中的一些方面所困惑。一方面是所谓的卡尔纳普问题,它涉及"特定的实体是否实存"这一哲学问题的本质,并追问它到底是真正的形而上学问题还是个伪问题。另一方面则是关于非实存的讨论:我觉得,诸如"某些东西并不实存"这样的表述应该具有某种意义,并且能够为真。在教授资格论文中,我捍卫了这样一种理论,它允许上述命题为真,同时又不必采纳某种"标准观点"——标准观点认为,命题"存有着并不实存的东西"的意思是,存有着并不实存的个别对象(individual objects)。许多"迈农"式理论(Alexins Meinong)的版本就持有这种标准观点。我的解读主要受到语言哲学的启发,它试图将以上命题理解为一种高阶量化结构的展现:该命题表达的毋宁是,存有着一些事物的类型,但该类型的具体示例并不实存。我用了许多语言哲学资源来辩护我的观点。维特根斯坦运用语言哲学解决形而上学问题的方式,对我的研究也提供了一定启发。不过,它并不那么地"维特根斯坦",因为我的方案要比维特根斯坦的晚期工作更为形式化。

问:您早先对康德的研究,对您的这部分工作是否也提供了某种启发? 您会对传统与当代论题之间的某种联系产生兴趣吗?

答:实在来说,其中并没有什么显著的内在关联。我单纯是想要做一些完全不同的本体论和形而上学研究。不过,我觉得这个研究经历却帮助我成为一名更好的康德学者。一旦你自己深入研究并深入地做了分析哲学,并不仅仅是去解释一位分析哲学家的观点,而是尝试建立了一种理论,你就会明白独自建立理论和解决问题是怎么一回事。而这也是康德自己做过的事情——康德并不仅仅围绕其他哲学家写作,而始终是在发展自己的

① 安德烈亚斯·凯莫林曾是海德堡大学教授,于 2018 年退休。其研究领域包括语言哲学、认识论,对早期近代哲学,尤其是对笛卡尔哲学也有深入研究。他是将分析哲学传统引入德国的关键人物之一。

理论。如果你想要重构一位哲学家的理论,则独自发展一门理论的经历会帮助到你,也正因为如此,我的教授资格论文写作经历影响了自己后续的康德研究。

问:我们想了解一下您的当前研究。近来,您的主要研究可以分为两个主要项目:其一关于康德的理论哲学,尤其是其中的客体性概念;其二则聚焦德国古典哲学范围下的规范性概念。我们想知道,您在第一部分研究中如何探讨了客体性概念,且目标为何。

答:在第一个研究项目中,我想以客体性概念为基础,总括自己先前对康德理论哲学诸多方面的研究。在完成博士论文和教授资格论文之后,我又为先验观念论,以及"经验性客体仅仅是现象(appearance)"这一康德式主张做了不少研究。我想发展出这样一种解读,它允许将经验性客体设想为某种意义上独立于我们的东西,亦即在其中保留一个在其自身中的维度(an in-itself side)。我的解读之道是区分康德笔下的多种客观性概念,然后在其中强调一种居于核心地位的实在客观性,它意味着,为了客体(object)成为客体,实体必须要先被给予,接着经历知性范畴的概念化,但同时,实体还必须保留一个在其自身中的维度。只有这样,客观性概念才能得到完整的兑现。同时,我们也要注意到,康德还在更为单薄或宽泛的意义上使用客观性概念。比如,还未被置于范畴之下的单纯现象,也会被时而称为客体;另外,单纯思维的客体也是一种客体。比如我在博士论文中提到的,自我,作为一种单纯思想的客体,也能够在某种意义上被视为客体,尽管不是实在客体。在我看来,只有区分了这些不同的客体性概念之后,我们才能更好地理解先验观念论的深刻意涵,同时掌握对该立场的最佳重构方式。

问:粗略来说,您当前的两条研究路线正好应和了理论哲学和实践哲学的分野,这是一种巧合还是您有意为之?此外,您能否为我们介绍更多关于第二个研究项目的详情?

答:我的第二项研究项目与先前关于康德实践哲学的工作相关。在我看来,康德在实践哲学中对欲求能力的处理,与其理论哲学对认知能力的处理之间,有着一种深刻的相似性和平行结构。因此,第二项研究中的一部分工作,就是阐明康德理论哲学和实践哲学之间的这种平行性。

不过,与第一部分有所不同,我在这方面的研究尤其聚焦于康德(乃至费希特和黑格尔)在两个核心概念上的主张。第一个核心概念是自由或自律。康德拥有一种和当代看法极其不同的自律观念,该观念基于他对人类机能(faculties)的看法。在康德眼中,这些机能具有一种形质论结构,它们由形式和内容共同组成,而这一点对于理解康德的自律观念特别关键。我认为这一看法也可以在费希特和黑格尔那里找到:无论是他们作品中对自律的诸多论述,还是他们对康德的批评,都基于这样一种形质论结构的自律观念。因此,我想从中引出一条从康德至黑格尔的理论线索。

第二个核心概念则是规范性。我已经围绕康德的道德规范性概念进行过研究,并且尝试了认真对待康德关于规范性之命令形式的主张。在我看来,"应当"(ought/Sollen)一词在康德那里是一种明确的命令式(imperatival)动词,正因如此,道德法则的规范效力要经由命令式语词得到表述。我想要努力阐明这一点,并且认为它与前述关于自律观念的看法密切相关。这是因为,康德在自己的道德理论中一直致力于排除道德主张或道德规范之中的他律性,避免道德命令发源于外部的陌生实体。这意味着,为了理解规范效力,我们必须为自己提供道德命令。然而,这一点如何可能还尚待探索。在我看来,费希特和黑格尔对康德的诸多批评都能够被理解为深入这种自身命令观念,并让其得到更加合理的阐释或修正。无论这三人之间的分歧有多大,他们都借助了一种交际关系概念来理解规范性,且在此同当代的规范性理论之间有显著差别。

问:我们对您的未来研究计划十分好奇。您曾经说过自己有许多未执行的研究计划和有趣的话题,在此能给我们分享一二吗?

答:我总是苦于时间不足,不得不放下许多有趣的点子。在研究完成前,我不想过多地谈论这些想法。以其一为例,粗略来说,我想对费希特的"要求"(summoning/Aufforderung)概念做一番探讨。当某人命令你做某事时,你就会感觉到"要求",而费希特将之分析为一种理性的自身反思结构。我觉得费希特的这一看法和保罗·格莱斯①(Paul Grice)的意义理论之间有显著的相似性。我觉得这个想法很有趣,但目前还没有时间来研究它。

问:在本部分的最后,我们想邀请您为有志于德国古典哲学的学生推荐一些研究作品,可以是对德国古典哲学的导论,也可以是关于康德的专著。

答:这一问题取决于你具体对哪个主题感兴趣,比如就康德研究来说,研究领域已经非常细分,且每个分支里都有非常优秀的研究成果。不过,如果是导论作品的话,我想推荐马库斯·维拉舍克②(Marcus Willaschek)的一本新书《康德:思想的革命》(*Kant. Die Revolution des Denkens*)。这本书于2023年出版,为了次年的康德三百周年诞辰。它是一本非常优秀又准确的大众读物,连我的父母都能愉悦地读完。我还想推荐另一本书,它是

---

① 保罗·格莱斯(1913—1988)是一位英国哲学家,在哲学语用学和语义学方面有较大影响。
② 马库斯·维拉舍克是法兰克福歌德大学"近代哲学"教席的持有者。他以对康德的细致研究见长,也是《康德辞典》(*Kant-Lexikon*)的主要撰写人之一。

新近去世的汉斯·弗里德里希·富尔达①（Hans Friedrich Fulda）的遗作——《人权概念及其奠基：从康德出发》（*Begriff und Begründung der Menschenrechte im Ausgang von Kant*）。这是富尔达的最后一部作品，聚焦于康德的政治哲学。我觉得这本书非常有趣，同时也深深为富尔达的精神所打动。即便90多岁了，他仍然坚持工作到了生命尽头，留下了自己关于人类权利的最终思索。

第二部分

问：您认为依然值得被讨论并继承的遗产包括哪些？本次三百周年诞辰的关键概念是"启蒙"（Aufklärung），您认为这一概念在现代社会中如何继续产生共鸣，对当代的知识和社会话语有何意义？

答：在讨论康德的意义时，我们必须区分他之于哲学的意义与他之于社会或现代世界的意义。在哲学方面，康德的影响在于，他的系统工作使得任何一个哲学领域都受到他的影响。在康德之后，哲学的每一个分支都有所不同了。即使完全不同意他的观点，人们也必须先反驳康德，从而为自己辩护。总的来说，我们对某些事物的思考方式也因为他而改变了，因为他改变了整个话语结构。限于时间，我只能这么勾勒他的成就，而无法深入康德哲学的细节。

同样，康德对我们的社会生活和我们思考政治问题的方式也产生了重大影响。在这方面，他有两项成就尤为突出。其一是他的永久和平理念。这是国际政治的一个概念，它已被纳入联合国的概念中。康德认为国家权力的合法性是实现人类自由的唯一可能手段，这影响了他对国际关系的思考。他认为我们必须超越或扩大权利领域的范围，超越国家边界，建立一个允许权利领域在国际关系中生效的结构。虽然我们无法深入探讨他的详细论述，但基于权利、正义和自治——而非基于强国主导弱国的利益政治——来建立国际关系的目标，至今仍然具有重要意义。在今日，这个想法仍然醒目且受到不同程度的威胁。

另一个重要的影响是康德的启蒙思想，这对欧洲尤其是德国的教育政策产生了巨大影响。例如，德国学生在他们的最终考试中总是被要求进行思想讨论。他们必须批判眼前的观点，形成自己的意见，并得出自己的结论。这种方法源于康德的启蒙思想，即必须

---

① 汉斯·弗里德里希·富尔达（1930—2023）是当代德国古典哲学研究的传奇人物之一。他在亨利希门下完成博士研究后，长期担任亨利希的研究助手，并以黑格尔研究为重点。后来，他转赴海德堡大学担任教授，并在1995年退休后仍旧留在海德堡进行学术研究，一直持续到近几年。

能够独立于权威而捍卫自己的观点。这一概念深刻影响了德国教育系统对良好教育的理解。

在当今公共话语受到威胁的情况下,康德的启蒙思想也具有重要性。康德认为启蒙并不意味着在孤立中形成自己的想法,而是涉及一个必须公开提出和捍卫其观点的公共进程。这完全不同于在社交媒体的小圈子里或完全孤立地做出决定。相反,康德鼓励大家应该在公共场合理性地讨论观点。但是很显然,这种理想受到公共话语的碎片化和商业化的威胁,特别是在社交媒体平台上,公共话语和政治蒙受着负面影响。结构化的、理性的公共话语的丧失,明显有违康德设立的启蒙构想。

问:如您所说,康德的思想深刻影响了德国教育系统。我们都知道德国的科教系统也一直在与时俱进,您是否可以谈谈对当前高等教育体系的看法? 在您看来,康德的伦理思想和政治思想中有哪些部分可以应用于当前的德国社会,用于改进大学教育?

答:我已经谈到了大学系统的问题及其与教育自主性的关系。过去几十年来,德国大学系统发展中的一个问题是引入了新自由主义倾向。这种风潮试图将经济质量和绩效衡量标准应用于大学评价体系。其背后的信念是,如果教学机构像公司一样为客户和资金竞争,就会产出更好的自然科学、哲学乃至人文学科成果。为促进德国学术系统内部的竞争,并基于竞争会带来更好结果的理念,教育部已经引入了许多措施。总体而言,这个理念并没有错。我们在各自的学科中总是为了最佳的想法、理论和论点而竞争。然而,通过让人们申请资助课题来制造学术竞争,已经产生了灾难性的影响。

坦率地说,这些资金竞争耗费了德国教育系统的大量精力。许多杰出的研究人员花费了太多时间在撰写资助申请上。这并不能衡量产出,而是在衡量申请书,这意味着人们变得擅长于撰写吸引人的申请,但这并不等同于他们是优秀的哲学家或科学家。

如果我们考虑康德时代的大学教育,我们可能会更清楚地理解大学和知识性话语应该是什么样子的。康德会提倡一个质量标准的评价领域,从而不同于经济衡量标准。在康德和黑格尔之间的哲学繁荣时期,像费希特和黑格尔这样的哲学家并没有写资助申请或试图推销他们的体系。尽管缺乏正式的课题资助申请,那个时期的思想竞争依然非常激烈。这个历史背景表明,智性竞争很重要,但它是在一个不同的领域中运作。将所有形式的质量、成果和绩效转化为经济市场系统是错误的,并且在学术系统中已经产生了许多负面影响。

问:在学术研究之外,您还为德国大学的研究人员,尤其是年轻研究者的雇佣体系殚心竭虑,提出了许多改革建议。这些工作是出于什么样的动机? 体系改良在柏林洪堡大学是否有了初步成果？

答:也许你会认为我对自律观念的看法和对大学体系的改革建议之间存在某种联系,不过我觉得后者并不主要源自我的哲学立场,而是源自我对德国大学系统之低效性的识见。在这个"陈旧"的系统内(尽管这个系统目前正在革新,但不妨还是先称呼它为陈旧的),一位青年研究者在博士毕业后无法得到一份长期合同,且必须在教授资格论文写作期间充当某位教授的助理。直到40岁左右,他才能尝试申请教授席位。这意味着,研究者将在很长一段时间内缺乏独立性和安定感。尽管在美国那种基于终身教职轨制(tenure-track)制度的系统下,研究者必须不断写作和发表,以此获得终身教职,因而也无法彻底安定,但德国的情况却更糟糕:即便你发表了最为出色的哲学作品,你也得不到安定,因为没有终身教职轨制。即便你是天才哲学家,你也不能一直待在一所大学里,而是必须另寻他处,期望着一份空缺的教职。

我觉得,目前的德国大学系统有许多不足,且我更偏好终身教职轨制。在终身教职轨制下,你可以将出色的研究人员留在自己的院系里。此外,旧有的德国系统让太多人在博士毕业后进入了学术体制,而你不难看出,他们之中只有一小部分能最终获得一个固定教职。

无论是在公共话语领域,还是在洪堡大学内部,我都在呼吁建立更多的终身教职,并为青年研究者在学术生涯初期提供更多独立性。为此,我们已经决定重构哲学系。这场改革持续了几年,而从2023年夏天开始,我们终于提出了一种新的院系结构,它允许年轻研究员不再充当个别教授的研究助理。我们还在持续改革,致力于在接下来的几年内提供更多终身教职和永久职位。

问:让我们回到康德哲学本身。鉴于康德哲学的持久影响,康德研究在形而上学、认识论和伦理学方面继续影响现代哲学研究的基本问题。您能否概述当前学术研究中受康德思想启发的一些思想重点,以及学者们如何利用这些概念来进行现代哲学的探究和解决困境?

答:我觉得,康德的道德哲学比他的理论哲学(如先验唯心论)更吸引当代话语。这是因为康德对道德问题提出了一个引人注目的总体观点,从当代的立场来看,这种理论十分具有吸引力,它处于严格的道德实在论和还原论或相对主义之间的位置。根据该理论,某些事情具有独立于个人利益或欲望的普遍有效性,这对于相信普遍价值或基本人权的现代人来说,无疑具有很强的吸引力。

另外,严格的道德实在论主张在世界上存在道德事实,这在许多人看来有违直观。人们寻求一种将价值领域与我们的行为、欲望和慎思联系起来的替代方案。康德提供了一种中间立场。他认为某些在主体之间普遍有效的规范和原则不仅仅是外在的事实,而且根植于我们的理性意志和实践理性中。我们可以解释它们的重要性,理解它们如何激发(motivate)我们。这同样使得康德的伦理观点非常有吸引力,也解释了为什么康德的实践伦理学在当代伦理学和元伦理学争论中仍然扮演着至关重要的角色。

问:可以看出,康德对伦理形而上学的理解对当代德国哲学家产生了深远影响。您是否可以选介一些现代德国思想家或运动,尤其是那些将康德的思想融入其哲学框架中的学者? 在此之中,德国学术界对康德伦理学和形而上学观念又做出了哪些具体批评和修正?

答:我们应区分那些纯粹的康德学者和那些接纳康德思想并发挥其当代价值的学者。现在有许多优秀的年轻康德学者。然而,如果我们关注那些将康德思想转化为现代话语的学者,这方面更多的是由使用英语的学者完成的。奥诺拉·奥尼尔①(Onora O'Neill)、克里斯蒂娜·科斯嘉②和约翰·罗尔斯(John Rawls)是重要的人物,他们致力于在当代重新激活康德的思想。

在这方面,德国学者做的工作没那么多。这可能是因为德国的康德学研究更加注重历史准确性。然而,基于尤尔根·哈贝马斯(Jürgen Habermas)的研究,德国也有一股将康德思想融入当代辩论的坚实传统。如果你寻找当前类似罗尔斯这群人的康德学者,莱纳·福斯特③(Rainer Forst)可能是一个显著的例子。他引用了康德的理论资源,以助于自己通过权利概念建立一个政治和社会理论框架的方案。

问:作为柏林洪堡大学德国古典哲学教席的讲席教授,在您的主导下,洪堡大学古典哲学系始终致力于积极推动康德研究,还为此在洪堡大学创立了年度性的康德课程(Kant Course)及一系列常设康德学术论坛。2024年康德诞辰三百周年,您也参与组织了多起围绕康德的会议,并主持了勃兰登堡地区的康德公众活动"康德马拉松"(Kantian Marathon)。您组织这些活动的初心是什么? 在面向大众和面向学界两种形式中,您希望获得什么样的学术反馈和社会影响? 此外,您未来还有什么关于康德学术活动的组织

① 奥诺拉·奥尼尔在退休前于剑桥大学担任哲学教授。她曾在罗尔斯门下攻读博士学位。在其学术生涯中,她以对康德伦理学的研究为中心,广涉政治哲学、伦理学、生物伦理等研究领域,还参与了多项社会公共事业。
② 克里斯蒂娜·科斯嘉同样曾在罗尔斯门下攻读博士学位,后来回到哈佛大学任教。她深入发展了一种基于建构主义的康德解释立场,在当代围绕实践理性的讨论中扮演了一个关键角色。
③ 莱纳·福斯特是法兰克福学派第四代之中最为关键的人物之一,目前在法兰克福大学担任政治理论和哲学教授,曾获莱布尼茨奖。在霍耐特提出的"承认"概念后,福斯特通过自己关于"宽容"概念的研究,为法兰克福学派提供了又一个影响深远的关键词,在自由主义和社群主义的论争之中也争得了一个关键的席位。

计划?

答:我组织这些活动的直接动机是,我发现与其他康德学者保持接触和讨论非常有益。邀请人们参加研讨会或讲座是吸引他们来这里并促进交流的有效方式。这对我们的学生也有很大影响,能够启发他们的学术工作。我认为,这也是我作为洪堡大学一员的某种责任。

我的教席前任罗尔夫-彼得·霍斯特曼①(Rolf-Peter Horstmann)在国际学术圈有广泛的交集,并经常邀请他人访学。当我来柏林履职时,我觉得这种氛围很棒,并希望继续延续续该传统。目前,柏林已经成为康德学者和德国观念论学者的重要聚集地之一。即使没有讲座和研讨会的邀请,许多学者在夏季也会来这里,带来大量的学术交流。世上也许找不到另外一个这样的地方。因此,我们这些在柏林的研究者,应该提供一种能将学者们聚集在一起的组织结构。

事实上,我们建立了一个新的网站"Classical German Philosophy"②,用以展示柏林地区与德国古典哲学相关的学术活动,让国外的人们能看到这里正在进行的事情。柏林地区有三所大学(柏林洪堡大学、柏林自由大学、波茨坦大学)拥有活跃的德国古典哲学研究,这让柏林成了一个对康德学者而言十分有活力的地方。

问:在考虑康德研究的未来发展方向时,中国的康德研究也对国际康德哲学讨论作出了贡献。众所周知,您招收了很多来自中国的学生攻读哲学,您认为康德哲学的哪些具体领域值得进一步探索,使中国学生产生共鸣?此外,您期待未来中德学者之间能够进行怎样的合作或交流?

答:我认为,中国政府提供如此多的奖学金让学生出国留学是非常棒的做法。总体来说,这是一个非常好的政策。我个人就从出国留学中受益匪浅,当我开始对分析哲学产生兴趣时,我曾在牛津大学作为访问学生学习了一年。后来,我还访问过其他几所学术机构。那时,德国确实有很好的分析哲学研究,但有时你需要去那些产生最新和最热的学术成果的地方,在那里与人交流。学者的国际流动在这方面确实非常有必要。

我觉得中德之间的合作也很有趣,特别是在哲学研究方法的交流方面。我对中国和其他亚洲国家的哲学系有一个印象,即它们非常注重彻底研读和理解文本。在德国,从本

---

① 罗尔夫-彼得·霍斯特曼在 1995 至 2007 年间担任洪堡大学德国古典哲学教席,直到退休。此外,他还在美国多所学校担任客座教授。在德国古典哲学领域,他发表了数量众多的作品。其与保罗·盖耶(Paul Guyer)合著的最新作品《当代哲学中的观念论》(*Idealism in Modern Philosophy*)于 2023 年出版。

② 即"德国古典哲学网",网址:https://cgp-berlin.de。

科开始,研讨课就更多地偏向于批判性思维乃至对作者的批评。我有时候会鼓励来访的中国学生批评康德,以期让他们明白,康德研究的目标不仅是接受一个著名作者说过的一切,而且是进行批判性的参与,去捍卫或质疑这些思想。真正的哲学深度来自与作者的辩论,有时候甚至意味着与自己最喜欢的作者意见不合。

我非常希望能更多地了解中国哲学。有些尴尬的是,我对此还知之甚少,但我相信我可以从中学到很多。来自不同学术传统的中国学生能来到这里,学习清晰和批判性的思维,并且学会自己思考和批判作者,这是一件非常棒的事情。

问:康德的哲学越来越多地与政治科学、社会学、医学和计算机科学等领域交汇。除了哲学之外,康德的思想遗产影响了更广泛的学科景观,其中您最感兴趣的交叉研究有哪些?

答:在德国,我们经常面临跨学科研究的压力。我倾向于捍卫哲学作为一个有趣的学科的独立自治性,认为它不一定需要与其他学科合作。然而,有时候会出现一些有趣的交叉点。我的一位来自英国的同事安德鲁·史蒂芬森①(Andrew Stephenson)曾撰写过关于康德和人工智能的论文。他与深度参与人工智能研究的人合作,包括那些为苹果公司工作的人。这些人对尝试将康德的逻辑思想应用于人工智能产生了浓厚兴趣。我不清楚这是否有效,因为这超出了我的知识范围,但安德鲁·史蒂芬森是一位出色的学者,所以我认为这方面肯定有一些有趣的东西。

在美学领域,康德的观念可能仍然很有价值,特别是关于将普遍有效性与非客观性结合的概念。目前,我还认为法权哲学可能是一个有益的合作领域,特别是与法律界人士的合作。最近这段时间,我开始更多地思考康德关于法权哲学的观点,也思考它在当今意味着什么。康德的思想与许多人权讨论密切相关,尽管他有一种独特的、在哲学上正当化这些权利的方式。

问:现在我们来到了最后一个问题。在欧洲地区,对德国古典哲学的学术兴趣一直处于变化之中。近十年前,曼弗雷德·弗兰克(Manfred Frank)曾就分析哲学蓬勃发展的风气写过一篇文章②,在其中,他表达了自己的消极态度,而您在一篇驳文中表达了不一样

---

① 安德鲁·史蒂芬森是英国的新锐康德学者之一,目前在南安普顿大学任职。他连续两年在《哲学评论》(*The Philosophical Review*)杂志上发表论文,最近开始涉及康德哲学的跨领域研究,并已经产生了初步成果。

② 该文名为"黑格尔在此无家可归"(Hegel wohnt hier nicht mehr),于2015年9月24日发表在《法兰克福汇报》(*Frankfurter Allgemeine Zeitung*),其开头一句便是"那些想学习大陆哲学的人,应该去中国或巴西。德国观念论的遗产已经在德国消失了,它的思维能量已经四散而去"。

的观点①。将近十年过去了,回顾当时的争论及其后学术传统的变化,您是否有了新的或不一样的想法?

答:当年我写那篇文章,是为了强调分析哲学在德国逐渐受到关注的趋势是合理的。弗兰克在自己的文章中,将德国古典哲学教席在德国受到排挤的事实和维也纳学派的分析哲学家被纳粹驱逐相提并论,这让我有些气愤。我当时想做的不是去批评一种处理哲学问题的哲学—"历史性"进路,而只是想指出,我们还有必要采取一种纯粹"系统性"的研究进路,但这一点在德国却恰恰被忽视了。② 如今,事情又发生了变化,我们也许要反过来担心哲学史会落入旁道。在此之外,我觉得对分析哲学和欧陆哲学的区分在德国已经越来越不重要。无论如何,德国古典哲学是一个异常丰富的哲学传统,它对今日而言仍旧贡献重大。我们有必要在德国的所有主要大学将它保留下来。

---

① 罗泽菲尔特教授的驳文为"我们应该用自己的话语思考"(Wir sollten mit eigenen Worten denken),于 2015 年 10 月 14 日发表在《法兰克福汇报》。

② 在此,"系统性"和"历史性"两词均引自弗兰克教授的原文,分别指两种不同的哲学研究方式。正如本访谈第一部分所提到的,系统性研究意味着自己独立地研究并解决一个哲学问题,其中仅仅对直接相关的哲学作品进行援引;历史性研究则主要基于对传统文本的阐释。

应用伦理学理论形态建构与学科建设①

甘绍平　郭晓林②

2022 年,国务院学位委员会和教育部印发的《研究生教育学科专业目录(2022 年)》将应用伦理增设为哲学门类下与哲学一级学科平行的硕士专业学位。2023 年 7 月,国务院学位委员会、教育部和人力资源社会保障部批准成立全国应用伦理专业学位研究生教育指导委员会,秘书处设在复旦大学。2023 年 12 月 17 日,全国应用伦理专业学位研究生教育指导委员会第一次会议暨全国应用伦理专业研究生教育专题研讨会在复旦大学举行。这表明,应用伦理学的理论研究与人才培养已经紧密地结合起来,体现了伦理学的实践性的同时,也有力地证明了哲学—伦理学对社会发展重大需求的积极回应是如此重要。但应用伦理学快速发展的同时,围绕应用伦理学研究和人才培养这两个核心任务,却还有两项工作尚需要进一步讨论和探索:一是应用伦理学是否有自己的理论形态,以与传统的理论伦理学(特别是规范伦理学、元伦理学)相区别,并在处理现代社会各个领域出现的伦理悖论中发挥其独特的价值和作用;二是应用伦理学专业硕士培养是以交叉性、跨学科作为主要特征,因而在人才培养中如何进行专业教育,又如何促进伦理学本身的学科建设。这两个问题既有其现实性,也有其急迫性。针对这两个问题,特别求教于中国社会科学院哲学研究所伦理学研究室的甘绍平研究员。以下是访谈内容。

一、应用伦理学在中国的发展脉络与学科化建设

郭晓林:

甘老师您好! 非常荣幸能就应用伦理学发展的一些问题向您求教! 自 20 世纪 70 年代末到 80 年代初,应用伦理学的研究在中国大陆逐渐起步,到 2000 年前后进入一个比较繁荣的发展时期,再到 2022 年国务院学位委员会和教育部印发的《研究生教育学科专业目录(2022 年)》将应用伦理增设为哲学门类下与哲学一级学科平行的硕士专业学位。这

① 基金项目:贵州省 2022 年高等学校教学内容和课程体系改革项目——"应用伦理学"课程建设与课程思政。
② 甘绍平,中国社会科学院大学哲学院教授,中国社会科学院哲学研究所伦理学研究室研究员,博士生导师,主要研究方向为应用伦理学。
　郭晓林,贵州大学哲学学院副教授,复旦大学哲学博士,主要研究方向为儒家伦理学、应用伦理学。

四十余年的发展历程,您既是见证者,更是不遗余力,并以丰硕成果切实推进应用伦理学发展的著名学者,您如何评价应用伦理学在中国走过的这四十余年?

甘绍平:

首先需要说明的是,在中国推进应用伦理学发展的是一个由许多学术同仁构成的庞大的团队,包括中国社会科学院应用伦理研究中心的成员在内的诸多学者在这个事业中都发挥了巨大的作用。从世界范围来看,应用伦理学作为一个独立的学科的发展,已经有五十余年的历史。当国际学术界中关于应用伦理学的独立研究机构如雨后春笋般出现的时候,我们国家的伦理学界很快地就融入了这一国际性的学术潮流。而且,经过几十年来的不懈努力,我们确立了应用伦理学直面冲突、诉诸商谈、达成共识、形成规则,为立法提供理据的、作为伦理学的一种新的发展的基本特征,与描述伦理学、规范伦理学、元伦理学并驾齐驱的地位。我国应用伦理学大量的研究成果,一方面,把握住了应用伦理学关注道德冲突的基本特质,架构起道德学说与生活实践的结合点,为当代中国社会复杂的道德生活实践提供了应有的理论指导,特别是生命伦理学领域,其研究成果已经直接服务于国家相关政策的制订与完善;另一方面,应用伦理学的兴起见证了中国改革开放以来社会价值理念巨大变迁的历程,这使我们能够特别感受到应用伦理学对于带动伦理学本身的理论创新所具有的深厚潜力,特别深刻地体会到通过应用伦理学来提振理论伦理学所带来的巨大价值。应用伦理学发展初期所推出的人权、利益、自主性、民主、尊严、责任等概念,现在早已进入伦理学主流语境,成为占主导地位的价值导向。

郭晓林:

通过您简明扼要地对应用伦理学在中国发展历程的回顾和评价,我们看到了应用伦理学在中国发展的大概脉络和取得的成就。从 1990 年代的快速发展(中国社会科学院、北京大学、复旦大学等纷纷成立了应用伦理研究中心),到 2000 年开始由中国社会科学院应用伦理研究中心发起举办的"全国应用伦理学研讨会"(迄今已召开 12 次),再到甘老师和余涌研究员主编的《应用伦理学教程》的面世和重版,应用伦理学分支领域专著的接连问世,比如杨通进教授的环境伦理学研究相关著作、《应用伦理研究》集刊的编辑出版。这个过程非常符合学科建设的基本规律。您是否从一开始就是以一种学科意识来推进应用伦理学的研究的?

甘绍平:

我们确实坚信应用伦理学具有广阔的发展前景,不论是应用伦理学教程、导论性的著作,还是各个分支领域的专著,都会大量涌现,从而呈现出一个学科的高度繁荣面貌。但是,我们还应该注意到,应用伦理学不仅体现了哲学发展新的生长点,拥有自身的理论形态,而且还有其外在的表现形态,这就是伦理诊所以及伦理委员会,这表明应用伦理与所谓理论伦理不同,已经超出学术研究的狭窄范围,进入了广博的社会领域而成为公共生活的一部分,从而构成哲学与社会实践直接勾连的突破点。以前我们的应用伦理学研究都没有超出学术界的范围,总是有自说自话之感。我常感叹,我们把灶具厨具、油盐调料、肉类蔬菜都准备好了,但掌勺的却不来。早在 2006 年我就参照国际经验,从伦理委员会的缘起、组成、任务等方面通过中国社会科学院渠道建议在国家最高层面设立独立的"伦理委员会"。我认为这不仅能够使我国的重大社会政治、经济文化以及科技战略决策和科研规划在道德质量上赢得切实可靠的保障,而且对于在全社会普及和强化以人为本的价值理念以及人文的、和谐的、全面的科学发展观,对于我国整体国际形象的维护与提升也会产生难以估量的巨大作用。之后,我应邀参与科技部交办的研究任务,如对《关于加强科技伦理治理的指导意见(征求意见稿)》认真审议,提出修改意见;向即将成立的伦理委员会提出研究任务清单,例如我提出应及时对"人体基因改造的伦理限度""疫情追踪、治安监控中的隐私困境""中国科技伦理教育现状调研""国家科技伦理委员会与中国国际形象之关系"等问题进行研究。2021 年,国家科技伦理委员会组建,我被聘为国家科技伦理委员会生命科学伦理分委员会委员,在全体会议上审议《分委员会工作细则》《重点科技领域的伦理和治理问题研究课题工作方案》《科技伦理审查办法(试行)》《人-非人动物嵌合体研究伦理指引》等。通过直接与一线科学家进行交流,将自己的研究成果直接服务于国家层面具体法规政策的规划与制订,这似乎是一条理论与实践相结合的有效途径。

这期间我一直关注德国伦理委员会的运作和工作成果,认为它的做法很值得借鉴。德国伦理委员会是根据 2007 年 8 月 1 日生效的《德国伦理委员会成立法》(Ethikratgesetz, EthRG)的授权组建的,负责监测伦理、社会、科学、医学和法律问题,以及与研究和开发相关的对个人和社会可能产生的后果,特别是在生命科学及其对人类的应用领域。其任务包括向公众进行宣传并促进社会讨论,为政治和立法行动准备意见和建议,并与其他国家的伦理委员会和相关国际组织合作。为了向公众通报情况和促进社会讨论,德国伦理委员会举行公共活动,定期在其网站、信息函和年度报告中通报其活动;独立决定与其内容相关工作的主题,但也接受联邦政府或德国联邦议院的委托,就特定主题进行研议,并呈现相关的建议书。

郭晓林：

我觉得，您对应用伦理学在中国的发展前景的确信来自对世界，特别是以德国为代表的欧洲应用伦理学发展的整体把握和对这个时代对应用伦理学的需求的深刻洞见。应用伦理学某种意义上真正体现了伦理学的实践性。所以，随着时代的发展，人类生活领域的拓宽，伦理领域将不断出现新争议、新议题，应用伦理学也将更加受到学界和社会的重视。所以，应用伦理成为一门学科，特别是被增列为哲学门类下的硕士专业学位，这给予了伦理学界，甚至哲学界同人极大的鼓舞。作为一个新兴的专业，相关的培养方案、模式都还在摸索之中。所以，想请教您，我们如何给应用伦理硕士专业学位一个准确的定位，从而切实通过专业化的教育落实立德树人的教育目标呢？

甘绍平：

应用伦理学专业硕士应该是具备基本的伦理素养、高度的道德敏感性和成熟的道德判断力，拥有伦理与相关专业领域知识复合背景的高素质、专业化的应用伦理人才。其中，应用伦理学专业硕士的道德判断力的培养与形成是最重要的教育目标。应用伦理作为一个学科的形成背景在于，当代科技与社会发展所涌现出的全新的伦理问题的挑战，向国家与国际社会提出了必须尽快建构法规性的制度性框架条件来规范相关当事人（包括医生、工程师、研发人员、经理、决策者）行为的要求。这一框架条件来自民主法治社会的政治决策过程，而这一过程最终又取决于所有公民参与的公共讨论与审慎抉择。应用伦理硕士专业学位的申请者有机会率先接触、体验、实践这一民主商议的进程，借由对科技、生态、经济、政治等领域全新的伦理问题的把握，通过对这些发展机遇与风险挑战的领悟，促成自身伦理基本知识的塑造，从而形成审慎的、良好论证的观察与决断力，实现从自发的直觉性判断向深思熟虑的道德判断的转变。其最为现实的成果并不只是学生获得相关的学分，而是培养学生以成熟公民的身份直接参与到现实的政治商谈的进程中，或者至少是在民主选举中有能力做出符合道德质量的选择。

郭晓林：

您对应用伦理硕士专业学位的定位，对应用伦理专业硕士的培养具有明确的指导性。当前，关于应用伦理专业硕士的培养方案，学界或者说伦理学教育界仍未达成共识。我们知道，应用伦理学有着诸多的具体领域，考生也可能来自各行各业，应用伦理硕士专业教育是否需要一个统一的培养方案？或者说，我们的培养方案里面关于必修课程，应用伦理专业硕士是否应该有必须掌握哲学-伦理学基础理论？对这个问题，您有什么建议呢？

甘绍平：

应用伦理专业硕士应掌握伦理学基础内容，应熟悉与把握伦理学四大流派的理论——德性论、功利论、义务论、契约论，以此作为自己观念的框架背景。当然，这些伦理理论本身也是可以质疑、抨击与讨论的对象。

美国生命伦理学家曾经提出伦理学有四大基本原则：自主、不伤害、公正、仁爱。总体上讲，我们前述的四大伦理流派各自都会接纳与认同这四项原则的。四大流派与四项原则两者在本质精神上是完全一致的。换言之，四大流派与四项原则在价值上有吻合重叠之处。

四大伦理流派构成了学生体察与分析相关案例之道德维度的理论框架背景。当事人随后要将其初步的道德直觉判断与这一框架背景置入一种反思的平衡考量之中。针对某一案例，当事人既要贯彻对某些基本道德原则的恪守，同时也要有对坚守原则之可能后果的考量。例如依据义务论，人们会主张人的不容侵犯的人格尊严与基本权利，在此基础上亦可以从功利主义角度做出某些相关的个别决断。这就从反思的平衡中导引出一些更具有行为指导意义的价值排序。这种价值排序就体现在，例如，（1）每位当事人的道德权利优先于有关"有用性""止损"的考量；（2）同样量级的基本权利发生不可调和的冲突时，则通过两者兼顾而实现价值妥协；（3）普遍的道德责任优先于具体的任务与角色责任；（4）公共利益优先于所有其他特殊的、非道德的利益；（5）安全需求优先于经济考量；（6）人权优先于一般纯粹适恰的考量；（7）未来人类的生存、生命质量应该受到高度的重视；（8）避免资源的耗尽与全面的环境污染，可持续发展的要求具有优先性。需要指出的是，这一价值排序均完全可以得到四大伦理流派及四大伦理原则所提供的伦理理论的价值支撑。

郭晓林：

应用伦理学在某种意义上就是伦理学在社会生产生活领域的具体应用，包括我们依凭的基本伦理理论和原则。甘老师您主编的《应用伦理学教程》，章节的安排虽然是按照应用伦理学问题涉及的学科领域或者问题领域来分别讨论的，比如政治伦理、经济伦理、科技伦理、环境伦理、生命伦理等，但无论是哪个领域的伦理问题，都是以传统伦理学的相关议题和思想资源作为解决应用伦理相关问题的理论基础的。所以，无论是伦理学学术型硕士还是应用伦理专业型硕士的教育，都要以伦理学的基础理论知识作为教学的主要内容。在教学培养中，这两种硕士的培养方式最大的区别在哪些方向呢？

甘绍平：

伦理学学术型硕士的专注点在于伦理学理论流派、重大范畴与概念、重要人物的学术研究的开拓与深化。与理论伦理学不同，应用伦理学必须直面现实的价值冲突的处理与调适的问题。在遇到道德冲突、伦理悖论之后如何进行价值排序，如何依据具体的境况予以审慎评估，通过权衡来追求各种价值目标的协调平衡，达到契合各方利益诉求的道德共识，这些属于应用伦理学探究的重要内容。

因此，应用伦理专业型硕士应掌握融贯主义方法论，其体现为所谓的"反思性平衡"。运用这一方法，就意味着应用伦理学从规范伦理学所蕴含的不同伦理流派、价值原则、道德规范、情感直觉等汲取丰沛养料，并把这些零散的、多种多样的，甚至部分是相互矛盾的伦理要素与道德信念通过认定、协调最终融合在一起，构建成作为新的整体图景的一种有秩序、有关联的、统一的道德系统，其中不同的道德要素可以彼此相对和谐且做到相互支撑与印证，从而共同塑造为一个应对和解决伦理冲突、道德悖论的广泛的理论框架背景。这一道德系统并不要求在所有的层面、所有的点上都具备令人信服的力量，因为应用伦理学的优势在于对现实冲突的调节能力。

当一原则与另一原则发生冲突时，可以依据某种经过论证的价值排序。例如，救助病人与尊重其自主意志都是伦理学的原则（即四大原则中的仁爱与自主），当医生注意到病人知情权的落实会严重损害其治疗效果，就会将救助置于尊重自主优先之上；手术前全面消毒以防感染是一项有益的原则，但在紧急手术时这项原则的严格性就有可能被弱化，从而让位于抢救生命这项更高阶位的律令（两利相权取其重）；不杀人是一项普遍的道德禁令，但这并不排除某些极端情况下、某些特殊条件下的击毙行凶者和消灭入侵者的行为有正当性，它们也完全可以得到伦理上的辩护。

当理性与情感发生矛盾之时，诉诸情感这样一种选项在某种情况下也可以得到论证。应用伦理学不放弃对直觉的运用，情感在对行为选项的辩护中起着一种重要的作用，在决断的做出、商议与论证中发挥重要的角色。

应用伦理专业型硕士还应善于运用一种比较务实的方法。这就体现在高度认可道德原则立场的差异不可调和的情形，同时也致力于使秉持各异的伦理观念的商谈程序参与者能够在实际的具体解答方案上取得共识。例如，人类中心主义与生态中心主义在立场上势不两立，但在保护动物上二者完全可以取得相同的意见，尽管各自依据不同的理由。

总之，应用伦理专业型硕士应在案例教学课程中不断培养训练自身的道德敏感性与评判能力,形成一种专业性伦理认知素质。

二、应用伦理学的理论形态

郭晓林:

您谈到应用伦理学的理论形态,这既关涉到应用伦理学的人才培养,更重要的是,关涉到应用伦理学的理论研究。我们一般理解的规范伦理学、描述伦理学和元伦理学,特别是作为规范伦理学的美德伦理学、义务论伦理学、功利主义伦理学、契约论伦理学、权利论伦理学,一直以来都被当成是经典的伦理学理论,在伦理教育中占据核心地位。您所谈的程序伦理,可否理解为也是在规范伦理学框架内提出的一种面向应用的伦理实践程序呢?

甘绍平:

程序伦理所体现的原本就是传统四大伦理流派的一些特征。比如在康德看来,一种原则是不是道德原则,要看它能否被每一位个体自觉遵循,即看它能否普遍适用。康德提出了一个形式化的标准,体现了一种个体独白式的在思维中的检验程序。这表明,从历史上看,伦理学既探讨哪种道德原则是正确的,也研究如何论证其正确性,亦即按照何种程序来验证这些道德原则的正确性。霍布斯的契约伦理与哈贝马斯的商谈伦理均为程序伦理的表现范例。特别是就商谈伦理而言,与康德独白式的纯粹思想实验的程序不同,现实的程序运行发生在诸行为主体之间。而在现实的对话程序中,不仅独白式的思想实验程序仍然起作用,对话活动本身更是一种社会的实际交往实践。

所谓程序伦理,完全地或者大体上放弃了对道德判断原则在内容上的确定,而是仅仅规定或者建议某种程序,借由这种程序来发现、产生或验证这些原则。

程序伦理是伦理学在现代社会中的一种发展。在这样一种社会里,不仅伦理学,而且政治、法律都出现了形式化、程序化的特点。因为只有程序标准才最适应高度变化了的社会条件以及公民所承载的复杂多元的世界观信念。这样,现代程序伦理所确立的所谓得到普遍认可的正当性的事物,必须是自由平等的个体通过某种程序在普遍利益的相互权衡中能够达成一致的事物。

作为商谈的程序伦理所确立的原则在于,程序本身便是道德的一种体现,任何事物只有通过商谈这样一种程序,才能证明自身的道德合法性与正义性。通过某种程序(如表决)获得解答方案,肯定不会令每一个人满意,但它因为避免了暴力手段并反映了某种程度的公意而仍然具有其合理性。程序的优点,一是在程序中每一个人都具备平等的地位,每个人的意志可以得到展示,中立的操作程序体现了对行为主体自主意愿的尊重。因此程序伦理是建构在自主原则价值底蕴之上的。从自主原则本身的角度来看,它不仅是一种自我决定的道德原则,同时也是作为论证程序的建构原则。从这个意义上讲,程序主义与自主的道德原则之间,与其说存在密切联系,不如说它们就是一体两面。二是通过程序可以结束无穷无尽的讨论争辩,依靠一种结论来解决现实中的具体问题。

郭晓林:

您谈到程序伦理实际上是要实现程序公正,这是一种以公民的开放、自由、尊严为价值基础的商谈伦理,它是一种新的价值理念和导向。您能谈谈这些价值在程序伦理中的作用吗?与此相关的是,这种诉诸程序的伦理是否有其限度?

甘绍平:

应用伦理学作为一种程序伦理,是民主时代的道德理论,体现了民主在道德哲学中的运用。民主社会的特点是规范与方案并非依靠权威与势力自上而下推行的,而是要借由公开讨论中论据的交流与竞争。当代社会是反思性的社会,其中几乎所有的事物都成为交往与反思的对象。应用伦理学几乎可以理解为是这种交往与反思过程的一个部分,在时代的挑战下应运而生。这个现代化时代的特点是社会的功能性分化以及由此而来的个体化、多元化、流动化。这一方面产生与社会和科技迅猛发展相适合的价值观念的多样性。多样性本身并没有负面的意涵,也不会导致道德约束性的削弱。恰恰相反,应用伦理学必须顺应之,把多样性作为我们社会的一种基本价值。另一方面,规范性的要求越来越明显地是由相关的行为个体自主提出的。多样性关联着自主性。民主时代的公民不同于传统社会的臣民,他们生活在自由的市场、民主的体制以及法治开放的环境里,是不同的角色集于一身的行为主体,是具备尊严、隐私和高度自主性的不可随意取代的社会个体。只要道德问题涉及自身,他们便拥有自我决定的能力与权利。这样就导致应用伦理学通过商谈程序呈示了全新的伦理范式。因此,商谈伦理、程序伦理的研究应成为应用伦理学理论建构的题中之义。

在应用伦理学领域,程序不仅体现为伦理委员会通过商谈对话寻求矛盾冲突的解决之道的活动内容,而且也呈示为咨询、审核、登记、批准、考核等形式上的规则。例如,在医疗实验过程中需要通过一定的知情同意的程序来保障受试者的自主性权益;对于国家重大科研项目的主持参与者,可以提出必须经过伦理培训及统一考核才能持证上岗的要求。各种程序的运用不仅体现为对所有当事人自主意志的尊重,而且也保障了决断的公开性、责任的可追溯性、利益均衡的公平性,提高了决策的透明性、社会的接受度与普遍认同性。

被许多人视为应用伦理学的一大缺点在于,应用伦理学所赢得的道德共识,拒绝任何成为终极道德真理的严苛要求,而是认可自身所具有的阶段性、临时性、妥协性、可改性,甚至可逆性的特征。这也反映了人类本性结构及其社会生活样态的高度复杂性。

应用伦理学追求道德共识而非道德真理,这样便使得道德思维变成了利益均衡的活动,在真理性与正确性的位置上取而代之的是合宜性及可行性,因而在公正与善(好)的关系上将公正(程序规则、程序正义)置于比善好(实质性规范内容)优先的地位上,从而从表面上挑战了亚里士多德所主张的善好生活观念构成正确行为得以评价的标准的立场。

这里需要消除一种误解,以为应用伦理学只重视程序,而忽视善恶是非观念。实际上,在常态社会里,在一般实践问题上,我们之所以能够做到对道德对错一目了然,恰恰就是因为我们拥有一套稳定的道德观念与恒常的价值标准。我们正是基于善好的理论背景才能够对行为是否正确做出判断与评价的。但是对道德真理与规范性正确上的信念与认知,无法直接应对道德冲突问题。应用伦理学所直面的是道德冲突与伦理悖论,因而我们不可能拥有对解决之道正确性的可靠信念。比较可靠的仅仅在于商谈程序提供的寻找正确解答的论证方式。这就解释了应用伦理学为什么要用道德共识的概念来取代道德真理。

三、应用伦理学的程序原则和价值观念

郭晓林:

您在《应用伦理学教程》中谈到,国内学者要么以"经商谈程序而达成道德共识"来概括应用伦理学的本质特征,要么以某种基本价值观来概括应用伦理学的本质特征。对于这种现象,您现在是否有了新的看法?

甘绍平:

多年前在应用伦理学的本质特征的问题上,以"经商谈程序而达成道德共识"来概括应用伦理学的本质特征的被称为"程序共识论"或"程序方法论"。在"程序共识论"看来,应用伦理学并不表现为试图创立一种包揽无遗的普遍的宇宙观的努力,而是一种应对道德难题的论证或处置程序,以及一系列由这一程序本身所体现出来的主导价值。

也就是说,程序共识论从一开始就不否认基本价值观,恰恰相反,我认为应用伦理的

程序渗透着强烈的价值理念或价值意涵,只是应用伦理学对一种所谓包揽无遗的普遍的宇宙观的最终论证、终极关怀、最高的道德理想等观念持怀疑态度,因为这种具有世界观意义的共鸣性的道德理想无法回应现代社会价值观念多元化现实的挑战。

应用伦理学重视商谈程序的首要地位,这一方面体现了在以自由、自主性为导向的民主法治时代现代伦理学的建构逻辑法则,另一方面也并不排斥人类其他的一些共同的基本价值观念的效力。应用伦理学是对普遍接受的规范或价值的应用,以普遍接受的道德导向为方位。应用伦理学作为一门新兴学科,其出现绝不是对后现代理论所推崇的所谓"告别原则"之立场的证实。恰恰相反,实际上人类解决问题的所有方案都拥有价值意涵,从某种意义上说所有决断在某种程度上都是原则决断。

如果说不伤害、自主、公正、关爱算是应用伦理学初期比较推崇的伦理观念的话,那么人权、尊严、隐私、责任则属于新近出现的、也能够体现应用伦理学特色的道德范畴。中国科技伦理五大基本原则"增进人类福祉、尊重生命权利、坚持公平公正、合理控制风险、保持公开透明"与上面阐释的八条价值观念或道德范畴的精髓是完全一致的。值得注意的是,德语世界新近出版的应用伦理学手册及教科书也都呈现了一种凸显核心道德价值的趋势。施托克(Ralf Stoecker)等主编的《应用伦理学手册》(*Handbuch Angewandte Ethik*)把个体生命与私人领域、道德权利与自由列为应用伦理学的单独主题加以探讨;施魏德勒(Walter Schweidler)在其《简明应用伦理学导论》(*Kleine Einführung in die Angewandte Ethik*)中,将个体性与人的尊严作为重要范畴来研究;克内普菲勒(Nikolaus Knoepffler)的《应用伦理学》(*Augewandte Ethik*)更是直接把人的尊严、人的权利与义务作为应用伦理学的出发点与系统奠基。

在应用伦理学中,基本价值观念发挥作用有两种途径。

其一,这些主导性的价值在商谈程序中起着确定方位的作用,发挥基本导向的功能。但在一种完全的商谈程序中,即便坚持主张主导价值的伦理学家也必须严格服从程序的规则,他并非是程序的掌控者,而是像其他人一样仅仅握有一票。对程序的严格恪守,完全排除了个别伦理学家仅仅出于自身的道德信仰与理想,试图向社会推行一种建立在包揽无遗的普遍的宇宙观基础上的形而上学的深层关注与终极关怀的可能性。总之,主导价值是否和在多大程度上发挥效力,这从根本上说并不取决于它们自身,而是要看商谈程序得出的最终结果。也就是说,一种程序伦理对结果在本质上是开放的。

其二,由上可知,完全的商谈程序蕴含着一种风险,即所有的程序参与者尽管均认可程序的中立性与正当性,但对能否产生符合自身道德信念的结果却没有任何把握。限制商谈结果所蕴含的这种不可预测的风险及其破坏性效能的办法,在于为程序增加约束性条件,让结果无法超出此界限的范围。最著名的例证是,德国《基本法》规定了"永久性条款",不论《基本法》以后会发生怎样性质的改变,有关人的尊严、人的权利不容侵犯的原则,以及德国是民主、社会联邦制的法治国家等基本原则不受任何程序决断结果的影响。这就呈现出了不完全的程序伦理的样态,即程序的结果被限定在某些规范性约束之内。一般而言,应用伦理学领域的程序伦理是不完全的程序伦理,任何商谈的结果都不可能违背国家宪法及法律法规的严格要求。

与此同时,作为现代社会的伦理学,应用伦理可以充分利用现代民主所拥有的自动纠错的机制与功能。商谈程序得出的任何决断如果被社会实践证明为有误,民众就可以在公共领域进行抗议性宣示,或者向有关主管机构(如宪法法院)做出公开的申诉,从而引发社会舆论的关注乃至批评,促使伦理委员会在后续的商谈程序中对有误的决断进行更正。

郭晓林:

谈到经商谈程序达成道德共识,我们的现代生活实际上充分运用了商谈伦理的精神,所以从某种意义上来讲,应用伦理学的理论成果在现代社会与个人的生活中得到了充分的运用。但是我们也认识到,一方面现代人必须拥有理性、自主性和基本权利,这是进行决断的能力和基础;另一方面,事实上的商谈和决断都不是个人的,而是组织行为,即国家机制、国际组织或者国家间的商谈机制等。那么,在商谈程序这个平台上,达成共识的前提是什么?

甘绍平:

您提到"组织行为""国家机制"的概念,这可以说触及应用伦理学的一个重大问题。我们知道,与描述伦理学、规范伦理学、元伦理学相比,应用伦理学出场最晚,是在现代社会的历史背景下产生并发展起来的。而功能分化、个体化、市场经济、契约国家、法治框架等,则构成了现代社会有别于结构简单的传统社会的基本要素。

于是,应用伦理学便反映并且同时也深化、强化了现代伦理学运作的两个基本特点。

一是从道德价值的角度看,从道德行为的作用对象或客体来看,现代社会更重视个体的地位。权利、自由、尊严、隐私都是以个体为承载单位的。人都是个体性的,没有什么所谓的集体生命,集体也是由个体组成的。个体之人的生存当然离不开社会集体提供的各种支撑。个体与集体在物质利益上发生冲突时,依据两害相权取其轻的原则,个体可以做出让步与牺牲,当然同时集体应当依据公正原则做出必要的补偿。当个体生命与数量众多生命发生冲突时,个体本身是否做出牺牲,取决于其自主意志,集体无权对其做出胁迫与强制,也不能根据个体生命与众多生命在数量层面计算与权衡的结果,主动地使个体置于不利的地位。当个体的意志与公共利益发生冲突时,个体的精神自由拥有优先性。总之,国家的宪法设计与制度安排归根结底是为了保障每一位公民的正当权利与利益诉求。

二是从道德功能的角度看,从道德行为的执行者或作用主体来看,现代社会更重视整体的力量。现代社会的特点在于整体性的破坏力量远大于个体的破坏力量,整体机制的效能远高于单个个体的零散作用。像环境污染、气候变迁、核武器的使用、基因改造、人工智能技术可能造成的社会灾难,都不是任何个体所能应对的。如此量级的全球性挑战,不仅对于每一个人的所谓良心能力是一种无法承受的苛求,而且也极易导致主观主义和相对主义倾向在全社会的盛行。应用伦理学所涉及的都不是特定情形下某个人独特的个体行为,而是关涉到总体的行为方式,即政治的、机制的、公共的集体行为方式。从某种意义上讲,应用伦理学本身从运作来看也是一种集体性的活动。仅仅以和个体具体情境决断相关的亚里士多德的明智与中世纪的决疑术作为方法论是远远不够的。

所谓应用伦理学重视整体的力量,表现在两个层面:首先,道德发挥作用的主体是作为团体的整体。在现代社会,道德要求的实现不能指望个体行为动机与单独的作为,而是要依靠社会中不同层级的集体、企业、组织、机构、国家乃至国家联盟这样一些具有力度的整体性的行为主体的有效作为。其次,伦理道德的要求要渗透到全社会的制度框架中才能发挥巨大作用。在竞争激烈的市场经济的条件下,伦理道德主要不呈示在作为个体的行为动机以及品格素质的层面,而是体现为系统结构的伦理设计,表现在制度规则的道德含量上。应用伦理学所直面的所有领域的道德悖论、伦理冲突的解决,都要依靠由道德共识所凝聚的法律规范组成的、渗透着伦理道德精神的框架结构对所有行为主体一视同仁的普遍范导与严格制约。

现在回答您的问题,在商谈程序这个平台上,达成共识的前提是什么?由于现代社会重视个体的地位,重视个体的权利、自由、尊严、隐私,一句话概括,重视个体的自主性,因而在应用伦理学的商谈程序平台上达成共识的前提就在于,牢固确立尊重自主性的观念与立场。这是所有对达成共识抱有真诚期待的商谈参与者都必须坚守的观念与立场。

如果我们有机会阅读一下德国伦理委员会的建议书,就会发现几乎所有的建议书,尽管关涉的对象与主题不同,但都涉及对人的自主性价值的重视与强调。例如,在有关"人与机器:人工智能的挑战"的建议书中,伦理委员会认为,伦理评估的关键问题是:人工智能的使用扩大还是减少了人类的作者身份和负责任行动的条件？在有关"自杀——责任、防范与自我责任"的建议书中，伦理委员会认为，一种足够自我决定的、因此对自己和对不可避免地受到影响的其他人在道德上需要承担责任的决定，可以被描述为自主负责。由于自杀决定的不可逆转性，对其自主负责性就必须提出特别高的要求。当然这里不能实际上通过过高的要求来剥夺当事人最高的个人生命益品处置空间，从而掏空对一种自我决定的死亡的权利。在有关"通过强制来救助？"的建议书中，伦理委员会认为，任何"慈善胁迫"的应用都代表着对相关人员基本权利的严重侵犯，因此在法律和道德上都需要得到辩护。首先，应改善框架条件、结构和流程以确保尽可能避免胁迫。其次，胁迫应属于针对相关人员在紧急的情况下的一种迫不得已的措施。在有关"脑死与器官捐赠的决定"的建议书中，伦理委员会的大多数成员认为，脑死是死亡的一种可靠的标志，每个人都必须有机会在了解充分信息的基础上做出死后是否器官捐赠的决定。

郭晓林：

现代社会，人们基于理性论证的共识需求，使得达成理性共识成为可能。理性共识首先体现为商谈程序。我们知道在社会生活领域，一些伦理争议要诉诸伦理委员会来予以讨论，但这个机制本身也还是有一定的局限的。目前在解决现实生活领域中的伦理争端方面，我们面临的最大困难是什么？

甘绍平：

我认为在一个价值观念多元化的社会里，似乎必须放弃建立一种能够涵盖所有问题且所有个体及集团均能认可的共识的努力。道德共识是一种妥协的产物，在大多数情况下，它只能是委员会中多数人的共识。最不幸的情况就是通过理性论证的方式也仍然达不成共识，得不到一个妥协的方案。在这种情况下，只有依靠最低限度的程序上的共识——诉诸表决且多数决定。这种极端的情况或处置方式，由于体现了多数人的自主意志因而仍然不失其道德合理性，同时也成为民主时代以民主方式应对冲突与纷争的唯一途径。

解决现实生活领域中的伦理争端时，我认为我们面临的最大困难是直面世界级重大问题却缺乏国际层面有效的商谈沟通机制。比如大家都不否认气候灾难迫在眉睫，其解决需要依靠世界各国的及时应对与共同行动。但发达国家与发展中国家都有各自的盘算。没有世界政府，一种全球性决策的任务就难以完成。高程度与高质量的全球气候治理，特别是国际范围内气候法律制度全面的塑造与有效的制约，包括气候环境领域损害证据的寻求、因果关系的确定、肇事主体的识别、赔偿责任的厘清、制裁主管的建构、惩处结果的监控，都有待于未来更加强大的全球性气候与环境组织以及全球环境法院的成立所提供的长期稳定的机制化的支撑。只有一种国际机制化的气候管控体系的建构，才能为世界气候契约从可能性变成现实性提供坚实的保障。

郭晓林：

我非常赞同您的观点。在这个价值观念多元化的时代，面对世界级重大问题的时候，如果没有卓有成效的国际层面的商谈机制，地区间的不稳定、国际社会共同面临的环境风险等将时刻威胁着人类文明的永续发展。当前，我们如此重视应用伦理学人才的培养，一方面是对社会需求的直接反应；另一方面，我认为是我们更加现代化的表现，因为面对社会不同领域的伦理困境的时候，我们开始谋求真正以伦理学的视野和方法去分析和解决问题。这是伦理学不断拓展人类文明的重大成果。我们非常相信，随着时代的不断进步，应用伦理学的发展对于现代文明的意义将更加凸显。感谢您接受我的访谈！

论南唐二主词：从伦理学的视角看

钟　锦①

【摘要】 词学史上对南唐二主词的评判一直存在着分歧，不仅二主词在词史上的地位没有论定，甚至二者的优劣也难判高下。实则中主词透出时代世变的感受，符合古典士人的道德要求；后主词内蕴消极形态的美感，预示现代社会的生存困境。处在不同时代的语境下，自然形成不同的评判，但伦理学的视角对美学判断的影响却值得我们重视。

【关键词】 南唐二主词，王国维，叔本华，诗教，感发

南唐中主词透出时代世变的感受，符合古典士人的道德要求；后主词内蕴消极形态的美感，预示现代社会的生存困境。虽各具所长，但在不同时代的语境下会有不同的评判，这本是极为自然的事情。但这些不同的评判，给了我们一个审视道德和美学的特别视角，无疑是极有趣味的题目。

一

　　御制歌词着四篇，解人须识正声传。会言所寄堪论世，只在西风愁起前。

后主的词名自然远高于中主，但在一些大家眼里，却也并不苟同。胡仔《苕溪渔隐丛话》前集卷五十九引《雪浪斋日记》有这样一则轶事：

---

①　作者简介：钟锦，华东师范大学哲学系副教授，主要研究方向为西方哲学史、古典诗学、美学、佛学。

> 荆公问山谷云："作小词曾看李后主词否？"云："曾看。"荆公云："何处最好？"山谷以"一江春水向东流"为对。荆公云："未若'细雨梦回鸡塞远,小楼吹彻玉笙寒'。又'细雨湿流光'最好。"①

姑且不论王安石是否搞错了作者,他所欣赏的恰恰是我们今天认为的中主和冯延巳的句子。在宋人那里这是一个很有趣的现象,似乎他们总是嘴上讲着后主的词名,心里却想着中主和冯延巳的词作。李清照著名的词论就说:

> 独江南李氏君臣尚文雅,故有"小楼吹彻玉笙寒""吹皱一池春水"之词,语虽奇甚,所谓"亡国之音哀以思"也。②

陈廷焯便说得很直截:

> 南唐中宗《山花子》云："还与韶光共憔悴,不堪看。"沉之至,郁之至,凄然欲绝。后主虽善言情,卒不能出其右也。③

明确提出中主胜过后主。尽管他没有直接比较后主和冯延巳,但对比一下《白雨斋词话》卷一里的这两段:

> 冯正中词,极沉郁之致,穷顿挫之妙,缠绵忠厚,与温、韦相伯仲也。④
> 后主词思路凄惋,词场本色,不及飞卿之厚,自胜牛松卿辈。⑤

不难见出,在他眼里冯延巳也是胜过后主的。《白雨斋词话》卷七点出了原因所在:

> 李后主、晏叔原皆非词中正声,而其词则无人不爱,以其情胜也。⑥

---

① 胡仔:《苕溪渔隐丛话(前集)》上册,北京:人民文学出版社,1962年,第407页。
② 胡仔:《苕溪渔隐丛话(后集)》,北京:人民文学出版社,1962年,第254页。
③ 陈廷焯:《白雨斋词话》,上海:上海古籍出版社,2009年,第9-10页。
④ 同上书,第11页。
⑤ 同上书,第10页。
⑥ 同上书,第230页。

看来他认为中主和冯延巳是词中的"正声",后主却不是。

陈廷焯所谓"正声",源自儒家诗教,他说:"温厚和平,诗教之正,亦词之根本也。"①"温厚和平",或者说"温柔敦厚",展开讲就是"乐而不淫,哀而不乱",是"怨而不怒",综括讲就是"中庸",其实都只是一种描述,所指则是儒家的核心问题:道德上的善。善有功效上的,有道德上的,本来泾渭分明,但和群己关系结合就混淆了,群的功效不止压倒一己的功效,甚至压倒一己的道德。《诗大序》说:"先王以是经夫妇,成孝敬,厚人伦,美教化,移风俗。"汉儒遂将群的功效推之至极,僭窃了儒家原本的道德位置,加给诗教一种沉重的政治伦理负担。在诗学里,两者始终未能明确区分,沈德潜的《说诗晬语》开篇的第一句话:"诗之为道,可以理性情,善伦物,感鬼神,设教邦国,应对诸侯,用如此其重也。"②虽把"理性情"置于首要的位置,但终究掩盖不了和"善伦物"以下内容之间的内在抵牾。张惠言独具慧眼地看到,词却因它兴起时的特殊语境——酒席歌筵,轻易摆脱了诗的这种政治伦理负担。在那种场合下的即兴抒写,没什么顾忌,便显得很放松。但即便只是男女哀乐的叙写,竟在贤人君子笔下,不经意地流露了纷然多彩的"内美"。于是道德上的善从"诗化的语言"中真实地传达了出来,即所谓"极命风谣里巷男女哀乐,以道贤人君子幽约怨悱不能自言之情"③,这和汉儒诗学的"比兴寄托"虽然看起来相似,实际上则完全异质,但初有所会的张惠言只能讲到这个地步:"盖诗之比兴,变风之义,骚人之歌,则近之矣。"④周济又注意到词兴起时的历史环境,如叶嘉莹师所说:"南唐之词与西蜀之词原来确实有一种共同的美感特质,那就是其词作之佳者,往往在其表面所写的相思怨别之情以外,还同时蕴涵有大时代之世变的一种忧惧与哀伤之感,这一点是我们在探讨早期歌辞之词的美感特质时,所应具有的一点最重要的认识。"⑤因此提出:"感慨所寄,不过盛衰,或绸缪未雨,或太息厝薪,或己溺己饥,或独清独醒,随其人之性情学问境地,莫不有由衷之言。见事多,识理透,可为后人论世之资。诗有史,词亦有史,庶乎自树一帜矣。"⑥于是道德上的善以超越政治伦理的方式,呈现在政治历史之中。当然,如果没有张惠言先将道德上的善纯粹地揭示出来,周济也就没有可能提出这一基于"性情学问境地"之上的"词史"说。陈廷焯所说的"正声",正是指向道德上的善和时代世变的感受,尽管作为理

---

① 陈廷焯:《白雨斋词话》,上海:上海古籍出版社,2009 年版,第 215 页。
② 沈德潜:《说诗晬语》(卷上),上海:广智书局,无出版日期,第 1 页。
③ 张惠言,张琦:《词选》,刻本,1867 年,第 1 页。
④ 同上书,第 1—2 页。
⑤ 叶嘉莹:《论词之美感特质之形成及反思与世变之关系》,《词学新诠》,北京:北京大学出版社,2008 年,第 200 — 201 页。
⑥ 周济:《介存斋论词杂著》,《周氏词辨》,刻本,1878 年,第 1 页。

论很晚才由常州派明确揭出,但深受儒家诗教影响的士人一直心有戚戚,才出现了对二主词不同于流俗的评价。

冯延巳《阳春集》保留作品较多,成为表现大时代之世变的忧惧哀伤最具特色的词人,几乎没有异议地受到一致称道。中主仅仅四首词,影响自然不及,但仍以近似却又独特的美感品质受到称许。叶嘉莹师说:"从这四首词来看,我以为李璟词之最值得注意的一点特色,乃在于其能在写景、抒情、遣辞、造句之间,自然传达出来一种感发的意趣。"①其实,任何好的作品都需要有所传达,但和"官能的感知""情意的感动"不同,"感发则是要在官能的感知及情意的感动以外,更别具一种属于心灵上的触引感发的力量。这种感发虽然也可以由于对某些景物情事而引起,但却可以超出于其所叙写之景物情事之外"。② 这的确是一个重要的特点,不过说"使读者产生一种难以具言的更为深广的触发与联想",③却不免宽泛。由于道德的超越性,语言往往显得无力,"诗化的语言"就显出了优势,"感发"实际是其优势的一种表达。常州派的"正声",便指向更为具体的"触发与联想"——道德上的善和时代世变的感受。因此,温庭筠词的感发借助"男子作闺音"潜通于道德上的善,韦庄也是如此,尽管表达方式截然不同,但他那五首《菩萨蛮》则通过自身经历的叙写兼具了时代世变的感受,冯延巳和中主却摆落了自身经历,把时代世变的感受通过日常情感写得更加普遍化。只是"冯延巳词中的感发之意趣,乃是以沉挚顿挫、伊郁惝怳之情致为特色的,所以显得极有分量和深度","李璟词中之感发,只不过是在光景流连之中,以其多情与锐感之心,所偶然体悟到的一种极为自然但却极具感发之力的心灵的触动"。④ 因此,中主词也许并不特别地给人冲击感,但却在雍容平易之中体现出极其不凡的美学质量,很难为别人所效仿。宋人中只有晏殊约略相似,所以那首著名的"一曲新词酒一杯"曾被归于中主名下,就并不奇怪了。但晏词不再是时代世变的感发,而是一种根柢于修养的圆融达观的流露。

中主最出名的词作自是那首《山花子》。虽说古今独赏其"细雨梦回鸡塞远,小楼吹彻玉笙寒"两句,但陈廷焯引出"还与韶光共憔悴,不堪看"一句,说"沉之至,郁之至,凄然欲绝",已生异议。王国维《人间词话》极道"菡萏香销翠叶残,西风愁起绿波间"两句,说"大有众芳芜秽、美人迟暮之感",更是脍炙人口。实则两句写出"珍贵芬芳之生命的消逝

---

① 叶嘉莹,缪钺:《论李璟词》,见《灵谿词说》,上海:上海古籍出版社,1987 年,第 75 页。
② 同上。
③ 同上。
④ 同上书,第 81 页。

摧伤的哀感",同时,"就花而言,'绿波'原为其托身之所在,而今则绿波风起,当然便更有一种惊心的悲感和惶惧","就人而言,则满眼风波,固足以使人想见其一片动荡凄凉的景象"。① 这种叙写置于南唐国势迫于周、宋的危机之中,其感发力就尤为深沉而具有一种普遍性的时代感,周济所谓"词史"之意义即在于此。陈廷焯所引那一句,固不及王国维所引两句感发力强,但这两句的内涵确由那一句揭出,因此陈氏所说"沉之至,郁之至,凄然欲绝",或许正是对词中时代感的体会。王氏所说"大有众芳芜秽、美人迟暮之感",则比陈说显豁,但所揭示也稍欠丰衍和明确。总之,两人都善于读词,正是不易得的解人。

二

  荒淫语自出精诚,偏入教坊离别声。一向词场夸本色,原来只是胜松卿。

  其实对后主词的评价,虽说积极给予肯定的毕竟占了优势,但总有些矛盾的心理。余怀在《玉琴斋词序》中的说法,代表了普遍的意见:"李重光风流才子,误作人主,致有入宋牵机之恨。其所作小词,一字一珠,非他家所能及也。"②仍是因为功效上的善一直充当着道德上的善,遂显得至高无上,将"一字一珠"的美掩盖了。李清照以"亡国之音"贬抑,直截显露出对汉儒话语权的服从,实在无甚见识。或许直到周济,才对后主词的美学意义有所感知,尽管是从看似否定的评价中透露出来的。王国维《人间词话》里有一段对后主非常出名的评论,捎带挤兑了周济:

  词至李后主而眼界始大,感慨遂深,遂变伶工之词而为士大夫之词。周介存置诸温、韦之下,可谓颠倒黑白矣。"自是人生长恨水长东。""流水落花春去也,天上人间。"《金荃》《浣花》能有此气象耶?③

  所谓"周介存置诸温、韦之下",大概是指《词辨》的分卷,周济跋文说:"一卷起飞卿,为正。二卷起南唐后主,为变。"④王国维论词剽窃周济处甚多,或许急于立异,遂将周济

① 叶嘉莹,缪钺:《论李璟词》,见《灵谿词说》,上海:上海古籍出版社,1987 年,第 81 页。
② 余怀:《玉琴斋词》,1928 年影印版,无页码。
③ 王国维:《人间词话·人间词(合刊)》,出版界月刊社,1944 年,第 4 页。
④ 周济:《介存斋论词杂著》,《周氏词辨》,刻本,1878 年,第 5 页。

的正、变之别匆忙认作高下之判,好作抨击。其实并不如此,我们仔细看周济后面的话:"名篇之稍有疵累者,为三、四卷。平妥清通,才及格调者,为五、六卷。大体纰缪,精彩间出,为七、八卷。"①可见一卷之正、二卷之变,所录皆是没有疵累的名篇,没有高下之判。我们关注一下周济在正、变里选择的词人,一卷是:温庭筠、韦庄、欧阳炯、冯延巳、晏殊、欧阳修、晏几道、柳永、秦观、周邦彦、陈克、史达祖、吴文英、周密、王沂孙、张炎、唐珏、李清照,二卷是:李后主、孟昶、鹿虔扆、范仲淹、苏轼、李玉、王安国、辛弃疾、姜夔、陆游、刘过、严仁、蒋捷、张翥、康与之。不难见出,所谓的"变"多似叶嘉莹师讲的"诗化之词",用王国维的话就是"士大夫之词"。我们讲到过,词使诗摆脱政治伦理负担的契机正是由于"伶工之词",或者用叶师的术语"歌词之词",将之视为"正",本是词史固有的传统。"诗化之词"一般都以为自苏轼发端,王国维追溯到后主,是暗中剽窃了周济,因为周济明白地将后主置于"变"的首位,能够懂周济,自是他的卓见。"诗化之词"保持了"歌词之词"的美感特质,便是没有疵累的名篇,但在词史上"诗化"的因素总有些"别子为宗"的味道,称之为"变"似无贬抑的意思。再举一个例子,《词辨》里辛弃疾也在卷二的"变",可《宋四家词选》将之和周邦彦、吴文英、王沂孙并列为宋词最重要的四位词人,也足见"变"并不是贬。另外,"歌词之词"的发展为保持和诗不同的美感特质,借用了音乐上的特点形成艺术上独特的"赋化之词",这才真正算是一脉贯通。周济的"正"包括了"歌词之词"和"赋化之词"两者,但王国维始终无法理解"赋化之词"的艺术特色,在他那里只有"伶工之词"和"士大夫之词"的对立,失去了词史发展的动态历史感,恐怕就很难全面理解周济了。而且以气象开阔与否来评判词之高下,也违背了他自己的原则。《人间词话》说:"境界有大小,不以是而分优劣。'细雨鱼儿出,微风燕子斜'何遽不若'落日照大旗,马鸣风萧萧'?'宝帘闲挂小银钩'何遽不若'雾失楼台,月迷津渡'也?"②难道争起意气来,就把自己说过的话全忘记了? 其实,王国维对后主的这个评价,前半部分和周济没有实质的不同,但褒贬一转换,立场就不同了,便可以肆加挤兑,后半部分再以意气煽动,真可谓剽窃之雄矣。

周济《词辨》所附《介存斋论词杂著》里有两条直接评述后主词的话,说得极有意思。一条是:"毛嫱、西施,天下美妇人也。严妆佳,淡妆亦佳,粗服乱头,不掩国色。飞卿,严妆也;端己,淡妆也;后主则粗服乱头矣。"③这条恰可以证明正、变之别不是高下之判,周济

---

① 周济:《介存斋论词杂著》,《周氏词辨》,刻本,1878 年,第 5 页。
② 王国维:《人间词话·人间词(合刊)》,出版界月刊社,1944 年,第 2 页。
③ 周济:《介存斋论词杂著》,《周氏词辨》,刻本,1878 年,第 3 页。

将温庭筠、韦庄和后主看作"毛嫱、西施"一样同等的美,只是有严妆、淡妆和粗服乱头的区别。也许周济的意思在强调后主的"变",严妆、淡妆虽有区别,但都是遵循常规,而"粗服乱头"就是不循常规了。词之诗化,在早期正是被看作不循常规,所以李清照诋之为"句读不葺之诗"①。但不止看到不循常规,还看到没有疵累,这就是周济的眼光。甚至这个评价还可以进一步,虢国夫人"淡妆"之原因既是"却嫌脂粉污颜色,淡扫蛾眉朝至尊",显然"淡妆"比"严妆"更显出自身的美丽来,那"粗服乱头"岂不比"淡妆"更显出美丽吗?这也许过度阐释了周济的话,但足见其对后主词并无贬抑的意思。周济却没有说出后主"变"的好处在哪里,另一条评语甚至更耐人寻味:"李后主词如生马驹,不受控捉。"②"生马驹"也是不循规的意思,岂不就是"粗服乱头"?"不受控捉"感觉颇像常州派说的"鄙词"——"诙嘲则俳优之末流,叫啸则市侩之盛气,此犹巴人振喉以和阳春,虭蛄怒嗌以调疏越",③但这不就没有了"不掩国色"的效果吗?周济说到这个地步,我想他对后主词的好处一定别有会心,只是讲不出来。

陈廷焯说了这个"讲不出来"的深刻原因:"非词中正声。"后主词既不像温庭筠和韦庄的词潜通于道德上的善,又不像冯延巳和中主的词充溢了时代世变的感受。因此,以往的词学理论不足以"控捉"其"粗服乱头,不掩国色"的独特美学因素,最后陈廷焯只能说个"其词则无人不爱,以其情胜"。一般都将后主词以南唐灭亡为分界点,划作前、后两个时期,认为后期词远比前期词深挚感人,似乎情更胜。但叶嘉莹师敏锐地看到后主的"情胜"本是贯穿了前、后期的一个不变的特点:"然而事实上,则李煜之所以为李煜与李煜词之所以为李煜词,在基本上却原有一点不变的特色,此即为其敢于以全心去倾注的一份纯真深挚之感情。"同时又深刻地体察到:"实则就李煜言之,则当其以真纯深挚之情全心倾注于一对象之时,彼对于世人之评量毁誉,固全然未尝计较在内也。"④那后主的后期词为什么远比前期词更深挚感人?仅仅"情胜"恐怕并不能解释那"不受控捉"的好处,我们仍需从后主前、后期词作的比较中寻求答案。

后主前期词的名作,大多如《一斛珠》的"绣床斜凭娇无那,烂嚼红茸,笑向檀郎唾",《菩萨蛮》的"奴为出来难,教郎恣意怜","眼色暗相钩,秋波横欲流",《玉楼春》的"归时休照烛花红,待放马蹄清夜月",很容易感受到情感的全心倾注,比《花间集》来得奔放,但

---

① 胡仔:《苕溪渔隐丛话(后集)》,北京:人民文学出版社,1962年,第254页。
② 周济:《介存斋论词杂著》,《周氏词辨》,刻本,1878年,第3页。
③ 金应珪:《词选后序》,陈廷焯:《白雨斋词话》,北京:人民文学出版社,1959年,第175页。
④ 叶嘉莹,缪钺:《论李璟词》,见《灵谿词说》,上海:上海古籍出版社,1987年,第89-90页。

同时也来得质俚,似乎还比不上牛希济《生查子》的"记得绿罗裙,处处怜芳草",顾夐《诉衷情》的"换我心,为你心,始知相忆深",欧阳炯《浣溪沙》的"兰麝细香闻喘息,绮罗纤缕见肌肤",那样的典丽古艳。偶然也有类似《阮郎归》"东风吹水日衔山"之作,淡淡地透出时代的氛围,近于中主,但这一类并不符合后主无节制的性格,因此达不到高境,不及中主和冯延巳。后期词的名作也有两类,王国维《人间词话》说:"尼采谓一切文学,余爱以血书者。后主之词真所谓以血书者也。宋道君皇帝燕山亭词亦略似之。然道君不过自道身世之戚,后主则俨有释迦基督担荷人类罪恶之意,其大小固不同矣。"①其实,后主词既有"不过自道身世之戚"者,如《破阵子》"四十年来家国",《相见欢》"无言独上西楼",《浪淘沙》"往事只堪哀";也有"俨有释迦基督担荷人类罪恶之意"者,如《虞美人》"春花秋月何时了",《相见欢》"林花谢了春红",《浪淘沙》"帘外雨潺潺",或许可以加上《清平乐》"别来春半"。前一类词抒写破国亡家,虽是情感全心倾注,却容易避免质俚,就如宋道君皇帝《燕山亭》一样动人,这确实是"情胜"能够达到的最好效果。后主坦率地写情本是早期词的显著特色,所以陈廷焯说"后主词思路凄惋,词场本色",针对的正是这一类。"本色"是在规矩内,这没什么"不受控捉",但这规矩不是"正声"的规矩,只是词坦率写情的规矩。其实能做到"情胜"的词人就多了,只做到这一点,不会有太高的境界,陈廷焯接着说"不及飞卿之厚,自胜牛松卿辈"。无非跟"牛松卿辈"一较高下而已。甚至不是破国亡家,似乎连"牛松卿辈"都赶不上。比如,《相见欢》"无言独上西楼"一首虽是名作,但长沙本《南唐二主词》并未收入,很多选本认为是蜀主孟昶之作。正因为能做到"情胜"的词人并不少,也就难于分辨了。加上后主往往太过"粗服乱头",即使有些名作也瑕瑜相掩,如几乎无人不知的《破阵子》,"凤阁龙楼连霄汉,玉树琼枝作烟萝"两句就很补凑,加上格律错乱,真不易区别真赝。但后一类词就不同了,直出"情胜"之外,至于王国维也没法"控捉",竟自夸大地说"俨有释迦基督担荷人类罪恶之意",反倒更让人摸不着头脑。这类词在《南唐二主词》里不过三四首而已,却给后主在词史上奠定了崇高的位置,意识到这类词可能的美学价值是词学上一个重要的进步。我认为,陈廷焯尚有一间之隔,主要靠周济和王国维完成了这个进步,但他们两人都未能确切阐明后主这类词的价值所在,着实可惜。

---

① 王国维:《人间词话·人间词(合刊)》,出版界月刊社,1944 年,第 5 页。

三

漫云词派变伶工,勘破人间今古同。直把虚无担荷在,拚教长恨水长东。

王国维其实做过一些探索,但他好像一头扎在"情胜"上考虑,用他的话说是"性情之真",却怎么也没跳出旧圈子来。在《人间词话》里,可以看到他多方面的尝试,或则运用西方的文艺观进行主观和客观之诗人的区分,说:"客观之诗人不可不多阅世,阅世愈深则材料愈丰富,愈变化,《水浒传》《红楼梦》之作者是也。主观之诗人不必多阅世,阅世愈浅则性情愈真,李后主是也。"①但这种文艺观并未深入到问题的本质,只提供一点儿皮毛之见而已。或则用到中国哲学的资源,征引孟子"赤子之心"的概念来阐发:"词人者,不失其赤子之心者也。故生于深宫之中,长于妇人之手,是后主为人君所短处,亦即为词人所长处。"②但这反而更为荒谬,说"生于深宫之中,长于妇人之手",说"阅世愈浅则性情愈真",来证明"赤子之心",是不惜以不谙世事换得性情之真,完全违反了孟子的本意。《孟子》曰:"大人者,不失其赤子之心者也。"朱熹注:"大人之心,通达万变;赤子之心,则纯一无伪而已。然大人之所以为大人,正以其不为物诱,而有以全其纯一无伪之本然。是以扩而充之,则无所不知,无所不能,而极其大也。"③"赤子之心"本该从"大人之心"来理解,"大人之心"强调在对于利害的"通达万变"中保留其无关利害的纯一无伪的道德本心,故朱熹说"不为物诱",这正是常州派一直重视的来自性情学养的道德本心。从王国维《静庵文集》里《论性》《释理》来看,他对儒家学说完全蒙昧,不能理解孟子的"赤子之心"无足诧异,但将词人最好的质素认作不谙世事的性情之真,那就不可思议了。至于引到"尼采谓一切文学,余爱以血书者",似乎王国维也没有理解尼采的深刻处,仍是以另一种不同的表述重复"情胜"。其实,王国维完全可以根据他熟悉的叔本华哲学对后主词做出完美的论述,但不知何故,他竟没有深入去做。好在王国维留下不少关于叔本华的论述,我们也许可以越俎代庖地试着做一做。

1898 年,21 岁的王国维在上海进入东方学社学习,接触到西方哲学。1901 年,他远蹈东瀛,在东京物理学校学习,但不久因病回国,开始为《教育世界》撰稿。直至 1904 年,

---

① 王国维:《人间词话·人间词(合刊)》,出版界月刊社,1944 年,第 4 页。
② 同上。
③ 朱熹:《四书章句集注》,北京:中华书局,1983 年,第 292 页。

他成为这个半月刊的编译主干。这是王国维集中钻研西方哲学的时期,留下不少相关论述。1903 年春,他"始读汗德之《纯理批评》",还写了一篇《汗德像赞》,后来收入《静庵文集续编》。"汗德"是王国维对"康德"的译名,众所周知。但他没有读懂康德,"苦其不可解,读几半而辍",便转向了叔本华,"嗣读叔本华之书而大好之,自癸卯之夏以至甲辰之冬,皆与叔本华之书为伴侣之时代也"。① 癸卯是 1903 年,甲辰是 1904 年。1904 年,他的《红楼梦评论》连载于《教育世界》,从中不难看出王国维对叔本华哲学确有会心。我相信,他并没有放弃了解康德,《教育世界》1904 年刊有《汗德之事实及其著书》《汗德之哲学说》《汗德之知识论》,1906 年刊有《德国哲学大家汗德传》《汗德之伦理学及宗教论》。这些文字并未署名,多认为出自王国维的编译,钱鸥教授考证出其中三篇来源于日人《哲学史要》《列传体西洋哲学小史》之类的介绍性著作。② 这些文字大都以普及知识为目的,并不能证明王国维读懂了康德,真正的哲学思考是不可能不去钻研原著的。直到 1908 年开始在《国粹学报》发表《人间词话》,王国维根本没有表现出对康德哲学的真正理解,即使有些正确的认知,也都是在叔本华哲学体系内的理解,实际上已经脱离了康德哲学。某些学者将《人间词话》和康德哲学联系起来,说明对两者均属无知。

在康德哲学中,美学的作用是来联结理论理性(知识)和实践理性(道德)的,实践理性以超越功利而获得优先性位置,成为人的终极目的。这是典型的古典思路,在现代却遭遇了质疑,像叔本华和王国维对此都不信任。对康德这个思路的任何改变,都将完全背离康德哲学。叔本华无法理解通过自由意志实现的道德立法,也就看不到实践理性的意义,却将道德归因于由感性决定从而丧失了绝对必然性的"同情",便指责实践理性是体系中没有意义的赘疣,认为康德"出于对结构匀称的嗜好,因而理论理性也必须有一个对称物"③。体系中一旦丧失了实践理性的维度,美学的作用就完全改变了。尽管叔本华将康德美学的无功利论和生活之欲联系起来,说法更加透彻:"美之为物有二种:一曰优美,一曰壮美。苟一物焉,与吾人无利害之关系,而吾人之观之也,不观其关系,而但观其物,或吾人之心中无丝毫生活之欲存,而其观物也,不视为与我有关系之物,而但视为外物,则今之所观者,非昔之所观者也。此时吾心宁静之状态,名之曰优美之情,而谓此物曰优美。若此物大不利于吾人,而吾人生活之意志为之破裂,因之意志遁去,而知力得为独立之作

---

① 王国维:《静庵文集》(影印本),出版信息不详,第 1 页。
② 钱鸥:《王国维与〈教育世界〉未署名文章》,《华东师范大学学报(哲学社会科学版)》,2000 年第 4 期。
③ 叔本华:《作为意志和表象的世界》,石冲白译,北京:商务印书馆,1991 年,第 699 页。

用,以深观其物,吾人谓此物曰壮美,而谓其感情曰壮美之情。"①但丧失实践理性的维度,美学不再有一个超越功利的确定方向,那个联结作用没有了,康德哲学中"美是道德的象征"的重要意义也失落了。于是在叔本华那里:"吾人之知识与实践之二方面,无往而不与生活之欲相关系,即与苦痛相关系。兹有一物焉,使吾人超然于利害之外而忘物与我之关系,此时也,吾人之心无希望,无恐怖,非复欲之我,而但知之我也。"②我们看到:"随着自由的否定,意志的放弃,所有那些现象现在也都取消了。在客体性一切级别上无目标无休止的,这世界由之而存在并存在于其中的那种不断的压力和努力取消了,一级又一级的形式多样性取消了,意志的整个现象取消了,这些现象的普遍形式时间和空间,它们的最后的基本形式主体和客体也都取消了。没有意志,也就没有表像,没有世界。于是留在我们之前的,怎么说也只是无(Nichts)了。"③这个"无"就是叔本华美学的终极,和康德美学确有一定的相似,康德那里是没有任何利害心,没有任何概念,没有激情,没有功利。但康德的美向道德超越,可以称为积极形态的美;叔本华的美只是不向生活之欲堕落,盲目无着,可以称为消极形态的美。王国维不理解儒家的"性""理",一如叔本华不理解康德的实践理性,但也不向生活之欲堕落,这是王国维苦康德哲学不可解、读叔本华之书而大好之的内在原因。

后主在古典时代以其特殊的机缘先历了叔本华、王国维的现代处境,他的后期词作里竟不期而然地表现出近于叔本华、王国维的哲学反思。后主前期主要的词作,主题实可看作"生活之欲",这看来和美悖立。但如王国维所说:"至美术中之与二者相反者,名之曰眩惑。夫优美与壮美,皆使吾人离生活之欲而入于纯粹之知识者。若美术中而有眩惑之原质乎,则又使吾人自纯粹之知识出,而复归于生活之欲。"④在德国古典美学中,无论是康德,还是叔本华,都认为"眩惑"是最低级的美感,所以后主因为情感全心倾注而忽视修饰之时,这些词就将"眩惑"无遮蔽地暴露出来,反倒不及《花间集》里那些经了典丽古艳修饰过的"眩惑"之作。后主后期经过破国亡家,则体会到了"欲之不足"。本来,"欲之为性无厌,而其原生于不足。不足之状态,苦痛是也"。⑤ 后主体会到的苦痛远较常人剧烈,因此,那些"自道身世之戚"的词作更为感人。这时,其"情胜"的特质才真正体现出价值,所谓"思路凄惋,词场本色","自胜牛松卿辈"。但仍然不是高绝之作,大约只可跟道君皇

① 王国维:《红楼梦评论》,《静庵文集》(影印本),出版信息不详,第36页。
② 同上书,第35页。
③ 叔本华:《作为意志和表象的世界》,石冲白译,北京:商务印书馆,1991年,第562页。
④ 王国维:《红楼梦评论》,《静庵文集》(影印本),出版信息不详,第37页。
⑤ 同上书,第34页。

帝《燕山亭》词一较而已。但后主之纯真,或者说"赤子之心",这不是不谙世事的一无所知之心,也不是纯一无伪的道德本心,而是近于叔本华、王国维努力从生活之欲超拔而鄙弃诈巧功利的纯真。这种纯真因为失去对道德本心的信任,必然惶惑徘徊。王国维说:"哲学上之说,大都可爱者不可信,可信者不可爱。余知真理,而余又爱其谬误。伟大之形而上学、高严之伦理学,与纯粹之美学,此吾人所酷嗜也。然求其可信者,则宁在知识论上之实证论、伦理学上之快乐论,与美学上之经验论。知其可信而不能爱,觉其可爱而不能信,此近二三年中最大之烦闷,而近日之嗜好所以渐由哲学而移于文学,而欲于其中求直接之慰藉者也。"①真实生动地描述出既对道德本心失去信任、又不甘堕落于生活之欲的惶惑徘徊境况。后主的这种纯真, 定让他体会到:"人生者如钟表之摆,实往复于苦痛与倦厌之间者也。"②于是对那个"无"模糊地有所会心,竟不期达之于词中。

我们以李煜最出名的那首《虞美人》为例,看看他如何表达那个"无":

　　春花秋月何时了,往事知多少? 小楼昨夜又东风,故国不堪回首月明中。
　　雕栏玉砌应犹在,只是朱颜改。问君能有几多愁? 恰似一江春水向东流。

徐士俊很注意那个"又"字,他说:"只一'又'字,宋、元以来抄者无数,终不厌烦。"(《古今词统》卷八)可见明人也有善于读词的。"春花秋月何时了",这是人生宇宙的大循环。"昨夜东风"回应"春花","回首月明"响应"秋月",这却是后主自己生活的小循环。用一个"又"字,就将小循环接入了大循环,此其一。"又"字又将循环穿了过去、现在和将来,成为无限,此其二。其二是更深入一层写法,显示这种无限如同黑格尔所说的"坏的无限",在那反反复复中我们看不到任何意义。于是见出"何时了"之沉痛追问,让全词在一下笔处已然使人警醒,所以俞平伯说:"奇语劈空而下。"(《读词偶得》)这种无限循环之中,一切都成为无常,所以往事无论有什么,也无论有多少,都成为同样的无意义。钟摆之喻,与此一致。然而人生之欲中总有割舍不去的,"天下皆知美之为美",那些美好也同样归于如此之无意义,其苦痛必定愈深。"故国"大约是后主对一切美好的综指,如此之美好而付诸如此之无常,那真的是让"情胜"者不堪回首了。在后主看来,这人生宇宙的循环对"情胜"者最残酷,刘驾《山中夜坐》诗云:"谁遣我多情,壮年无鬓发。"反倒是无情物之漠然,对之无所损伤,故曰:"雕栏玉砌应犹在,只是朱颜改。"玉砌之硬冷,朱颜之娇媚,

---

① 王国维:《静庵文集续编·自序二》,《静庵文集》,沈阳:辽宁教育出版社,1997 年,第 160 页。
② 王国维:《红楼梦评论》,《静庵文集》(影印本),出版信息不详,第 34 页。

作一刺眼之对比。难道宇宙的法则就是美好在循环中消逝,人生的命运就是有情在无常中消磨? 也许是的,这是叔本华、王国维的答案,我也看不出后主还有什么别的答案。"问君能有几多愁? 恰似一江春水向东流。"这就是人生的归宿,在无的悲哀之中无限地循环下去。这是典型的消极形态的美,后主似乎非常喜欢这种美,他在留下的不是太多的作品里反复感叹无常对美好的消磨:"林花谢了春红,太匆匆。无奈朝来寒雨晚来风。""世事漫随流水,算来梦里浮生。"然后把人生赋予无的悲哀之中:"自是人生长恨水长东。""醉乡路稳宜频到,此外不堪行。"这与他的本性之纯真有关,还是他的旧臣徐铉了解他,说他"本以恻隐之性,仍好竺干之教"①。我们不要忘了,叔本华对于佛教也有同样的兴趣,其间的消息不难揣测。

这首词被普遍认为是后主的代表作,但认真看历代的评论,却很少发现有能够深刻理解的。甚至有些可笑的是,居然斤斤于词的末句以江喻愁之新颖。这不是后主的专利,白居易、刘禹锡、寇准、秦观那里都有,如果比较一下谁的比喻更巧妙,不得不如罗大经一样推出贺铸。"试问闲愁都几许? 一川烟草,满城风絮,梅子黄时雨。"不止以烟草、风絮、梅雨喻愁之多,且以三者所处之季节、方所喻愁之久长、遍布,统数量与时空言之,层折甚多。但有谁能如后主直揭人生之终极? 纵使工妙之极,也只显得纤巧琐碎而已。后主的抒写,才真正超越了"自道身世之戚","俨有释迦基督担荷人类罪恶之意",毕竟宗教家对于终极关怀之用心本与哲人同趋,自然"感慨遂深"。然而后主毕竟只是消极形态的美,"无"终是变中的虚无,而积极形态的美却从"无"见出永恒:"盖将自其变者而观之,则天地曾不能以一瞬;自其不变者而观之,则物与我皆无尽也。"所以苏轼眼界更大,《法惠寺横翠阁》云"雕栏能得几时好,不独凭栏人易老",显然是翻后主的案。将一切统之于变,苏轼和后主的比喻意象竟都一样,是江水,"大江东去"。在此之后,苏轼即变见永恒,指出超越一路,成为向道德上的善之过渡。这就和"正声"趋近了,后主则总像异端。因此,王安石不以为然,陈廷焯说"非词家正声",周济说"不受控捉",就不难理解了。只是王国维深契叔本华美学,也深切体会出后主词的不凡,却未能恰当说明,不免生人疑惑。大概王国维执着于美的具体呈现,认为美即使是"实念"(今译"理念"),也须是在实物之上呈现的"实念"。他只能认识到:"物之现于空间者皆并立,现于时间者皆相续,故现于空间、时间者,皆特别之物也。既视为特别之物矣,则此物与我利害之关系,欲其不生于心,不可得也。若不视此物为与我有利害之关系,而但观其物,则此物已非特别之物,而代表其物之

① 徐铉:《大宋左千牛卫上将军追封吴王陇西公墓志铭》,见《徐公文集》,《四部丛刊初编》缩本,北京:商务印书馆,1936 年,第 198 页。

全种,叔氏谓之曰'实念'。故美之知识,实念之知识也。"①而不在实物之上呈现纯粹"实念"——"无",似乎让王国维无所措手。这是非常可惜的,如果王国维再进一步,他完全有可能更深入地诠释后主词,也就在词学上更有真实的贡献了。

On the Ci Poems of the Two Lords of the Southern Tang Dynasty: From the Perspective of Ethics

ZHONG Jin

【Abstract】 In the history of Ci poetry, there have always been differences in the evaluation of the Ci poems of the Two Lords of the Southern Tang Dynasty. Not only has the status of the Ci poems of the Two Lords in the history of Ci poetry not been determined, but even the superiority and inferiority between the two are difficult to judge. In fact, the Ci poems of the Middle Lord reveal the feelings of changes in the times and conform to the moral requirements of classical scholars; the Ci poems of the Later Lord contain the aesthetic feeling of a negative form, indicating the survival predicament of modern society. In different contexts of different times, different evaluations are naturally formed, but the influence of the perspective of ethics on aesthetic judgment deserves our attention.

【Keywords】 Ci Poems of the Two Lords of the Southern Tang Dynasty, Wang Guowei, Schopenhauer, Poetry Instruction, Inspiration

---

① 王国维:《叔本华之哲学及其教育学说》,《静庵文集》(影印版),出版信息不详,第 24 页。

驯养天地,驯养语言:《小王子》与汉语言伦理学①

刘梁剑②

【摘要】本文尝试通过《小王子》做汉语言伦理学研究。首先,从"小大之辨""人菇之辨""驯养人与物""驯养天地"等角度阐明其伦理学意蕴。这同时也是通过《小王子》探讨如何以驯养为人物相处之道的伦理学问题,反思天地宇宙的伦理意义,反思伦理学作为提升生存境界之"学"的面向。这样的考察工作也意味着突破现有伦理学研究范式所框定的文本范围。进而在做伦理学的方法论层面上,观察《小王子》如何"驯养语言",即如何将"驯养"这一日常用语打磨成一个富有伦理学意蕴的语汇,传达一个伦理学厚概念。驯服一个伦理学厚概念,同时也就为实现生活之道贡献一种概念上的善品。

【关键词】《小王子》,驯养,汉语言伦理学,做中国伦理学,概念上的善品

创建既有中国气象又有世界影响的哲学话语,已是当代中国哲学面临的时代大问题。就伦理学领域而言,在此问题的关照之下,不少学者提倡"做中国伦理学"或"再写中国伦理学"。进而言之,关于做中国伦理学,学界已不再停留在呼吁和倡导"应如此做",也不再满足于思考"该如何做",而是推进到"着手做起来",也说是说,面向伦理问题做出实实在在的伦理学理论思考,创建具有中国气派的伦理学话语。例如,有学者从"情"作为一个厚概念的视角思考中国现代性道德困境。③ 受此启发,本文尝试通过《小王子》做汉语言伦理学研究。何谓"汉语言伦理学"? 汉语言伦理学是汉语言哲学在伦理学领域的展开,而汉语言哲学的着眼点在于:在古今中西之争的背景下,我们如何用汉语做哲学,如何从汉语切入,以哲学语法考察为进路开展中国哲学运思,为世界性百家争鸣贡献新的元点与智慧?④

《小王子》是法国传奇作家圣埃克絮佩里(Antoine de Saint-Exupéry, 1900—1944)在

---

① 基金项目:国家社科基金重大项目"伦理学知识体系的当代中国重建"(项目编号:19ZDA033)。
② 作者简介:刘梁剑,华东师范大学中国现代思想文化研究所暨哲学系教授,中国智慧研究院哲学教育研修中心主任,主要研究方向为中国哲学、中西哲学比较、汉语哲学。
③ 参见付长珍:《探寻中国伦理学的精神"原乡"——"情"的概念史重访》,《道德与文明》,2019 年第 5 期。
④ 参见刘梁剑:《汉语言哲学发凡》,北京:高等教育出版社,2015 年;刘梁剑:《汉语言哲学和中国哲学话语创建》,《同济大学学报(社会科学版)》,2022 年第 4 期。

1943 年出版的一部儿童文学作品,流传极广,其简约而深刻的美丽深深打动了很多人。作为童话的《小王子》一点不幼稚;相反,其文简,而其义丰,具有丰厚的伦理学意蕴。本文试从"小大之辩""人菇之辨""驯养人与物""驯养天地"阐明其伦理学意蕴,这同时也是通过《小王子》探讨以驯养为关键点的伦理学问题,反思天地宇宙的伦理意义,反思伦理学作为提升生存境界之"学"的面向。进而在做伦理学的方法论层面上,观察圣埃克絮佩里如何"驯养语言",即如何与"驯养"(appriivoiser)这一日常用语处熟,将其打磨、驯养成一个富有伦理学意蕴的语汇。

一、小大之辩

《小王子》[①]全书分为 27 章,其章节安排(甚至各章作者手绘插画的多寡)颇耐人寻味。作者采用第一人称的视角讲述小王子的故事,"我"是一名飞行员,因飞机故障降落在撒哈拉大沙漠,遇到小王子,经过五天相处,逐渐了解了小王子的来历(第 1—8 章)。第 9 章讲述小王子同他的玫瑰告别,离开 B612 小行星。这是全书的第一个小高潮,小王子第一次碰到思想危机,也是第一次离开处熟的人。

接着,小王子游历 6 颗小行星,依次拜访国王、爱虚荣的人、酒鬼、商人、点灯人、地理学家(第 10—15 章)。最后,小王子来到地球(第 16 章),和蛇对话(第 17 章),穿过沙漠只见到一朵花儿(第 18 章),攀上高山听自己孤独的回声(第 19 章)。在一座玫瑰盛开的花园,小王子发生了新的思想危机:他的花儿不再是独一无二的了?(第 20 章)这时,狐狸出现了,跟小王子"处熟"了。狐狸帮助小王子领悟他的花儿为什么是独一无二的,以及他对于她的责任(第 21 章)。第 21 章是全书的最高潮,篇幅很长(全书中能与之比拟的只有描述小王子离开地球的第 26 章),义理最为密集(核心观念如"驯养""独一无二""责任"等在此得到了集中呈现),而且也是小王子第二次离开已经处熟的人,即狐狸。

第 22、23 章寥寥数笔,描述开悟之后的小王子在地球上继续游历,分别跟扳道工、卖复方止渴丸的商人对话。第 24、25 章重新接上第 8 章的第一人称叙事,讲述"我"和小王子在沙漠上的相处,找到了水井,也明白了小王子回到沙漠是为了寻找那条他最初降落时遇到的蛇。第 26 章是小王子试图借助蛇的帮助回到他的花儿身边的凄美故事。小王子将肉体交付小金蛇以求得灵魂的飞升(这让我们想起浮士德以灵魂为赌注跟魔鬼订约)。作者用深情而克制的笔墨描写了对于小王子离开的不舍。花、水、蛇、狐狸、星星,众多意

---

① 圣埃克絮佩里:《小王子》,周克希译,上海:上海译文出版社,2009 年。

象与主题在此章一一复现,达到新的高潮。从这一章回头看,我们读懂了第 17 章小金蛇所说的一句像谜似的话:"哪天你要是想念你的星星了,我可以帮助你。"[1]从这一章回头看,我们明白了,小王子离开已经处熟的狐狸是为了回到他的玫瑰身边,这是因为责任,因为爱,也因为小王子自己。不过,回到 B612 小行星,同时又是小王子第三次离开已经处熟的人,即飞行员"我"。

最后一章,虽然过了六年,"我"仍然牵挂着小王子是否已经回到他的小行星,牵挂小绵羊会不会吃掉花儿。

我们的小王子有没有回去? 他跟他的花儿处熟,又跟他的花儿告别;他跟狐狸处熟,又跟狐狸告别;他跟飞行员处熟,又跟飞行员告别,以便回到他当初告别的花儿身边。这是一个关于小王子出离与回返的故事。《老子·四十章》云:"反者道之动。"出离是为了更好的回返。

这同时也是一个关于飞行员"我"出离与回返的故事,或者更一般地说,一个关于成年人出离童年而返回童年的故事。"我"最终活着从沙漠回到了同伴身边。同伴们都很高兴,没有觉察到"我"很忧伤。小王子是否已经以自己英勇决绝的方式回到他的星球,回到他魂牵梦萦的玫瑰身边? 这将是萦绕"我"终身的牵挂。经过与小王子相遇,归来的"我"已不是当初离开时的"我"。"我"跟自己的童年、跟周遭的世界达成了某种和解。经过与小王子相遇,"我"不再"孤独地生活着"(第 2 章)。童年时所作的作品 1 号有人懂了,不被理解的童年创伤被治愈了。经过与小王子相遇,"我"更好地回到了"我"的童年。

除了《小王子》,圣埃克絮佩里还写了《南方邮航》《夜航》《人的大地》(《风沙星辰》)等小说。他的夫人龚苏萝回忆说,写作《夜航》的时候,圣埃克絮佩里跟她说:"我现在正在写一本书,都是些个人体验。""我不是职业作家。我不能谈我没有经历过的事情。我要倾注我的全部去表达,甚至可以说,去让自己有思考的权利。"[2]圣埃克絮佩里的作品或多或少带有自传色彩,《小王子》也不例外。《小王子》中的"我"是一名飞行员,现实生活中的圣埃克絮佩里也是一名飞行员。"我"因飞机故障降落在撒哈拉大沙漠,现实生活中的圣埃克絮佩里也经历了一次沙漠险情。1935 年底,圣埃克絮佩里购买了一架飞机,和机械师安德烈·普雷沃一起从巴黎起飞,试图打破巴黎-西贡飞行纪录。不幸,飞机坠毁在利比亚沙漠(撒哈拉沙漠东北部),两人被困四天之后获救。另一方面,我们在小王子身上也可以看到作者的影子。斯泰西·希夫(Stacy Schiff)在《小王子的星辰与玫瑰:圣

---

① 圣埃克絮佩里:《小王子》,周克希译,上海:上海译文出版社,2009 年,第 83 页。
② 龚苏萝·德·圣埃克絮佩里:《玫瑰的回忆》,黄荭译,上海:上海译文出版社,2002 年,第 63 页。

埃克苏佩里传》中便写道:"在《小王子》中,小王子独自留在他的星球上,每天早上小心翼翼地给他的玫瑰浇水,而圣埃克苏佩里则是在里奥德奥罗尽职尽责地烘干他的飞机,这两者之间的关联尤其紧密。"①当然,真实与虚构交错,故事中的人与事和现实世界并非一一精确对应。重要的不是故事符合现实的真,而是故事中的真,以及与真相应的理。

在《小王子》中,成年之后的"我"一直珍藏着作品 1 号,六岁时所绘的平生第一张画———一条正在消化大象的蟒蛇———在大人的眼中,它只是一顶帽子(第 1 章)。"本质的东西用眼是看不见的。"②在孩童眼中重要的东西,"而没有一个大人懂得这有多重要呵!"③孩童生活在本真状态,从小孩到大人,与其说是成长过程,倒不如说是失落人之本真状态的退化与异化的过程。

孩童纯真无邪,其心智与生存样态看似浑沌未开,却令成年人深深为之动容和着迷。中国传统思想也不乏对童心的颂扬。明儒罗汝芳、李贽分别表彰"赤子之心"与"童心",而在先秦时期,居主流的儒道两家都重视赤子或婴儿。如《老子·二十八章》:"知其雄,守其雌,为天下谿。为天下谿,常德不离,复归于婴儿。"《老子·五十五章》:"含德之厚,比于赤子。"《孟子·离娄下》:"大人者,不失其赤子之心者也。"尽管儒道二家所理解的赤子之心或赤子之德在具体内涵上大相径庭,但他们都以孩童或婴儿意象表达人类生存的理想样态。

如上所论,从孩童到大人,失落了本真状态。然而,孩童不也需要长大吗? 小王子经由出离而回返,这又何尝不是小王子的成长历程? 在此,孩童与大人形成了小大之辩。

《威廉·迈斯特的漫游时代》是歌德晚年所写的一部有名的成长小说。主人公威廉·迈斯特通过漫游(Wanderung)而得到了提升(Erhebung)。相形之下,小王子的漫游乃是一种在星际、在宇宙的大尺度上展开的气势恢宏的壮游。正是在出离的过程中,小王子游历各地,结识蛇、狐狸、飞行员,领悟世间的良好生活之道,如友谊、爱情、责任,其中的核心则是驯养之理。与此同时,自我也就在此过程中得到了更好的认识和提升。我在世界之中,世界因我而在,而我因世界而成。只有经过这番出离,小王子才能更好地回到他的花儿身边。当然,这也是更好地回到自己身边。寻寻觅觅,最珍贵的东西远在天边近在眼前;然而,生命的吊诡在于:只有踏破铁鞋去天边,才有可能有朝一日机缘来临,蓦然回首,发现那近在眼前的珍宝。宋代茶陵郁禅师在一次过桥摔跤时开悟,作偈云:"我有明珠

---

① 斯泰西·希夫:《小王子的星辰与玫瑰:圣埃克苏佩里传》,李宁译,南京:译林出版社,2021 年,第 18 页。
② 圣埃克絮佩里:《小王子》,周克希译,上海:上海译文出版社,2009 年,第 99 页。
③ 同上书,第 127 页。

一颗,久被尘劳关锁。今朝尘尽光生,照破山河万朵。"

郁禅师开悟的机缘是过桥摔了一跤,小王子开悟的机缘则是在他面对五千朵盛开的玫瑰怀疑人生之时碰到了狐狸。"就在这时狐狸出现了。"第21章以此开篇,意味深长。"这时"(then, alors),小王子原先的世界观崩塌了,只有心灵的根本转化才能拯救他。小王子做好了心灵转化的准备。另一方面,恰恰就在"这时",狐狸出现了,它的睿智、柔情和付出帮助小王子重新理解何为"独一无二",并以此为枢纽实现了心灵的转化和世界观的重建。《中庸》有言:"君子而时中。"就真理而言,一方面,作为内容的真理需要时中,即合乎具体的情境;另一方面,对真理的把握和领悟也需要特定的适宜的情境。同样的真理,也许过去也曾出现在我们面前,但"那时"我们对它毫无所感。只是在"这时",诸缘具足,我们才真切地看见它的真理性;只是在"这时",真理才作为真理向我们呈现。"采菊东篱下,悠然见南山。"陶渊明的这一名句中,"见"字既是看见之见,亦是显现之现。我悠悠然抬头看见南山,南山在我抬头之际悠悠然向我显现。

那么,孩童为什么需要长大呢?

孩童、大人,也不完全是年龄的问题。李大钊说过一句类似的话:"青年与老人的分别,不在年龄而在精神。"①《小王子》中的"我",那位一直珍藏着作品1号的飞行员一直没有长大,因为他一直保持着孩童之心。当然,有时候他也会迷失自己,表现出一个"大人"的样子。比如,那天,"我正忙着要从发动机上卸下一颗拧得太紧的螺钉",不耐烦地打断不依不饶追问绵羊会不会吃花儿的小王子:"行了! 行了! 我什么也不认为! 我只是随口说说。我正忙着干正事呢!"不过,"我"毕竟还是能够很快意识到自己错了,回返到把大人所理解的"正事"丢在脑后的孩童状态。②《老子》云:"反者道之动。""常德不离,复归于婴儿。"

二、人兽之辨

人在世界之中,通过知与行和世界打交道。在知的层面,我们认识世界,同时认识自己。在行的层面,我们既改造世界,又发展自己。知,行,何者在先? 这是一个千古聚讼的问题了。明末清初,王夫之在批评程朱陆王的基础上,提出"知行相资以为用"③。不过,如果一定要在知、行之间分个先后的话,我们得说:"行可兼知,而知不可兼行……君子之

① 李大钊:《〈国体与青年〉跋》,《李大钊全集》第二卷,北京:人民出版社,2006年,第265页。
② 圣埃克絮佩里:《小王子》,周克希译,上海:上海译文出版社,2009年,第31-35页。
③ 王夫之:《礼记章句》卷三十一,《船山全书》第四册,长沙:岳麓书社,2011年,第1256页。

学,未尝离行以为知也必矣。"①在现代汉语中,"行"也就是"做事"。通过做事,人与世界发生现实的关联。一方面,现实世界生成于做事的过程;另一方面,人因事而在,人的存在活动展开为人做事的过程,而做事的过程反过来也是人展开自身、发展的过程。因此,对这个世界及人之存在的真切理解,离不开具有本源意义的做事。②

有各种各样的事。有小事,有大事;有正事,有余事。小王子对大人所理解的正事颇不以为然。"小王子对正事的看法,跟大人对正事的看法很不相同。"③"行了!行了!我什么也不认为!我只是随口说说。我正忙着干正事呢!"④飞行员的这句话勾起了小王子对于"大人"的回忆:

> 我到过一个星球,上面住着一个红脸先生。他从没有闻过花香。他从没望过星星。他从没爱过一个人。除了算账,他什么事也没做过。他成天像你一样说个没完:"我有正事要干!我有正事要干!"变得骄气十足。可是这算不得一个人,他是个蘑菇。⑤

看来,对正事的看法不是一件小事,它关系到一个人是否算得上是一个人(真正成为一个人,在人之为人的意义上合乎人的本质),还是其实不过是个蘑菇。孟子说:"人之异于禽兽者,几希。"(《孟子·离娄下》)看来,人之异于蘑菇者,亦是几希。人禽之辨是中国传统哲学反复讨论的话题。而小王子在这里提出了人菇之辨。

小王子遇到的红脸先生是位商人,住在小王子所探访的第四颗行星上。"这个人实在太忙碌了,看见小王子来,连头也没抬一下。"⑥本来,我们通过做事和世界打交道,并且在做事的过程中不断提升自己的觉解程度。但是,当我们忙于做事、没有空"抬头"的时候,却是迷失在事之中。我们的时间、我们的心灵被事所占据。我们被封闭在事之中,不再能经由做事通达世界,也不再能经由做事通达自身。商人忙于干他的"正事",那就是数数算账。他忙于数字或账目本身,至于数的是什么的数、算的是什么账,他都可以不管不顾。

---

① 王夫之:《尚书引义·说命中二》,《船山全书》第二册,长沙:岳麓书社,2011年,第314页。
② 参见杨国荣:《人与世界:以事观之》,北京:读书·生活·新知三联书店,2022年。赵汀阳也提出"我行故我在"、以"行"为支点的说法,参见赵汀阳:《第一哲学的支点》,北京:读书·生活·新知三联书店,2017年。
③ 圣埃克絮佩里:《小王子》,周克希译,上海:上海译文出版社,2009年,第64页。
④ 同上书,第32页。
⑤ 同上书,第33页。
⑥ 同上书,第59页。

小王子追问:"五亿什么呀?"商人继续数数:"五亿一百万……我也不知道是什么……我的工作太多了!我做的都是正事,我没有工夫闲聊!二加五等于七……"小王子的追问并没有将他从数目之中惊醒过来。"五亿一百万什么?"在小王子的不断追问之下,商人对于"什么"的认识一点点清晰起来:五亿一百万个小东西——闪闪发亮的小东西——金色的小东西,无所事事的人望着它们会胡思乱想——星星。进而,小王子追问"为什么":"那你拿这些星星来做什么呢?"这是追问做事的意义。商人说,不做什么,就是占有它们。如何占有? 一遍一遍地计算它们的数目,把总数写在一张小纸片上,锁进抽屉。小王子问:如此而已? 这就是占有吗? 这就算正事吗?

什么算正事呢?

> 小王子对正事的看法,跟大人对正事的看法很不相同。
>
> "我有一朵花儿,"他又说道,"我每天都给她浇水。我有三座火山,我每星期都把它们疏通一遍。那座死火山我也疏通。因为谁也说不准它还会不会喷发。我占有它们,对火山有好处,对花儿也有好处。可是你占有星星,对它们没有好处。"
>
> 商人张口结舌,无言以对。小王子就走了。①

《庄子·则阳》讲了一个故事:齐魏相争,戴晋人见魏惠王,说蜗角之争,"客出而君惝然若有亡也"。魏王惝然若失,原先的意义世界发生了动摇。《庄子》第一篇为《逍遥游》,钟泰以"道"为"消",以"遥"为"摇":"盖消者,消其习心,摇者,动其真机,习心消而真机动,是之谓消摇。惟消摇而后能游,故曰'消摇游'也。"②"游"意味着自由之境。游以动其真机为前提,动其真机以消其习心为前提。然而,人们通常生活在习心之中,日用而不知。从习心中抽身而出,反思习心而有所知,进而有所怀疑和动摇,如此方有可能"消其习心"。易言之,"消其习心"以"摇其习心"为前提。在小王子和商人的对话中,小王子扮演了苏格拉底的角色,通过不断的诘问将商人从完全陷入做事而不自觉的状态中一点一点拯救出来。曾子讲:"吾日三省吾身——为人谋而不忠乎? 与朋友交而不信乎? 传不习乎?"(《论语·学而》)小王子也在刺激商人"三省吾身",不过不是并列的三种事,而是不断深入的三层事:我做什么事? 为什么做事? 对做事意义的理解真的经得起推敲吗? 经此"三思",商人"张口结舌"。也许,他已经"摇其习心"。但他能否进一步消其习心、动其

---

① 圣埃克絮佩里:《小王子》,周克希译,上海:上海译文出版社,2009 年,第 59-64 页。
② 钟泰:《庄子发微》,上海:上海古籍出版社,2002 年,第 3 页。

动机而达到游的境地呢？极有可能,在小王子走了之后,商人很快就从被打搅的状态回复到忙于正事的常状,不再有闲工夫进一步胡思乱想。一个人的习心总是很牢固的,所谓"意底牢结"(ideology)是也。

但是,究竟什么算正事呢？这依然是一个问题。

王阳明十余岁时发问:何为人生第一等事？如果对正事的理解关系人与蘑菇之辨,那么,"何为正事"这一发问亦指向人生第一等事。何为第一等事？私塾老师——一位大人——告诉王阳明:登科及第为官。这是古时读书人通常的生涯规划和人生道路。现代人也有通常的生涯规划和人生道路。《小王子》中的"我"将隐晦的作品1号改为显豁的作品2号,但是,大人们便以通常的生涯规划和人生道路教育之:

> 那些大人劝我别再画蟒蛇,甭管它是剖开的,还是没剖开的,全都丢开。他们说,我还是把心思放在地理、历史、算术和语法上好。就这样,我才六岁,就放弃了辉煌的画家生涯。①

面对私塾老师的教诲,小小阳明不以为然,认为只有学做圣贤才是人生第一等事、才是人生真正的正事。圣贤者何？理想人格是也。人生的正事,乃是理想人格如何培养的问题。当然,"如何"(how)的问题同时关联着"何"(what)与"为何"(why)的问题。我们需要弄明白:在小王子的时代,在我们的时代,培养何种理想人格？何以如此？如何培养？

三、驯养人与物

小王子跟狐狸相处,听到"驯养"(apprivoiser)这个词,并且真真切切地跟狐狸建立了驯养的伦理关系,至此,小王子可以说发现了良好生活之道的真谛。"apprivoiser"这个词是《小王子》中的一个关键词。这个词的本义是驯服或驯养动物,但圣埃克絮佩里赋予它独特的含义。这让译者犯了难。周克希先生在《小王子》"初版译序"中写道:

> 第二十一章里狐狸提出了一个很重要的(后来反复出现的)概念,法文中用的是apprivoiser,这个词当然可以译成"驯养"或"驯服"。这样译,有词典为依据。然而问题在于,作者到底是在怎样的语境中使用这个词的呢？要弄明白这个问题,势必就得

---

① 圣埃克絮佩里:《小王子》,周克希译,上海:上海译文出版社,2009年,第4-5页。

细细品味上下文,把这个词放在上下文中间去体会它的含义。而这时候,译者很容易"当局者迷"。我一开始就迷过——先是译作"驯养",然后换成"养服"。放在上下文中间,自己也觉得是有些突兀,但转念一想,既然是个哲学概念(狐狸在这一章中以智者的形象出现),有些突兀恐怕也可以容忍吧。后来有位朋友看了初稿,对这个词提出意见,还跟我仔细地讨论这段文字的内涵,我受他的启发,才决定改用"跟……处熟"的译法。这个译法未必理想,但我们最终还是没能找到更满意的译法。暂且,就是它吧。①

在"再版译序"中,周克希先生解释了为什么还是改为"驯养":

> 书中有个词,原文是 apprivoiser,相当于英文的 tame。我一开始译成"跟……处熟",重新印刷时改成"跟……要好"。但这次再版,我又改成了"驯养"。这样改,我有一个很认真的理由:这个词"确实不是孩子的常用词"——我的一个法国朋友这样告诉我,法语是他的母语。我还有另外一个理由:"跟……要好"(它比"跟……处熟"自然)虽然明白易懂,但缺乏哲理性,没有力度。而 apprivoiser 在原书中是表现出哲理性和力度的。我的第三个理由是:译作"跟……要好",当时就并不满意。后来跟许多朋友讨论过。其中有个大人,叫王安忆,她劝我"两害相权取其轻"。还有个小男孩叫徐振,年纪大概跟小王子差不多,他告诉我"驯养"的意思他懂。我听了他们的话,又想了半天,最后用了"驯养"。倘若所有这些理由加在一起还不够,那我愿意把这个词的译法当作一个 open question(有待解决的问题),请大家有以教我。②

周克希先生的译笔简淡传神,韵味悠长。他花了很多心思琢磨、讨论"apprivoiser"的译法,在"驯养""跟……处熟""跟……要好"之间踌躇徘徊。由此可见这个词的难译。可以顺便一提的是,也有不少译者用"驯服"一词翻译"apprivoiser"。

《小王子》第 21 章是这样开头的:"就在这时狐狸出现了。"——同样,就在这时"apprivoiser"出现了。这时,迎来了小王子的开悟时刻,全书情节达到高潮,全书义理也达到高潮。小王子要找狐狸玩。狐狸说:"我不能和你一起玩。还没有驯养过我呢。""'驯养'是什么意思?"小王子接连追问三次。狐狸给"驯养"下了一个定义:驯养是建立感情

---

① 圣埃克絮佩里:《小王子》,周克希译,上海:上海译文出版社,2009 年,第 3-4 页。
② 同上书,第 6-7 页。

联系。你想跟我交朋友，你就要驯养我。你要是驯养了我，我们之间的关系就从漠不相关转化为彼此需要。无论是你对于我，还是我对于你，都是世界上独一无二、不可替代的了。你要是驯养了我，我的世界就会因你而改变。"要是你驯养了我，我的生活就会变得充满阳光。"我对麦田就不再无动于衷了，因为金黄色的麦子会让我想起你。因为驯养，这个世界是我的世界，是我的独一无二的世界。不过，如果你要想驯养我，就得耐心，舍得花时间。这不是在商店里可以买到的现成的东西。你的花儿驯养了你，你驯养了你的花儿。你只有用心才能看到本质："正是你为你的玫瑰花费的时光，才使你的玫瑰变得如此重要。""对你驯养过的东西，你永远负有责任。"小王子驯养了他的花，于是他"有一朵花儿"。① 但这种"有"不是商人所理解的自私的占有，而是愿意为对方付出的"有"：他愿意给她浇水、盖罩子、遮风障、除虫子，在离开她之后总是惦记着她。

小王子驯养了狐狸，然而，正因为狐狸所讲的驯养的道理，小王子必须离开狐狸。经由出离而回返，这正是成长的吊诡之处。然则，孩童为什么需要长大呢？孩童拥有弥足珍贵的童心，然而，童心是活的，是充满生机的，是具有无限生长可能的，它并非生而俱足、生而圆满，而是需要在社会化的过程中得以澄明。在与他人处熟、建立亲密关系、驯养他人的过程中获得必要的社会性（sociability），这正是孩童成长的重要机制之一。社会性一体而两面。就消极面来说，我们有可能在社会关系中迷失童心。针对这一点，我们需要庄子"吾丧我"的智慧，因为人不止是社会关系的总和。但另一方面，社会性乃是人之为人的积极建构要素。小王子的成长离不开星际壮游，离不开和不同的人打交道，离不开与狐狸、与"我"建立亲密关系。曾子曰："吾日三省吾身——为人谋而不忠乎？与朋友交而不信乎？传不习乎？"李泽厚由此引申说："人处于'与他人共在'的'主体间性'之中。"② 人是需要社会关系的"羁绊"的。在小说《风沙星辰》中，奴隶"树皮"重获自由。圣埃克絮佩里写道："他是自由了，但自由得毫无羁绊，结果反而不再能感受到自由在世上的重量。他想念那种羁绊着行进步履的人情重量，那些眼泪、道别、责备、喜悦，每当一个人做出某个动作时会抚摸或撕毁的一切，那将他与他人牵系在一起，并使他寸步难行的千万种联结。"③ 要想跟人建立羁绊，就需要花时间，跟他处熟。《风沙星辰》讴歌友谊："真的，永远不可能有任何事物足以替代我们失去某个伙伴。没有任何事物的价值足以匹配由那么多共同回忆，那么多一块度过的艰苦时刻，那么多争吵、和解、情感起伏所构成的宝藏。我们

---

① 圣埃克絮佩里：《小王子》，周克希译，上海：上海译文出版社，2009 年，第 91 - 100 页。
② 李泽厚：《论语今读》，北京：中华书局，2015 年，第 8 页。
③ 圣埃克絮佩里：《风沙星辰》，徐丽松译，上海：文汇出版社，2018 年，第 132 页。

不可能从头打造那样的友谊。当我们种下一棵橡树,我们不可能期待马上就坐在绿荫下纳凉。"①

四、驯养天地

经由驯养,我们和人建立情感联系,同时也和天地间的物建立情感联系。当金色的麦田因小王子而感动狐狸的时候,狐狸便驯养了金色的麦田。风吹麦浪的声音让它欢喜,周遭的世界是如此美妙。欣赏麦浪、细味风声,即是与麦浪、与风声建立驯养关系。我们能够感通它们的痛痒,而非麻木不仁、漠然不相干。儒家所讲的"仁",正是与"麻木不仁"相对,能够感通他人的痛痒,从关系密切的"亲"到同为人类一分子的"民",再到地球上的"物",臻乎其极,则是与天地万物一体的仁者圣人之境。

《小王子》第25章以诗意的语言描述了在沙漠中跟水的亲密关系:"我把水桶举到他的嘴边。他喝着水,眼睛没张开。水像节日一般美好。它已经不只是一种维持生命的物质。它来自星光下的跋涉,来自辘轳的歌唱,来自臂膀的用力。它像礼物一样愉悦着心灵。"②小说《风沙星辰》更是毫不吝啬地献上水之颂,在撒哈拉沙漠脱困之后:

> 水!
>
> 水啊,你没有味道,没有颜色,没有香气,我们无法为你下定义,我们不认识你,只是品尝着你。你不是生命的必需品,你就是生命。你以一种完全无法用感官解释的方式使我们整个人浸淫在快乐中。我们原本放弃了的所有力量都跟着你重新灌注在我们体内。借由你的恩典,我们心里那所有枯竭的泉源又都流水淙淙。
>
> 你是世界上最伟大的财富,你也最细致柔美,你在大地体内是何等纯净。我们如果待在含有镁质的泉水边,只有死路一条。我们在咸水湖畔也不可能找到生机。就算我们有两升露水,我们也会因为悬浮在那里的矿盐而死去。你不愿意接受任何污染,你无法忍受任何变异,你是个容易受惊的神祇。
>
> 但是,你却能在我们体内散播无比简单、却又无边无际的幸福。③

同样是在撒哈拉沙漠,在那广漠寂寥的夜晚,圣埃克絮佩里感悟人在宇宙间的渺小和

---

① 圣埃克絮佩里:《风沙星辰》,徐丽松译,上海:文汇出版社,2018年,第35页。
② 圣埃克絮佩里:《小王子》,周克希译,上海:上海译文出版社,2009年,第111页。
③ 圣埃克絮佩里:《风沙星辰》,徐丽松译,上海:文汇出版社,2018年,第204页。

伟大："最神奇的是,在这颗星球的浑圆背脊上,在这块具有磁力的大地布匹及苍穹中的星辰之间,人类的意识居然在一片星雨中矗立不摇,仿佛清澈地反射在一面明镜中。"①遥想当年,陈子昂独上高台,看大地苍茫、宇宙洪荒,不由慷慨悲歌:"前不见古人,后不见来者。念天地之悠悠,独怆然而涕下!"在撒哈拉沙漠,圣埃克絮佩里同样获得了从星球的尺度看人看世界的切己体验,从而使他的笔墨浸染着深邃动人的宇宙意识。这样的宇宙意识,在庄子的逍遥游之中,在苏东坡"挟飞仙以遨游,抱明月而长终"的神思之中,也在冯友兰关于天地境界的理性描述之中。②

作为法国最早的一代飞行员之一、早期邮政航线的开拓者之一,圣埃克絮佩里的每一次航行几乎都是生死攸关的冒险。祸福相倚,每一次航行九死一生,圣埃克絮佩里在精神上却由此时时得以进入临界状态。航行归来,生命的喜悦在不起眼的寻常之物上洒下神圣的光芒:"经历一段艰苦航程后看待世界的全新目光,那些树木、花朵,那些女人和微笑,都被我们在破晓时刻的新生染上鲜丽的色泽,那些小小事物的优美合奏带给我们无尽的回报,而那是金钱买不到的。"③"生命的喜悦就凝聚在那清晨的第一口温热与香醇中,在那融合了牛奶、咖啡和麦香的气息里;在那个唇齿间盈满芬芳的转瞬,我们与宁静的牧场、异国的农园、遥远的季风达成了交感,就在那一刻,我们与整个地球声息互通。在无数星辰中,唯有我们身处的这颗行星会为了与我们亲近,特地调配出这份香气四溢的破晓飨宴。"④就在那一刻,通过清晨的第一口温热与香醇,我感通世界,与天地万物建立驯养关系,欣合和畅。《孟子·尽心上》:"万物皆备于我。反身而诚,乐莫大焉。"

作为一部写于二战时期的儿童文学作品,《小王子》蕴含着洞见人类根本处境的智慧。第5章写道,小王子居住的B612行星很小很小,上面有一种不起眼的猴面包树,如不及时清理,就会撑裂整个星球。居今之世,人类已成长为巨人,地球也已变成"小寰球"。以争斗、冲突、战争谋求一地一国之利的做法正是"不起眼的猴面包树",如不及时清理,就要有大麻烦。人类已经掌握了足以毁灭自身、毁灭地球的科技力量,大规模冲突的结果不再是分出胜负抑或两败俱失,而是人类文明的整体毁灭。《小王子》这一章的插图是三棵大过B612小行星的猴面包树。作者说:"这幅画我画得格外卖力,就是为了提醒朋友

---

① 圣埃克絮佩里:《风沙星辰》,徐丽松译,上海:文汇出版社,2018年,第72页。
② 郑开教授也强调了庄子的宇宙意识或宇宙想象力,参见郑开:《庄子哲学讲记》,南宁:广西人民出版社,2016年,第3页。
③ 圣埃克絮佩里:《风沙星辰》,徐丽松译,上海:文汇出版社,2018年,第36页。
④ 同上书,第22页。

们有这么一种危险存在,他们也像我一样,对在身边潜伏了很久的危险一直毫无察觉。"①今时今日,这幅画应摆在每个人类成员的案头,铭于每个人类成员的心头,真实感受这种貌似不起眼、却可以将人类引入万劫不复境地的危险,如此方能开出人类文明新面向。人类历史的发展已进入世界历史阶段。这意味着,各国通过经济、政治、文化等纽带联系在一起,形成你中有我、我中有你的整体发展态势。每个国家都不再是一座孤岛,一国的发展离不开世界的发展;唇亡则齿寒,异国他乡的悲剧经过或近或远的传递常会伤及本国本土。

圣埃克絮佩里说,"世间存在着一种人类关系的高度,可以让感恩或怜悯这些情感不再有意义,在那里,我们终于能像获释的囚犯般自由呼吸"②。在那里,我们将感受到某种"多少要为人类的命运负责"的"普世的责任感"③。"身为人类,确切地说就是负有某种责任。就是在看到完全不能取决于他的悲惨处境时,感觉到一种惭愧。就是在伙伴们赢得胜利时,感觉到一股骄傲。就是在植入一块石头时,感觉自己是在为打造这个世界奉献一己之力。"④在这里,我们似乎听到了中国古代民胞物与、悲天悯人的精神在现代西方的奇妙回响。圣埃克絮佩里,不亦圣乎?圣者非他,怀着宇宙悲情看人看世界、感通人类共同体、驯养天地万物。

五、从汉语言伦理学出发的反思

以上,我们从"小大之辩""人菇之辨""驯养他人""驯养天地"等角度阐明了《小王子》的伦理学意蕴。换个角度看,我们实际上也是通过《小王子》探讨以驯养为关键点的伦理学问题。《小王子》无疑是一个非典型的伦理学文本。就伦理学的做法而言,首先值得注意的是,汉语言伦理学尝试跳出现有伦理学研究范式所框定的文本范围,拓展伦理思考的题材。⑤

---

① 圣埃克絮佩里:《风沙星辰》,徐丽松译,上海:文汇出版社,2018 年,第 22 页。
② 同上书,第 36 页。
③ 同上书,第 49、221 页。
④ 同上书,第 223 页。
⑤ 肯庸学院萧阳教授曾为华东师范大学哲学系研究生开设"大伦理学"暑期线上研讨班(2020 年),其伦理运思利用了不少小说素材。为了突破现有的学科范式,笔者也曾尝试将《诗经》纳入中国哲学研究的视野(参见刘梁剑:《〈诗经〉的哲学意蕴——以〈关雎〉〈鹤鸣〉为例》,《人文杂志》,2010 年第 3 期)。实际上,前辈学人萧萐父先生已讨论哲学史研究的泛化问题,主张哲学与文化的"两端互补和循环往复"(萧萐父:《哲学史研究中的纯化和泛化》,《吹沙集》,成都:巴蜀书社,2007 年,第 417 页)。如朱承所言,萧先生的主张"实际上是拓宽了哲学史研究的思想资料来源和问题意识来源,对于我们从事哲学史研究的后学有着极大的启发"(朱承:《诗酒中的美好生活与思想世界——哲学史"泛化"书写的一个尝试》,《现代哲学》,2019 年第 6 期)。

《小王子》告诉我们，经由驯养，我们和人建立情感联系，和天地间的物建立情感联系，臻乎其极，则是和宇宙天地建立情感联系。费孝通曾指出，人对于自然的态度"具有某种'伦理'的含义，决定着我们'人'如何处理自己和周围的关系……问题的核心是，我们把人和人之外的世界视为一种对立的、分庭抗礼的、'零和'的关系，还是一种协调的、互相拥有的、连续的、顺应的关系"①。圣埃克絮佩里传达了一种驯养天地的体验。经由驯养，天地呈现出深邃而异乎寻常的伦理意蕴。也许，正因为这种驯养天地的体验，在《小王子》那里，一切都是极纯净、极简单的，却仿佛有声音来自宇宙的深处，摄人心魄。

上文的讨论也有助于我们反思何为伦理学。小王子在漫游中不断成长，不断领悟良好生活之道。就此而言，这也是小王子修习伦理学的过程。当然，小王子没有现代伦理学家的理论负担。对于他来说，伦理之为学，首先不是理论，而是提升生存境界的成人之学。近现代以来，随着学科的分化，伦理学在相当大的程度上从原来寻求良好生活之道的智慧之学蜕变成了在学科框架内自得其乐的一种专业知识。其流弊则是如中国现代哲学家金岳霖所说的那样，"被一些思维的手段推上系统思辨的眩目云霄，或者推入精心雕琢的迷宫深处"②。伦理学的这种蜕变，也许是一种进步，但至少在下面这个意义上，未尝不是一种令人遗憾的退化，那就是伦理学研究活动与伦理学家的生活本身之间可以彼此疏远、相互分离。因此，我们不难看到，一些伦理学家在学术论著中研究伦理，而在实际生活中可以完全不讲道德。伦理学原本跟生活、跟人之在有着密切联系，但现代伦理学家可以完全只谈伦理学"内部"的理论而不用谈生活世界，不用关心人之在了。

汉语言伦理学关注我们用于做伦理学的语言。圣埃克絮佩里处理"apprivoiser"这个词的做法本身启发我们，做伦理学需要驯服日常语言。

在法语中，"apprivoiser"是一个日常用语。《玫瑰的回忆》提供了一个"驯养蝴蝶"的用例："是在巴黎，而不是在萨尔瓦多，大地动了，我经历了世界上最大的地震。现在我要去收获热带的水果，驯养蝴蝶，和流水一起歌唱。永远，直到生命的最后……"③这段文字是圣埃克絮佩里的夫人龚苏萝写于离开伤心之地巴黎返回故乡萨尔瓦多的途中。小王子离开玫瑰的时候，玫瑰说了一句话："我既然想认识蝴蝶……"（第9章）如果我只是认识（connaitre, know）蝴蝶，那么，我跟蝴蝶的亲密程度自然远远赶不上我驯服蝴蝶，或者说我

① 费孝通：《试谈扩展社会学的传统界限》，费孝通：《文化的生与死》，刘豪兴编，上海：上海人民出版社，2009年，第239页。
② 金岳霖：《中国哲学》，《金岳霖全集》，北京：人民出版社，2013年，第375页。
③ 龚苏萝·德·圣埃克絮佩里：《玫瑰的回忆》，黄荭译，上海：上海译文出版社，2002年，第154页。需要说明的是，译本中的用词是"驯服"而非"驯养"。

跟蝴蝶处熟或要好。可以顺便一提的是,周保松教授解读《小王子》依据的是缪咏华女士的译本,其中这句译为:"我想跟蝴蝶交往……"①周保松教授设想了小王子离开后玫瑰自主独立的可能性:"玫瑰开始意识到,小王子其实不是她生命中的唯一,她可以有其他追求,例如和蝴蝶做朋友,因为据说蝴蝶很美,而玫瑰喜欢美的东西。"②

圣埃克絮佩里使用"apprivoiser"一词,则自觉赋予它一种不同于日常用法的非常用法,或者用中国现代哲学家金岳霖的话来说,一种"离俗"的用法③。斯泰西·希夫在传记中写道:"'驯服'对圣埃克苏佩里来说,一直近乎一个宗教表达。他第一次按照广义来使用它大概是在 1927 年 1 月 1 日,当时他独自在阿利坎特的一家咖啡馆里迎接新年。凌晨2 点,他坐下来给勒妮·德·索西纳写信。……'你驯服了我,'他对她说,'坦白地说,被驯服是甜蜜的。只是你也会让我的日子蒙上忧伤。'"④勒妮·德·索西纳是他一位密友的妹妹,他曾写信追求她而没有成功。《小王子》中的"apprivoiser"也是离俗的用法。在"approvioiser"的名下,几乎拢聚全书所有的主题,友谊、爱情、独一无二、本质、责任、聚散、成长、自我、世界,如此等等。

经过圣埃克絮佩里的努力,"apprivoiser"可以说被打磨成了一个富有哲学意蕴的语汇。由日常语言锤炼加工而成的哲学语汇可能并不会因其日常性而缺乏哲理性或思想力度。相反,这样的哲学语汇因为出于生活世界而易于返回生活世界,并且因为出于日常感受而易于返回日常感受。我们用这样的语汇做哲学,可以呈现某些有所体会然未可明述的默会之知,而所做出来的哲学也可以反过来作用于我们自身,安吾身,立吾命。⑤

经过圣埃克絮佩里的锤炼,"apprivoiser"已是一个意蕴丰厚的伦理学语汇。换个角度讲,它传达了一个伦理学厚概念。驯养语言,即驯养概念。驯养一个伦理学厚概念,除了伦理学学理贡献之外,同时也就为实现生活之道贡献一种概念上的善品(conceptual

---

① 参见周保松:《小王子的领悟》,上海:上海三联书店,2018 年,第 117 页。
② 同上书,第 118 页。
③ 参见刘梁剑:《有"思"有"想"的哲学语言:金岳霖的语言哲学及其当代意义》,《哲学动态》,2018 年第 4 期。
④ 斯泰西·希夫:《小王子的星辰与玫瑰:圣埃克苏佩里传》,李宁译,南京:译林出版社,2021 年,第 14 - 15 页。
⑤ 参见刘梁剑:《感受与中国哲学如何做事——对"事"哲学的方法论考察》,《哲学动态》,2020 年第 3 期。

good)①。就"驯养"这一厚概念而言,它指导我们如何以驯养的方式与人、与物、与天地打交道。伦理学厚概念得自现实而还治于现实。这也合乎伦理学的源初性格:既出离于生活,获得反思生活之道的必要间距,同时又无时不在生活之中,避免"往而不返"、走向过度反思。

Taming Cosmos, Taming Language:
The Little Prince and Chinese Ethics

LIU Liangjian

【Abstract】 This paper endeavors to do Chinese ethics through The Little Prince. Firstly, it elucidates its ethical implications from various perspectives, including "the debate of small and great", "the debate about mushrooms", "taming people and objects," and "taming cosmos". In this way we are also exploring how The Little Prince addresses the ethical issue of taming as the way to realize the interaction among human beings and things, reflecting on the ethical significance of the cosmos, and the role of ethics as a "learning" that elevates the realm of existence. Such an investigation itself illustrates how to find out more ethical texts ignored by the dominant paradigm today. Moreover, on the methodological level of doing ethics, this paper examines how The Little Prince "tames language", that is, how it transforms the everyday term "tame" (apprivoiser) into a thick ethical terminology with profound ethical meaning. Taming a thick ethical concept simultaneously means to contribute a conceptual good for realizing the way of living.

【Keywords】 *The Little Prince*, Tame (Apprivoiser), Chinese Ethics, Doing Chinese Ethics, Conceptual Good

---

① 贡献概念上的善品,其相反面则是失去概念上的善品。萧阳教授在"大伦理学"暑期线上研讨班(2020 年)上研读了戴蒙德(Cora Diamond)启人深思的论文《失落你的概念》("Losing Your Concepts", *Ethics*, Vol. 98, No. 2, 1988, pp.255－277)。在萧阳教授看来,戴蒙德认为一个概念词是一个"好东西",失去一个概念或概念词(或者概念词的意思变了),就失去了一个"概念上的好东西"(a conceptual good);戴蒙德以英文词"lust"为例,讨论其现代义("性欲")如何有别于它在莎士比十四行诗中的意义,由此我们就失去了一个概念上的好东西。萧阳教授还建议,汉语言哲学应该论证以下命题:汉语言中的概念词决定使用汉语的人如何思想与生活。我大致同意萧阳教授的洞见,除了以下一点保留意见:"决定"一词程度太强,或许不如改用"影响",既不显得那么绝对,同时也避免"单向度"之嫌,为思想与生活反作用概念词留下余地。

时间与历史

——评刘凤娟《康德历史哲学新论》

刘　作　谭　暄①

康德的理论哲学和实践哲学历来备受学界关注,但与之形成鲜明对比的是,康德的历史哲学长期以来未能受到同等的重视,甚至许多学者认为康德哲学缺乏历史维度。持这种观点的学者似乎认为,康德哲学的一些理念及其原则是不需要在现实中得到实现的,甚至康德也不考虑它们的现实性问题。这无疑不符合康德高度重视人们的日常生活,尤其日常的道德生活的基本立场。理念及其原则要具有现实性,就需要将它们与现实的世界联系起来。我们所在的现实的世界具有延续性,它由过去、现在和未来构成。在实践领域,理念及其原则表达了应当发生什么,而我们现实世界无论是从过去,还是现在,或者可能的将来,都服从自然法则。按照康德的理解,理念及其原则的现实性不是停留在知性世界中,而是要发生在感官世界中。"因此一个道德世界的理念具有客观的实在性,它并不是好像在指向一个理知的直观的对象(这样一类对象我们完全不能思维),而是指向感官世界的。"②与此同时,作为现实世界的感官世界却总是服从于自然法则,处于时间秩序之中,且结合过去和现在来看,我们似乎也很难指出理念及其原则成功付诸实践的事例。但康德指出,如果原则得不到实现,它们就不具有客观实在性,对我们而言就是空洞的。

关于现实世界的感官世界与理念及其原则的关系问题,无疑是康德哲学非常重要的问题。对此有多个理解的角度:从形而上学的角度来说,它涉及自然与自由的关系问题;从伦理学的角度来说,它涉及义务的现实性问题;从宗教的角度来说,它涉及上帝的存在问题等。不少学者从这些角度出发进行了专门的研究和讨论,但从康德的历史哲学角度

① 作者简介:刘作,中山大学哲学系副教授,博士生导师,主要研究方向为西方哲学。
　　谭暄,中山大学哲学系博士生,主要研究方向为伦理学。
② 伊曼努尔·康德:《康德:三大批判合集(上)》,邓晓芒译,杨祖陶校,北京:人民出版社,2009 年,第535 页。

进行解读的刊文数量和热度相比之下有所欠缺。按照李明辉教授的看法,造成这个现状的原因大抵有:历史哲学在康德哲学的几个主要领域的交界处,涉及形而上学、知识论、道德论、宗教哲学等,要研究康德的历史哲学,就需要研究者对这些领域都有细致的研究;除此之外,学界普遍认为,即康德历史哲学停留在启蒙运动的乐观主义的基础之上,与同时代的赫尔德和黑格尔相比,他的历史哲学缺乏创见。① 然而,如果在康德的哲学体系中去除历史哲学,那么康德的道德哲学所确立的自由理念及其原则,就很难以具有现实性。我们将很难理解自由如何能够在现实的世界中得到实现。换言之,即使过去和现在,自由的理念并没有得到实现,但是从历史的角度来看,自由还是可以得到实现的。

刘凤娟教授所著的《康德历史哲学新论》②(以下简称"刘著")打破了学界长期的沉寂,是一部系统而深入探讨康德历史哲学的研究性著作。刘凤娟教授从事学术工作以来,一直耕耘在康德哲学的这块土地上,发表了诸多论著,这部著作正是她近些年以来对康德历史哲学的系统思考。如前所说,研究康德历史哲学离不开对康德哲学整体的全面把握,而刘著正是能够全面呈现康德哲学的突出代表。这部制作的标题有"新",这说明,作者试图以一种新的视角来研究康德历史哲学。作为一篇书评,笔者试图首先说明刘著"新"在何处,且试图对"新"做出一些评论和反思性的工作。

一、"新"在何处?

刘著理解康德历史哲学是基于康德的先验观念论:"一方面人类理性区分了现象和物自身、自然和自由,这种二元论为其普遍历史理念提供了张力;另一方面理性被设想为能够使自然和自由得到统一的能力。"③从这里看出,刘著是从康德的先验观念论的基本学说,即本体与现象的区分立论。虽然,作者在著作中指出,她试图建构的是"康德式的"历史哲学,而不是"康德的"历史哲学,但是,与现在一些康德式的研究者不考虑本体与现象的区分相比,作者的立场更多的是倾向于"康德的"历史哲学。不过,作者的意图在于将康德在一些文本中的历史哲学系统地表述出来,甚至揭示出康德在建构他的历史哲学思想时的一些基本的预设和论证。

作者对康德历史哲学的基本建构是以理性与时间的关系展开的,这集中体现在如下论述之中:"理性不仅是历史理念在理论上的先验旁观的主体,更被看作是自身进入时间

---

① 伊曼努尔·康德:《康德历史哲学论文集》,李明辉译注,桂林:广西师范大学出版社,2020 年,第 vi - vii 页。
② 刘凤娟:《康德历史哲学新论》,上海:复旦大学出版社,2023 年。
③ 同上书,序言第 3 页。

和历史,并在历史中自我实现的实践主体。"①理性如何与时间相关,从而如何让自己的理念进入到历史中,在现实中实现出来,这是作者构建康德历史哲学的基本问题意识。在笔者看来,这很准确地把握了康德历史哲学的基本问题。如前所说,康德所设想的道德世界的客观性并不是指向知性世界,而是指向感官世界。这就说明道德世界与历史的关系真切构成了历史哲学的问题域。

从横向上来说,历史是由过去、现在和未来组成的。如何理解它们的关系,是历史哲学需要面对的问题。刘著在第二章"康德历史哲学的时间观理论前提"中就此问题展开了详细讨论,且这一部分构成了论著的核心部分。作者从时间的角度理解康德历史哲学的立足点是:"伴随于对象的时间因而就具有了知性规定下的客观性秩序,以及理性通盘把握之下的系统整体性。历史正是从这种时间学说中获得形式上的本质规定的。要理解康德的历史观,必须从其时间观入手。"②作者考察了西方哲学中的几种时间观,尤其着重考察了休谟经验主义的历史观,将它与康德的理性主义的历史观进行了对比。在作者看来,二者之所以有区别,是因为休谟立足于经验性的立场来理解时间,因此将时间看作是不连贯、时断时续的,由无秩序、瞬时的点组成。而康德不同,他从理性主义的角度出发,强调时间不仅是感性的直观形式,而且也与知性的范畴有关。作者认为:在康德那里,"由于行动背后时间的连续性,人类一切经验性行动可以按照某种合目的性原则联结成一个系统整体,而不仅仅是堆聚为没有任何计划的经验性集合。这种宏观性和整体性的历史视野是休谟的时间观所无法承载的"。③

刘著重要的思想创见之一在于将时间观与历史哲学相结合。作者在此基础上进一步区分了时间的微观和宏观角度。从微观的角度来说,每个人的具体行动都体现在一个时间段上,但是这个时间段处于前后相续的因果关系之中。而行动的因果关系是由知性所规定的,但知性能力只能将一个时间段中的杂多表象规定为一个统一性的直观,还不足以将时间建构为整体。从宏观的角度来说时间可以被理性把握为一个整体,同时,理性能力能够在历史中得到完善。一方面,理性追求无条件者,并将时间看作是一种作为整体的无条件者;另一方面,理性将自己的理念通过行动参与到时间之中,且由理性所引发的行动会在历史的推进下得以完善。

作者的进一步思路是从先验逻辑的角度进入到康德历史哲学中的辩证法的思维中。

---

① 刘凤娟:《康德历史哲学新论》,上海:复旦大学出版社,2023 年,序言第 3 页。
② 同上书,第 41 页。
③ 同上书,第 57 页。

无疑,作者对康德历史哲学中的辩证法分析也独具匠心。尽管学界对康德的辩证法思想阐发由来已久,然而,刘著将辩证法与先验逻辑相结合,实属其独具特色的创举。这一创举集中剖析了康德"非社会的社会性"(ungesellige Geselligkeit)的辩证法思想。人具有社会性也具有非社会性,这是康德对人的本性的基本看法。对于人的这一本性,从思想史来说,格劳秀斯(Hugo Grotius)从国际关系的角度明确提出了国家之间具有社会性和非社会性这两种属性,所以需要国际法来限制国家的这种非社会性,以避免更大的冲突。艾伦·伍德(Allen W. Wood)在分析康德的伦理思想时,将人的非社会的社会性与根本恶看作理解康德伦理学的基本因素,并对之进行了非常细致的分析,得出二者是等同的结论。[1] 笔者在思考康德后期伦理学时,把人的非社会的社会性与根本恶视为经验人类学,且不同意伍德把二者看作等同的观点,指出后者是更根本的。[2] 在笔者看来,刘著的新意体现在,它把先验逻辑学与人的非社会性的社会性导致的历史辩证运动结合起来,并指出:"历史的辩证法在一定程度上解决了(至少有助于解决)先验的辩证法。"[3]

第四章"普遍历史所趋向的实践性目的"与第五章"康德历史哲学所关涉的几个问题",触及了许多学界先前共同讨论的重要问题,尤其是作者能够在伦理共同体问题上观点鲜明地提出个人的研究新见。刘著较为准确地区分了伦理共同体和政治共同体:"伦理共同体则主要着眼于人类内在道德的发展完善。尽管人们也可以将其看作是大自然的终极意图,而且人类整体的道德完善和德福一致需要上帝的公共立法,但内在道德的完善是必须由每个个体自觉自愿地去完成的;这一点不同于在政治共同体的实现问题上大多数人对历史之目的的无意识性。"[4]这段话集中体现了刘著对康德历史哲学的实践性目的的理解。从广义上来说,历史哲学的目的是要实现政治共同体和伦理共同体,前者与外在自由有关,后者与内在自由有关。前者是在一个可见的政治共同体以内对人的外在行动的规范性限制,以维护人的自由和各种权利;后者是在一个作为理想的上帝的统治下,人通过准则的自我立法的共同体之中。前者是可以强制的,后者是不可以强制的。刘著立足于文本和当代的研究文献,提出榜样对实现伦理共同体具有积极作用。这是作者新颖独到的学术见解。

---

① 参见[美]艾伦·伍德:《康德的伦理思想》,黄涛译,北京:商务印书馆,2023 年,第 389－393 页。

② 参见刘作:《自由体系的展开——康德后期伦理学研究》,南京:江苏人民出版社,2023 年,第 87－91 页。

③ 刘凤娟:《康德历史哲学新论》,上海:复旦大学出版社,2023 年,第 102 页。

④ 同上书,第 152 页。

二、有待推进的问题

刘著将康德的历史辩证法思想与先验逻辑联系起来,无疑具有新意。但它们之间的关系是什么?进一步而言,如何表述两者与作者所注重阐发的康德的时间观之间的关系?这些都是刘著亟待解决的问题。按照刘著目前的论述,它是以"先验辩证论"为基础来论述两者的关系的。作者对康德的辩证的理解是:"因此,在康德这里,'辩证'要么意味着概念与对象相符合的假象或幻相,要么意味着对这种错误运用进行批判的学说。"①刘著探讨的历史哲学中的辩证思想与先验逻辑的关系就体现在:"理性内部概念或命题的矛盾来自理性的越界使用,而理性的越界活动体现的是其自身的活生生的生命力。所以,在康德这里,思辨的辩证最终奠基于事情本身(理性自身)的辩证运动。"②它是从先验逻辑揭示出来的辩证幻象来理解历史哲学中的辩证思想的。依照刘著,康德在先验逻辑中揭示出了理性所必然出现的辩证法,在这种意义上的辩证法仅仅具有消极和否定意义,换言之,康德自身缺乏对辩证法的积极理解,而刘著正是在此基础上强调真正、积极的辩证法应该存在于人类的历史发展之中,即通过人的非社会的社会性,揭示出善恶的交替,恶是善的动力,也是进入善的手段,人类历史具有辩证发展的过程。很显然,作者已经清晰揭示出两者的重要关系,但似乎这种关系仅仅是外在联系,而两者的深层关系并没有得到充分的呈现。

而刘著指出,先验逻辑的思辨的辩证最终基于事情本身。作者没有对这个观点给出详细的论证,给人以"意犹未尽之感"。然而,如果刘著要给出论证,可能需要考虑到一个重要的方面,即康德的思辨逻辑的辩证性来自理性本身追求无条件者的倾向,这种追求的倾向以推理作为逻辑的形式。如何将逻辑的形式理解为以事情本身为基础,不仅需要进一步思考,也是比较困难之处。在笔者看来,按照刘著的逻辑,它可以基于知性为自然立法,从而给处于时间中的各种人类现象奠定了某种必然的秩序的观点出发,将先验逻辑与历史辩证法思想结合起来。如果没有在先验逻辑中由知性所颁布的秩序,我们就很容易回到休谟立场,将人类的行动看作没有规则的事件。正因为知性赋予了时间以某种客观的秩序,因而人类的各种历史事件才有某种特定的,我们可以探索的规律。这一替代性方案也和作为主体的第二章"康德历史哲学的时间观理论前提"形成良好的一致性。

刘著认为,康德的历史哲学的主题不仅包含着合乎法权的状态,而且包含着伦理共同

---

① 刘凤娟:《康德历史哲学新论》,上海:复旦大学出版社,2023年,第79页。
② 同上书,第81页。

体。这是有新意的。亨利·阿利森(H. Allison)和李明辉在谈到康德的历史哲学时,就只涉及前者,而没有谈到后者;笔者也持相同立场。① 尽管,如刘著所言,伦理共同体和目的王国一定程度上是等同的,但问题的关键在于:如何证明伦理共同体或目的王国是人类历史目的? 诚然,康德历史哲学基于一种目的和手段选择的目的论。而构成实现合乎法权状态的目的之手段的是人的非社会的社会性,并且人的这一特性也能够被经验所证实。从反思判断力的角度来说,我们赋予这一经验特性以实现合乎法权的状态的理性目的。人的非社会性导致人的自由和权利得不到保障,为了保障人的自由和权利,理性要求我们每个人都从自然状态中走出来,而进入到一个合乎法权的状态。非社会性和社会性类似于自然界中的斥力和阻力,它们总是要达成某种平衡。而合乎法权的状态就是使得二者达到平衡的状态。当然,康德并不是说,非社会的社会性必然会实现合乎法权的状态。从现实角度而言,人与人之间的竞争不仅可能导致彼此相互对立和冲突,而且对于国家与国家间的斗争来说,所引发的一系列战争将给人类带来毁灭性的后果。更进一步而言,人的这种非社会性最终可能导致人或人类的自我毁灭。但康德意在借助人的非社会的社会性表明,人之所以被赋予这两种彼此冲突的属性,是因为它们能够充当大自然使得人类走出原始状态,进入到合乎法权的状态的手段。如果缺乏这一手段,人类实现理性目的的活动将难以为继。

刘著中还存在需要阐明实现伦理共同体的手段的问题。虽然作者提出了以耶稣和道德榜样作为实现的手段,但就它们如何能够实现伦理共同体却没有进行清晰的说明。不得不承认,刘著在解读过程中有不少创新性的见解,比如它将《道德形而上学奠基》中定言命令的可能性中的第三者解读为耶稣。正如刘著指出:"伦理共同体的实现关键在于人们内在意念的转变。"②而人的内在的意向是不可以被外在强制的,它只能是自我强制,这也是意志自律的要求。正因为如此,不同于人的非社会的社会性能够作为实现合乎法权状态的普遍性手段,实现伦理共同体的机制难以在人的内在立法之间达到普遍一致。此外,刘著也试图用合乎法权状态对启蒙的促进说明人的内在意向转变具有一定普遍性,但仅仅是内在意向的完善还不足以构成实现伦理共同体的普遍机制。最后,显然刘著提到了上帝在实现这一共同体中的作用,"而人类理性中的上帝理念被调节性地看作是伦理共

---

① 参见 H. Allison, "Teleology and History in Kant: The Critical Foundations of Kant's Philosophy of History," *Essays on Kant*, Oxford: Oxford University Press, pp.9 - 24. 伊曼努尔·康德:《康德历史哲学论文集》,李明辉译注,桂林:广西师范大学出版社,2020 年,第 vi - xxxii 页。刘作:《类的希望与个体的希望——康德历史哲学引发何种希望?》,《湖北大学学报(哲学社会科学版)》,2020 年第 4 期。

② 刘凤娟:《康德历史哲学新论》,上海:复旦大学出版社,2023 年,第 136 页。

同体的公共立法者,它将所有具有善的意念的人联结成为整体,由此达成作为共同体的那种至善"。[①] 但问题是,并非所有的人都存有对上帝的信仰,也并非所有信仰者都具有康德意义上的道德信仰。因而我们并不能说,上帝的理念是实现作为人类历史目标的伦理共同体的普遍机制。

[①] 刘凤娟:《康德历史哲学新论》,上海:复旦大学出版社,2023 年,第 151 页。

图书在版编目（CIP）数据

道德情感主义及其他 / 邓安庆主编. — 上海：上
海教育出版社，2024.12. —（伦理学术）. — ISBN
978-7-5720-3355-1

Ⅰ. B82

中国国家版本馆CIP数据核字第202508HB27号

责任编辑　戴燕玲
封面设计　周　亚

伦理学术
道德情感主义及其他
邓安庆　主编

出版发行　上海教育出版社有限公司
官　　网　www.seph.com.cn
地　　址　上海市闵行区号景路159弄C座
邮　　编　201101
印　　刷　上海叶大印务发展有限公司
开　　本　787×1092　1/16　印张 16.5　插页 1
字　　数　302 千字
版　　次　2025年6月第1版
印　　次　2025年6月第1次印刷
书　　号　ISBN 978-7-5720-3355-1/B·0089
定　　价　68.00 元

如发现质量问题，读者可向本社调换　电话：021-64373213

《倫理學術》(Acadēmia Ethica)
征稿启事

　　《伦理学术》是由复旦大学和上海教育出版社联合主办的实践哲学集刊。由复旦大学哲学学院邓安庆教授担任主编，国内外知名学者组成学术委员会，每期聚焦一两个学术主题，深入展开理性讨论和学术争鸣。本刊坚持高学术品位，高学术标准，致力于为哲学领域的研究者和学习者提供前沿学术资讯和深度学术研究成果。

　　一、本刊热忱欢迎海内外专家学者和青年才俊踊跃投稿，常设栏目有：原创思想首发、前沿学术探讨、热点问题聚焦、海外专家评介、博士论坛、新书评论等。投稿邮箱：ethica@163.com 或 fudandeng@163.com。

　　二、本刊采取匿名审稿制度，全部来稿均经初审和复审程序，稿件处理时间为3个月，在此期间请勿一稿多投；作者如在3个月内未接到用稿通知，请自行处理。本刊有权对拟录取稿件做文字表达和其他技术性修改。

　　三、本刊实行优稿优酬，已被"超星期刊域出版平台""中国学术期刊网络出版总库"全文收录，凡来稿即视为同意加入网络版，发放的稿费同时包含网络版稿费。

　　四、凡在本刊刊发之文章，其版权均属《伦理学术》编辑委员会，基于任何形式与媒介的转载、翻译、结集出版均须事先取得《伦理学术》编委会的专门许可。

　　五、注意事项。

　　1.文稿请按题目、作者、中英文摘要、关键词、正文之次序撰写，采取页下注格式。若研究论文为基金项目，请详细列出课题项目名称、课题编号，该文作者在该项目中所处地位（如"首席专家"或"参与者"）。

　　2.需提供作者工作单位、研究方向等简介，文末请附作者详细的通信地址和电话。

扫码关注我们

《伦理学术》编辑委员会

中国人文社会科学期刊AMI综合评价（集刊）入库集刊
中国学术期刊综合评价数据库来源期刊（中国知网，CNKI）
超星学术期刊"域出版"来源期刊

《伦理学术》以交流伦理学研究为中心，展现最新的伦理学研究成果，构建世界性哲学平台，为世界各地的学者探究当今世界的伦理秩序之重建提供一个自由对话和学术切磋的公共空间，促进中国伦理学术融入世界，也力将世上的"仁心仁闻"纳入中国伦理话语之中。

教材网
官方微信平台

上海教育出版社
官方微信平台

官方网站：
www.iseph.com

官方网站：
www.seph.com.cn

ISBN 978-7-5720-3355-1

9 787572 033551 >

定　价：　68.00 元

策　　划　王泓赓
封面题词　陈社旻
责任编辑　戴燕玲
助理编辑　蒋　益
封面设计　周　亚